Généalogie
d'une modernité bestiale

Questions contemporaines
Collection dirigée par Jean-Paul Chagnollaud,
Bruno Péquignot et Xavier Richet

Chômage, exclusion, globalisation… Jamais les « questions contemporaines » n'ont été aussi nombreuses et aussi complexes à appréhender. Le pari de la collection « Questions contemporaines » est d'offrir un espace de réflexion et de débat à tous ceux, chercheurs, militants ou praticiens, qui osent penser autrement, exprimer des idées neuves et ouvrir de nouvelles pistes à la réflexion collective.

Dernières parutions

Pierre-Marie CHAPON, *Les vieux méritent mieux,* 2022.
Pierre MATILE, *La dictature des (systèmes) experts, Du prédire au dire : la fin du futur indéterminé, le nouveau messianisme,* 2022.
Nicole PERUISSET-FACHE, *Transmettre, de génération en génération,* 2022.
Kamel MEZITI, *Marianne et ses musulmans. La fracture,* 2022.
LUONG Cân-Liêm, *Identité idéologique et éthique,* 2022.
CÉMAFI International, *Versailles 1919 et géopolitique,* 2022.
Thierry LEGRAND-BROWAËYS, *Réformer les retraites, une crispation française,* 2022.
Isabelle GARZINO (dir.), *Contribution de Jean-Bernard PATURET, Le sujet dans un monde utile,* 2022.
Louise FINES, *Mécanique du désespoir,* 2022.
Elysée SARIN, *L'organisation en procès,* 2022.
Philippe DUEZ, *Habiter un monde plus humain. L'éthique d'un contrat géographique fondé sur le vivable,* 2022.
Quentin MEUX, *La République des valeurs,* 2022.
Yahya EL YAHYAOUI, *Les communs numériques, Propriété, économie de partage et gouvernance polycentrique,* 2022.
Jacques LANGLOIS, *Pour un changement anticapitaliste de société,* 2022.
Sébastien ROFFAT, *Faire du rêve une réalité : l'histoire de Disneyland Paris,* Nouvelle édition, 2022
Frédéric DEBOMY, *Le monde de Macron, la gauche défaillante et moi perplexe,* 2022.
Jacques ARNOULD, *La guerre de l'espace aura-t-elle lieu ?,* 2022.
Chrysostome CIJIKA KAYOMBO, *Analyse systémique et axiologique appliquée à la pratique de philosophie de l'éducation,* 2022.
Olivier CAREMELLE, *Argent, transferts, droits TV : le foot à l'agonie,* 2022.
Danièle FAVARI, *Le référendum d'initiative citoyenne. Mode d'emploi. Pour une démocratie participative,* 2022.

Lionel Moutot

Généalogie d'une modernité bestiale

L'Harmattan

Du même auteur

Ouvrages
La Fabrication de l'Homme rationnel, L'Harmattan, 232 pages, préface de François Dagognet, 2007.
Les origines de l'Homme et le « créationnisme », L'Harmattan, 240 pages, 2007.
Biographie de la revue Diogène, L'Harmattan, 324 pages, préface de Jean Baubérot, 2006.

Encyclopédies
L'Encyclodicacte, Dictionnaire interdisciplinaire, Duc in altum, 2008, 504 pages.
L'Encyclopédie pour tous, Éditions Montparnasse multimédia, 2000, CD-ROM.

Collectif
« Réussir aux concours d'entrée aux écoles de commerce », Ellipses, sous la direction de Saint-Avit, 2012.
« Épreuve de logique verbale », dans *Tage-Mage – Sésame – Accès*, sous la direction de F. Fichaux, Ellipse, décembre 2009.
« Le jumeau et l'androgyne », dans *Freud à l'aube du XXIe siècle*, sous la direction de A.W Szafran et A. Nysenholc, L'esprit du temps, 234 pages, p.141-151, mai 2004.

© L'Harmattan, 2022
5-7, rue de l'Ecole-Polytechnique, 75005 Paris

http://www.editions-harmattan.fr

ISBN : 978-2-343-25268-1
EAN : 9782343252681

À Jean

« Chacun sait quelle folie s'est aujourd'hui emparée du monde, chacun sait qu'il participe lui-même à cette folie, comme victime active ou passive, chacun sait donc à quel formidable danger il se trouve exposé, mais personne n'est capable de localiser la menace, personne ne sait d'où elle s'apprête à fondre sur lui, personne n'est capable de la regarder vraiment en face, ni de s'en préserver efficacement ».

Théorie de la folie des masses, Hermann Broch.

INTRODUCTION

La crise de la modernité a désormais pris une forme étrange : le futur est devenu un paradis perdu. Le 15 septembre 2008, l'effondrement de la banque *Lehman Brothers* actualisait une crise dont les origines étaient contenues dans l'illusion d'un fonctionnement efficace du marché autorégulé. Lorsque la cotation des marchés s'est mortellement retournée contre les banques, les institutions économiques et politiques qui géraient la première crise financière de la mondialisation prirent les décisions vitales qui permirent de sauver le soldat Adam Smith. La sphère financière étant sans réel cockpit, les décisions prises furent rigoureuses et pertinentes compte tenu des risques de Très Grande Dépression que faisait peser ce choc sur l'économie mondiale. Mais comme l'écrivait alors Jean-Claude Trichet : *« Le système financier tout entier, dans sa multi-dimensionnalité, s'était avéré défaillant »*.

Lors du G20 qui suit, les premières mesures prises, les gouvernements de chaque grande économie de la planète en revinrent à des politiques nationales afin de gérer les conséquences de la crise. La mise en œuvre de politiques publiques de rigueur ou de relance, dans des zones économiques distinctes, portait en elle-même des contradictions insolubles. Cependant, le risque systémique apparemment écarté, la stratégie du « Too big to fail » prévalut pour les banques, à l'exception de *Lehman Brothers* qui devait symboliser la sanction de l'aléa moral dans un marché autorégulé. Les politiques de relance des gouvernements Bush et Obama conduisirent à une stratégie fondée sur le *Quantitative Easing* soit l'assouplissement monétaire. La planche à billet fonctionnait à plein régime afin de relancer l'économie mondiale à travers celle des Etats-Unis. Au point d'ailleurs que Jean Pérol pouvait en décrire les effets : *« Nous sommes aujourd'hui en terre inconnue quant aux conséquences de la création monétaire massive réalisée par les banques centrales pour lutter contre la crise de 2007. Les prochaines crises sont en germe, conséquences inattendues et non souhaitées d'une injection de liquidité - sans inflation - qui est sans précédent dans l'histoire économique »*. Economistes et financiers qui produisaient un consensus sur les mesures à prendre pour éviter que de telles crises ne se reproduisent à l'avenir se concentrèrent sur la nécessité de mieux maîtriser le cycle du levier c'est-à-dire le cycle par lequel le système monétaire finançait l'économie réelle tout en favorisant un retour de la liquidité. L'objectif devenait celui d'une régulation - d'abord au niveau du cœur de l'économie-monde puis à l'échelle mondiale - qui décourage l'augmentation du ratio de levier en période d'euphorie. Il fallait donc travailler à des dispositions contracycliques pour faire un retour d'expérience et encadrer la nature spécifique du crédit titrisé tout en étant sensible à sa structure comme à sa nature. De plus, il faudrait s'intéresser au Shadow banking[1], c'est-à-dire à la part des activités financières non-réglementées des banques et des *hedges funds* à l'origine de la mécanique infernale et dont les fonds, à fort effet levier, restaient pourtant difficiles voire impossibles à réguler. Enfin, à l'échelle internationale, une négociation devrait s'engager pour faire converger les normes comptables américaines et européennes à l'origine d'une dimension fondamentale de la crise : la différence d'évaluation des actifs des banques sur les critères du marché sur lesquels reposait la valorisation excessive de ces derniers. IASB (International Accounting Standards Board) et FASB (Financial Accounting Standards Board)[2], les deux institutions concernées, devraient mieux coordonner les critères d'évaluation des actifs afin de diminuer la volatilité induite par leurs normes comptables.

En théorie, la réglementation prudentielle des banques et des assureurs, un contrôle du cycle du levier, une négociation internationale sur les critères comptables comme un encadrement du *Shadow Banking* devaient permettre de fonder une architecture financière fiable sans toutefois réguler les produits dérivés tout en veillant principalement au ratio d'endettement des banques. Cette architecture permettant ainsi de lisser le système et de relancer la titrisation en veillant sur sa structure. La mise en œuvre de Bâle III et d'un ratio de solvabilité bancaire compléterait le dispositif. Solvency II, rendrait possible un mode de calcul du risque, en simulant gains et pertes, sur un horizon donné. Les chocs financiers sans précédent depuis 1945 étant absorbés par plus de transparence, d'arbitrage réglementaire ainsi qu'une meilleure prise en compte du risque systémique. L'ensemble de ces réformes pouvant ainsi éviter que le rendement d'un investissement dans la sphère financière excède celui de l'économie réelle. Et donc évite le retour d'une crise

---

[1] Selon le rapport du Conseil de Stabilité Financière de 2012, le *Shadow banking* représentait alors près de 67 000 milliards de dollars (hors territoires offshore).
[2] La Securities and Exchange Commission a désigné le FASB comme responsable de l'établissement des normes comptables des entreprises cotées aux Etats-Unis.

catastrophique. Car l'apocalypse avait, un instant, été présent, lorsque les chefs d'Etat et de gouvernement, les directeurs de banques centrales comme les responsables des grandes institutions (F.M.I, B.R.I, Banque mondiale) virent que le monde de l'après-totalitarisme pouvait toucher à sa fin, dans un réalisme hypnotique, le jour où la crise des Subprimes se convertirait en crise de confiance, puis de liquidité pour terminer dans le scénario mortifère de la crise de solvabilité.

Le soutien aux banques ayant un caractère systémique et dont le risque de faillite aurait pu emporter l'économie mondiale compte tenu de l'interdépendance du maillage financier[3], la garantie des Etats de protéger l'épargne de ménages occidentaux et le rétablissement de la confiance interbancaire furent autant de décisions utiles. Mais la succession des crises (frumentaire, énergétique comme celle des dettes souveraines) inclinait à penser que l'hypothèse de la causalité à partir de laquelle chaque acteur économique et financier avait raisonné était peut-être erronée. La crise des Subprimes pouvait-elle s'analyser selon un mécanisme de causalité qui faisait d'elle le catalyseur d'une crise de confiance qu'il fallait endiguer au risque de voir se produire l'enchaînement fatal d'une crise de liquidité générant une crise de solvabilité ? Ne fallait-il pas redouter que la situation ne soit exactement inverse ?

En effet, près de dix ans après le début de la crise des Subprimes, la crise financière qui avait provoqué une crise économique, dégénérait en crise sociale avant de se métastaser en crise politique et institutionnelle. Le spectre du populisme menaçait non plus les économies mais les sociétés.

---

[3] Sur cette question, cf. *Le réseau de contrôle global par les grandes entreprises*, S. Vitali, J.B Glattfelder, S. Battiston, Chair of Systems Design, Zurich. Chaque grande entité multinationale possède une pyramide de filiales qui se connectent et s'agrègent en coalitions séparées, forment une composante géante avec une structure *cœur-périphérie* ou restent séparées. Selon les auteurs, 737 détenteurs prépondérants cumulent 80 % du contrôle de la valeur des entreprises transnationales (TNCs), ce qui crée un réseau densément connecté sujet au risque systémique. L'étude souligne que l'on peut cependant se demander ce que vaut l'idée « d'assembler des données de propriétés venant de pays dotés de cadres légaux hétérogènes ».

En économie, l'obsolescence de la théorie des cycles[4], l'incapacité à expliquer une situation dans laquelle la poursuite du *Quantitative Easing* se faisait sans inflation, la baisse des taux sans relance de l'investissement firent surgir le réel alors qu'au même moment, l'anathème des anticapitalistes s'épuisait malgré la persistance de la crise. L'échafaudage idéologique des deux côtés de la métaphysique du capital devenait visible. Le marxisme ratiocinait dans le cul de basse fosse dans lequel l'effondrement du totalitarisme soviétique l'avait laissé croupir et le keynésianisme voyait un nouvel horizon s'épanouir lorsqu'on découvrit que le théorème de Rogoff était faux et que l'on pouvait très bien vivre avec un Etat dont le taux d'endettement était supérieur à 100 %. Quant aux néoconservateurs américains, ils découvraient le visage de l'inégalité en dissertant sur l'œuvre de Piketty consacrée au capital au XXIe siècle[5].

Or le temps est peut-être venu de proposer une autre analyse de l'évolution historique et politique des démocraties occidentales à travers la crise des Subprimes à partir de l'interrogation d'Einstein : « Peut-on résoudre un problème avec ceux qui l'ont créé ? »

---

[4] M.MUSOLINO, *L'imposture économique*, Textuel, 1997. Les discours formellement corrects mais sémantiquement vides (Bourdieu) prolifèrent, en particulier dans le champ économique et sous la forme de la mathématisation du réel. La théorie des cycles semble correspondre à la formule de Vaneigem : « Je prends mes désirs pour des réalités car je crois à la réalité de mes désirs ». L'économétrie a vu successivement la théorie du cycle de Jevons être fondée sur la périodicité des « taches solaires » d'une durée de dix ans, déterminant le rythme de récoltes avant que celle de Juglar ne le soit sur le rythme du cycle des affaires. Kondratieff proposa un cycle de soixante ans que Schumpeter intégra à son tour dans un cycle de poupées gigognes récapitulant les cycles de Kitchin (trois ans et demi) avec ceux de Juglar. Le mécanisme central de la théorie des cycles devient indémontrable lorsqu'on affirme que les effets de substitution intertemporelle dominent les effets de revenu autrement dit que la substitution du loisir à la consommation détermine le profit de l'offre de travail. L'absence de base empirique de ces hypothèses conduit à des conclusions erronées comme pour la « stagnation séculaire ».

[5] Lorsque les rendements du capital (r) augmentent plus vite que le taux de croissance économique (g) alors la part du capital dans le revenu national (r * k/y) augmente et conduit donc à une augmentation des inégalités. Pour que cette thèse soit vraie (Goes), il faut que le taux d'épargne soit constant. Le problème reste donc celui de l'existence hypothétique d'un système alternatif au capitalisme et d'un choix en termes de valeur : vaut-il mieux une société ou les plus fortunés possèdent 100 et ceux qui le sont moins possèdent 10 où un cas ou le ratio est de 1 000 000 pour 10 000 ? La réponse étant dans la question, le seul problème est celui du seuil à partir duquel il y a décrochage de ces deux mondes.

On attribue à Henry Ford une déclaration qui prend aujourd'hui un sens presque prophétique : « C'est une chance que les gens ne comprennent rien à notre système bancaire parce que si c'était le cas, je crois qu'il y aurait une révolution demain matin ». En France le ministre des Finances du Front populaire, Vincent Auriol lançait : « Les banques, je les ferme ; les banquiers, je les enferme ». Dans les circonstances présentes, de telles généralisations sont abusives tout comme l'est la recherche de boucs émissaires qui les précèdent et les préparent. « Nous sauverons les banques, mais pas les banquiers » disait Volcker, l'ancien directeur de la FED et prédécesseur de Greenspan. Il est vrai qu'à longueur d'éditoriaux on dénonce des abstractions : Veau d'Or, démesure de la puissance (Hubris), perte du sens commun, fétichisation de l'argent, afin d'éviter de poser les questions qui gênent :

« Qui a failli ? » ; « Comment de telles erreurs ont pu être commises ? » ; « Pourquoi les régulateurs ne sont pas intervenus ? » ; « Quelle est la nature et quels sont les degrés de responsabilité des acteurs ? ».

Autant dire que la chaîne des responsabilités est dissoute dans la novlangue. On comprend pourquoi : du Rmiste au PDG apôtre du Golden parachute, de la star d'Hollywood aux chiffonniers du Caire, chacun – à divers degrés de responsabilité – partage le fantasme de l'argent Roi. A l'heure de la panique, les positions oscillent donc entre diabolisation des acteurs financiers qu'il faudrait punir et optimisme hors de saison censé protéger les citoyens des tragédies autoréalisatrices. L'autisme des élites issues de la Finance de Marché, hypnotisées par le concept de marché autorégulé et le renversement d'arguments des manipulateurs de symboles – « Tout ce qu'à quoi j'ai cru pendant 50 ans était faux » déclare Greenspan - renforce le sentiment de trahison des citoyens. D'autant que les élites économiques, devenues schizophrènes, fonctionnent désormais à la manière d'experts qui se mesurent du regard comme des hamsters fous se jaugeant à travers leurs cages. C'est donc dans le cadre d'une délégitimation de la parole publique qu'est réactivé l'inconscient révolutionnaire français.

La question est moins : « Le capitalisme vit-il un effondrement comparable au communisme ? » que « Les classes moyennes occidentales accepteront-elles une diminution de leur niveau de vie les obligeant à ronger leur patrimoine transmissible en partie détruit par l'inflation ? »[6]. Au moment où les enfants des classes moyennes accèdent à l'université, la moitié des postes de catégories intermédiaires dans le public ont disparu sans être compensés par la création de postes dans le privé : le niveau de vie des enfants de la génération 68 sera plus faible que celui de leurs parents. Le risque est désormais celui d'une série de spasmes et d'explosions de violence sans slogan ni logique politique identifiable formulée en termes de choix démocratique et soutenu par procuration par les classes moyennes. Or rien n'est plus urgent que de neutraliser le « Ni de droite, ni de gauche ; simplement en colère ». Pour autant, la crise des Subprimes doit être analysée de façon rationnelle de manière à permettre un aggiornamento radical des théories et des arguments qui structurent l'espace public. C'est en effet de la lisibilité de l'action politique que dépend la limitation des effets de panique sur la psychologie collective. Mais c'est aussi la condition *sine qua non* pour que la question de la nature de la sortie de crise soit anticipée de façon réaliste dans un pays où le plus raisonnable des citoyens est révolutionnaire une heure par jour. En effet, la question de l'éventualité d'une crise systémique semble désormais être le modèle retenu par les analystes les plus pertinents qui tentent d'intégrer les différents éléments de la métamorphose du système (krach boursier de 2006, dépréciations d'actifs, Subprimes, affaire de la BNP, effondrement ou nationalisation des banques d'affaires, crise de liquidité, crise de confiance, crise interbancaire, effet de la pandémie de la COVID-19, guerre en Ukraine) dans un schéma de Très Grande Dépression par référence à la Grande Dépression américaine comme une Grande Résignation.

Ainsi, le débat économique qui s'est longtemps structuré autour des moyens d'une régulation de la mondialisation à partir d'une question simple a changé de nature : la régulation doit-elle se faire à partir

---

[6] La création monétaire n'est pas une création de valeur mais un simple gain de temps afin de protéger l'absence d'alternative réelle au système. Mais l'impact du *Quantitative easing* c'est-à-dire du fonctionnement bestial de la planche à billet conduit inéluctablement à une euthanasie des rentiers par des taux d'intérêt inférieurs à la croissance. Cette perte est progressive jusqu'au moment où elle sera massive et violente (Blanchard, chef économiste du F.M.I, l'évaluait à 8 % du patrimoine des créanciers ce qui obligerait à une vente, en particulier de biens immobiliers et donc à un effondrement de leur valeur). C'est l'impact politique de ce moment qui est en jeu dans la compréhension des mécanismes de la crise et l'impossibilité de poursuivre une stratégie d'achat de la croissance par la dette.

d'organismes indépendants ou sous l'autorité de l'Etat ? Désormais la question se pose de savoir si la régulation se fera par le chaos c'est-à-dire la guerre, l'inflation ou par une politique coordonnée et pilotée par les banques centrales et les Etats. Or la pertinence du modèle (crise de régulation ou effondrement du système) est surdéterminée par les modèles libéraux et altermondialistes (ces derniers étant les héritiers du marxisme) qui en permettent l'interprétation. En effet, tant que le contexte dynamique perdure, il ne peut pas arriver de grandes catastrophes :

« En effet, l'état du monde économique, des Etats aux plus petits particuliers, est d'être en faillite potentielle, dans l'hypothèse de l'exigibilité des comptes. Si tous les détenteurs d'actifs se retrouvent en posture forcée de réaliser, si tous les endettés se retrouvent dans l'obligation de rembourser, c'est-à-dire si le compte est exigé, le système saute. (...) c'est pourquoi l'Amérique ne fera jamais ses comptes ».[7]

Il faut par conséquent décrire l'origine des choix économiques qui conduisent aujourd'hui à la crise, en analyser la nature et s'interroger sur les sacrifices idéologiques à faire pour refonder une confiance détruite par une autonomisation de l'ingénierie financière (**I. Les origines systémiques de la crise des Subprimes**).

C'est alors dans un second temps qu'il faudra proposer une analyse qui tente de produire une généalogie de la modernité qui soit aussi un itinéraire de la raison occidentale qui clarifie les causes de la crise à défaut d'en expliquer les ressorts et les conséquences (**II. Les sources de la modernité occidentale**).

Il faudra alors définir les principales bifurcations qui ont produit cette crise, en remontant dans le temps, étape par étape, les lignes buissonnantes qui ont conduit à cette impasse. La quête de la généalogie d'une « modernité bestiale » n'est que la description analytique d'un moment de la modernité occidentale et non la description de son stade terminale. C'est ce moment de la modernité

---

[7] M. HENOCHSBERG, *Nous nous sentions comme une sale espèce*, Denoël, 1999. La création monétaire par le crédit n'est pas en soi un problème si le risque est assumé par celui qui le prend et que celui-ci est pris afin de créer une richesse réelle dans les secteurs productifs.

qui voit le monde anglo-saxon saisi par l'hubris propre à la pensée grecque, ce sentiment de démesure de la puissance, qui peut donc aussi être qualifié de bestial.

PREMIÈRE PARTIE
LES ORIGINES SYSTÉMIQUES DE LA CRISE DES SUBPRIMES

CHAPITRE I
LA CRISE SYSTÉMIQUE ET L'IMAGINAIRE RÉVOLUTIONNAIRE FRANÇAIS

La question de la réalité de la crise systémique se fait chaque jour plus présente sans qu'il soit possible de dire si c'est la gravité de la crise qui provoque les déclarations en rafale des institutionnels (Greenspan, Bernanke, Strauss-Kahn, Lagarde, Jellen, Powell) ou si c'est la convergence des points de vue qui accélère la prise de conscience et l'intensification du phénomène. La ligne de partage entre la prophétie auto-réalisée de l'effondrement du système, annoncée par les anticapitalistes et la conjuration venue du cœur même du système économique et financier pour en sauver le mode d'autorégulation est difficile à tracer. Se pose ainsi le problème d'un enchaînement auto-engendré de la récession par un choix rationnel des acteurs pour purger le système, en espérant perdre moins que les autres, afin d'obtenir une position favorable relative en fin de cycle (les acteurs financiers qui anticipent un krach et les Etats qui tentent de récupérer des fonds pour survivre aux fins de mois sont le recto et verso d'une même feuille). L'avènement de la pandémie de COVID-19 en ayant révélé et accéléré le processus.

La difficulté reste d'identifier le point de couplage ou de découplage entre bulle financière et économie réelle tout en analysant le degré de violence de son possible impact. Quelle est la phase de la crise dans laquelle nous nous situons ? Sommes-nous dans le cas d'un atterrissage contrôlé avec une régulation par la FED et la BCE des liquidités permettant une coordination des Banques Centrales ou dans celui d'un atterrissage catastrophique s'il s'avère qu'il s'agit d'un problème de solvabilité sans mécanisme de prix plancher permettant le rebond ?

Les arguments en faveur de la première hypothèse sont connus ; le système s'autorégule par la catastrophe, les écosystèmes financiers et la sphère de l'économie réelle sont découplés, l'économie du cœur US est forte et diversifiée et peut supporter une crise : il y aura une récession et une destruction de richesse par l'inflation avant une redistribution de la valeur et un « rebond ». Dans le cas d'une crise systémique qui atteindrait le centre nerveux de l'économie US, on peut tenter de tracer les grandes lignes des origines de la crise à venir : l'effondrement du mur de Berlin en 1989 puis celui de l'U.R.S.S en 1991 ont mis fin au système totalitaire communiste et ouvert la voie à une mondialisation qui s'est très rapidement déployée sur le mode de la financiarisation de l'économie (Discours d'Aspen de G. Bush). Dès lors, près de deux milliards d'individus sont entrés sous la forme d'une main-d'œuvre peu qualifiée sur le marché du travail mondial. Pour la première fois depuis la Révolution industrielle, on a assisté à un renversement du taux de croissance entre pays développés et pays en phase de décollage conduisant à un fort taux d'épargne sans consommation puisque, dans les pays émergents, le marché solvable n'existait pas encore. Cette épargne s'est investie, en particulier aux USA, où elle a entraîné une forte croissance intérieure et une bulle NTIC ou internet. A la suite des attentats du 11 septembre, le gouvernement US et la FED ont choisi de substituer une bulle immobilière à la bulle internet pour éviter la récession. C'est dans ces conditions que sont nées les Subprimes, les crédits hypothécaires octroyés à des personnes sans patrimoine, sans travail et sans revenu à hauteur de 120 % de la valeur du bien et à taux variable : si le prix s'élève plus vite que le taux d'intérêt, la solvabilité de l'emprunteur s'améliore (si c'est l'inverse, l'emprunteur devient insolvable). Les banques n'ont plus alors qu'à se défaire de ces créances sur des investisseurs qui veulent diversifier leurs portefeuilles. Les taux d'intérêt à 1 % ont contribué à maintenir la croissance et la demande intérieure non sans augmenter la dette à laquelle est venu s'ajouter le prix de la guerre dans l'affaire iraquienne (3 trillions de dollars). Ils ont entraîné un fort impact sur le prix des actifs. Pour se valoriser, les actifs se transforment en monnaie : alors que dans un premier temps un actif valorisé permet un nouveau crédit qui crée une boucle entre crédit et anticipation rationnelle d'un gain à venir sur le marché, par simple effet d'autovalorisation ; dans un second temps la crise entraîne une pénurie de liquidités. Si le crédit croit plus vite que la création de richesse alors c'est la valorisation artificielle du patrimoine qui tire la croissance : les banquiers ne perçoivent plus le risque puisque les indicateurs du marché sont faussés (la dette des acquéreurs d'actifs parait faible puisqu'elle est garantie par d'autres actifs qui, eux, croissent plus vite que la dette elle-même). **L'imbrication des sphères productives, bancaire et financière s'organise sans que les acteurs ne comprennent pleinement les logiques contradictoires et l'implication des interactions économiques et financières qui produisent, dans un premier temps, une efficacité réelle en termes de croissance. Ce que montre la situation c'est qu'il n'y a pas d'intentionnalité du**

système : les intérêts se contentent de s'ajuster au niveau de la régulation politique et juridique. Or dans cette situation les déficits jumeaux (dette publique et balance des paiements) ne pouvaient tenir que tant que la confiance régnait dans les mécanismes de régulations et d'évaluations des actifs (AAA)[8].

La mise en place de produits dérivés (CDO et CDS) a fini par peser sur le ratio dette /moyen réel de paiement au point qu'il est probable que si le système n'avait dévissé avec les Subprimes, il l'aurait fait à partir d'un autre segment du marché. Les banques qui ont fait le choix d'inventer des produits financiers pour mutualiser leurs risques, en rachetant moins cher des crédits hypothécaires revendus avant d'être réévalués, en étant mélangés à des produits bien notés, ont *détruit le mécanisme interbancaire de confiance à la base du système*. Elles ont créé des bombes à retardement en faisant des profits qu'elles n'auraient pas imaginé dans le cadre juridique d'un capitalisme entrepreneurial. La raison en est simple : alors que les crédits créent de la monnaie avant d'en détruire par le remboursement, les titres se contentent de circuler. Le mécanisme mérite d'être décrit plus précisément.

Aux USA, l'une des conséquences de la crise de 1929 avait été la dissociation des banques d'affaires et des banques de dépôt, afin de concentrer la régulation sur ces dernières, principal vecteur de la crise. Ainsi, en 1933, le Glass Steagall Act avait été promulgué par Roosevelt afin de résoudre le problème de la contagion entre les activités bancaires à risque et la gestion, par les banques, des dépôts de leurs clients. Le Glass Steagall Act renvoyait aux clauses du Banking Act qui, lui, limitait les activités de marché des banques de dépôt. Mais en 1999, le principe même de la loi fut amendé par une nouvelle législation avec le Gramm-Leach-Bliley Act. Lorsque la voie de l'ingénierie financière – c'est-à-dire la possibilité de faire de l'argent une industrie – s'est ouverte, le mécanisme a consisté à transformer des actifs non cessibles en actifs cessibles ou ABS (Access based securities soit des Titres sur base d'actifs).

Le principe de prudence qui réglait le fonctionnement des banques fut aboli au nom de l'autorégulation du marché. Alors que depuis le

---

[8] Dans le cas où tous les acteurs (Entreprises, Etats, Ménages) sont endettés au-delà du raisonnable et que les entités cotées se voient accorder des notes dégradées (Fitch Rating Ltd, Moody's, Standard and Poor's), tout le monde descend d'un cran *sans* que cela n'ait d'impact réel. Pour un temps. La dette n'est alors pas un problème. Jusqu'au jour où elle le devient.

XIXe siècle les banques avaient interdiction de valoriser à l'actif de leur bilan un profit non réalisé tout en ayant l'obligation d'inscrire au passif leurs pertes anticipées, elles pouvaient désormais valoriser leurs actifs sur la base de l'efficience « théorique » du marché. La Juste Valeur des actifs des banques devenait donc la valeur du prix du marché. Or, le cas le plus avantageux est celui qui optimise le prix de vente de l'actif et minimise le prix de transfert d'un passif. La question devint alors : « Qui décide de ce prix ? ». La réponse du consensus des économistes et du marché fut donc : « le marché autorégulé ». D'où cette seconde interrogation : « Pourquoi et en vertu de quel principe théorique faire confiance au marché dans cette évaluation ? ». Le recours à ce modèle économique - celui du marché autorégulé - était alors légitimé par la théorie de Friedman selon laquelle le système ferait disparaitre par la ruine les acteurs qui auraient fait un pari erroné sur la valorisation à venir des actifs par rapport à leur valeur réelle.

La morale du marché autorégulé existe : c'est la ruine de ceux qui ont pris un risque qui ne s'est pas révélé pertinent. Le financement du système étant réalisé par les banques, la dérégulation, produit de la révolution néolibérale, s'accompagna d'une dérégulation du système bancaire. Dans les années 80, le relâchement de la frontière entre dettes et fonds propres était fondé sur la diffusion du théorème de Modigliani-Miller selon lequel le financement d'une entreprise cotée pouvait se faire indifféremment sous forme d'endettement ou d'accroissement de capital. Après l'effondrement du communisme, le principe darwinien de sélection naturelle du meilleur des régimes politiques et économiques suffisait à énoncer un nouveau principe de réalité : il n'y a pas d'alternative au marché autorégulé puisque seul ce système a été sélectionné par le mouvement naturel de l'histoire. C'est l'acte de naissance de TINA (There is no Alternative soit « Il n'y a pas d'alternative au Marché »). Il ne restait plus à Fukuyama qu'en administrer la « démonstration » avec « la fin de l'histoire ». Les néo-conservateurs garantissant que le système en était bien l'expression divine. La valorisation d'actifs spéculatifs créa donc une faille dans l'évaluation comptable de la réalité de la valeur des banques. On confondait la réalité de la valeur d'un bien avec la valeur évaluée par le modèle économique. Or dans un système financiarisé et intermédié, la santé du secteur bancaire - essentielle pour le développement et la croissance - conditionne l'économie dite réelle. C'est donc dans la formation et le rôle des anticipations du marché qui accompagnèrent les modifications législatives du système économique et l'évolution de la régulation bancaire que se trouve le cœur de cette crise.

Il faut donc décrire cette mécanique qui n'explique pas la crise mais le cadre théorique dans lequel elle s'inscrit.

L'ORIGINE DE LA CRISE : LA STRUCTURE DE LA TITRISATION

La compréhension de l'origine de la crise suppose que l'on analyse comment l'aléa moral a impacté la structure de la titrisation. En réalité, ce n'est pas le développement des marchés dérivés ni l'essor de la titrisation, encore moins les Subprimes qui ont produit la crise mais bien la structure même de la titrisation générant l'aléa moral et une sanction alors impossible à imposer en cas de crise.

L'économie a besoin d'argent pour fonctionner. Le développement de l'économie-monde décrit par Braudel et Wallenstein nécessite la substitution de la monnaie scripturale à l'or et à l'argent. Au fur et à mesure que le système s'est complexifié, les banques ont joué ce rôle de garantie pour faciliter les échanges. Pour créer de la monnaie, les banques ont recours à un principe fondamental : *« les crédits font les dépôts »*. Car contrairement à l'opinion commune, le crédit consenti par une banque moderne n'est pas seulement adossé à de l'épargne - *« les dépôts font les crédits »* - mais il est le produit d'une création *ex nihilo* de la banque commerciale. Celle-ci décide d'accorder ou non un crédit à un client, créance qui sera remboursée plus tard avec un taux d'intérêt. D'où vient cette monnaie ? *De nulle part*, si ce n'est que son remboursement se fera, dans le temps, grâce à une création de richesse de la part du créancier. Si le créancier ne crée pas de richesse équivalente (perte ou faillite) alors il y a augmentation de l'inflation. Il faut donc que les gains de la banque permettent de compenser ses pertes. *Le taux d'intérêt, c'est-à-dire le loyer de l'argent, est donc le prix légitime du risque que la banque fait payer à son créancier.*

Dès lors, les banques commerciales sont maitrisées dans leur création continue de monnaie par l'augmentation des taux d'intérêt. En cas de défaillance, les banques centrales peuvent intervenir[9]. Mais

---

[9] Guillaume d'Orange créa en 1694 la *Bank of England* dont l'objectif était de racheter la dette de l'Etat pour éviter que ceux qui la détenaient ne soient spoliés.

aux USA, l'accélération de prêts hypothécaires spécifiques dits Subprimes à partir de 2005 modifia l'équilibre originel qui présidait à la création monétaire.

Le processus de l'arbitrage comptable peut se résumer de la manière suivante :

- La banque offre un crédit Subprime et crédite le compte de l'emprunteur.
- La banque vend son portefeuille à une structure *ad hoc* appelé S.P.V (Spécial Purpose Vehicle).
- La banque rachète son portefeuille sous une forme titrisée.

Dès lors, la valeur de ces produits titrisés - des crédits transformés en ABS puis en CDS - dépend de la Juste Valeur que le marché leur confère. Ces produits titrisés sont évalués par des Agences de notation. Mais ces crédits étant mélangés, leur valeur dépend de trois paramètres - probabilité de défaut de chaque émetteur, corrélation entre les évènements de défaut et taux de recouvrement en cas de défaut- que plus personne ne peut réellement évaluer.

Le risque n'est donc plus assumé par personne puisqu'il a été déplacé sur la vitesse de circulation des titres sur le marché. Mais l'incertitude quant à l'évaluation réelle du risque du titre devient une incitation à l'aléa moral[10]. Le système se clôt sur lui-même car plus personne ne peut savoir quel est le seuil au-delà duquel la couverture se meut en spéculation.

C'est comme cela que le volume des dérivés d'actifs a littéralement explosé. Ces ABS ont été découpés en tranches par niveau de risque : les CDS (Credit Default Swapp)[11]. Des banques régionales vendaient des crédits à risque que les banques regroupaient en pool de 1000 à 2000 lots de crédits. La chaîne d'indépendance complexe s'est structurée sur une évaluation du risque de crédit basé sur un modèle

---

C'est durant la guerre de la Ligue d'Augsbourg en 1688, qui dura près de neuf ans et lui permit de s'emparer du trône, qu'il comprit la nécessité absolue d'éviter une banqueroute : l'allègement des dépenses se paye d'une augmentation des taux de la nouvelle dette.

[10] L'aléa moral a été défini par Adam Smith dans sa « Philosophie morale » comme « *la disposition des agents économiques à maximiser leur utilité individuelle sans prendre en compte les conséquences de leurs décisions sur l'utilité collective* ».

[11] Ces contrats financiers bilatéraux de protections entre acheteurs - l'acheteur verse une prime proportionnelle au montant du crédit qu'il a consenti à un tiers en échange d'un remboursement en cas de perte – représentent 62 000 milliards de dollars au moment de la crise. Il est en réalité très difficile de les évaluer : il s'agit ici d'un ordre de grandeur.

statistique (*value-at-risq* ou VaR). Le mécano financier consistait à échanger le risque d'un défaut de crédit contre le risque d'un autre défaut de crédit : la gestion rationnelle du profil de risque a dissocié l'acte d'octroyer un crédit et celui de sa responsabilité. Dès lors la finance de long terme à la base de l'innovation et du pari sur la création de richesse a été détruite par une finance à court terme qui n'avait plus besoin pour croitre que de l'illusion de la création de richesse. Entre temps on est passé d'une phase d'investissement basée sur une analyse probabiliste - l'incertitude est mathématisée et réduite à la loi des grands nombres - à une phase d'euphorie avant un mouvement général de fuite en avant. Les bulles mimétiques ont alors explosé.

La mise en œuvre d'un marché autorégulé à l'échelle mondiale conduit donc à un état de l'économie-monde dans lequel l'ingénierie financière est devenue une technique bancaire de sortie involontaire du capitalisme. La prise de risque n'est plus assumée par personne - puisqu'elle est reportée sur la vitesse de circulation des titres par des algorithmes à perceptions infrahumaines - sauf en état de crise où les Etats transforment une dette bancaire privée en dette souveraine. Dès lors le taux d'intérêt auquel les banques prêtent doit être *faible mais éternel* car ce n'est plus la création de richesse qui permet de rembourser la prise de risque du prêteur mais c'est le taux d'intérêt sur un volume de crédit qui ne pourra jamais être remboursé qui interdit la faillite. Le système devient celui d'une dette infinie qui nous enferme dans la cage de fer décrite par Veber il y a plus d'un siècle.

LA MÉCANIQUE DE LA CRISE : LE CONTOURNEMENT DE L'ALÉA MORAL

Ces titres ont été sortis, en 2008, de la compatibilité des banques ce qui explique qu'à l'heure de la présentation des comptes, ces dernières choisirent l'étalement sur quatre trimestres de l'annonce de leurs pertes, piégées par leurs structures hors bilan. La dissémination de ces actifs sous-jacents a donc rendu possible l'effacement du lien entre crédit et risque.

L'effet pervers c'est donc l'optimisation d'un arbitrage prudentiel qui s'est retourné contre lui-même. Lorsqu'on accorde un crédit en transférant le risque à un autre, on recherche une valorisation fondée sur la distance que l'on prend face au risque de défaut ou de défaillance : le volume prime sur la qualité. La multiplication des sous-jacents a conduit les banques à afficher la valeur des CDS et des CDO côtés et non la réalité de leur valeur. Le principe qui la légitimait était l'autorégulation du marché.

La désintermédiation a produit une forte croissance avant de provoquer la mort de la transmissibilité des créances en raison du manque de liquidité. Lorsque celle-ci s'effondre, le marché s'arrête. Dans cette situation, les banques ne peuvent pas rembourser en même temps tous les dépôts de leurs clients puisqu'elles les font circuler. Dès lors, le mode d'investissement devient un pousse-au-crime. La crise de solvabilité se mue en crise de confiance et déflagration du processus interbancaire.

En effet, n'importe quel système explose si on est dans la situation d'un bilan général où tous les créanciers doivent rembourser et tous les détenteurs d'actifs réaliser leurs bénéfices. Mais ici la situation s'inverse : les banques qui garantissent l'accès à la liquidité, dans le système, la détruisent à l'intérieur du marché financier. Ce n'est donc pas la prophétie auto-réalisée de l'effondrement déclenché par une perte de confiance qui est dangereuse comme dans n'importe quel système, c'est *la coïncidence entre le rôle des banques et leur position d'acteurs de marché qui devient incompatible dans le cas de l'autorégulation du marché*. Or dans un système où ce n'est pas seulement la finance mais aussi la dette qui structurent l'économie, le facteur humain redevient visible. Panurge prend peur. On appelle « moment Minsky » le point d'inflexion où les investisseurs surendettés sont contraints de vendre en masse leurs actifs pour faire face à leur besoin de liquidité, déclenchant une spirale de baisse autoentretenue du prix de ces actifs et un assèchement de celle-ci[12]. C'est alors que les banques tentent de monétiser leurs actifs dans un environnement macro-économique devenu indéchiffrable. « L'irrationalité exubérante » dénoncée par Greenspan dans le rôle du pompier pyromane devient la réalité psychologique qui perce le blindage mental des élites économiques : le Libor - le taux au jour le

---

[12] « *Une économie financière a besoin que le crédit émis progresse sans arrêt. Sans crédit nouveau additionnel, les intérêts sur les dettes qui ont été émises ne peuvent être payés. Ils ne peuvent être payés que par la vente d'actifs existants, ce qui, en retour, produit un cercle vicieux de déflation. La question est : quel est le taux de croissance du crédit nouveau qu'il faut engendrer pour pouvoir payer la note des crédits anciens et, surtout, quel est le volume de Q.E qu'il faut faire pour obtenir ce taux ?* » écrit Bruno Bertez (Agefi Suisse).

jour auquel les banques se prêtent de l'argent – ne cesse alors d'augmenter. La crise joue à plein : crise duale du change et du crédit. Dans la mécanique à l'œuvre, la manipulation du taux du Libor par les banques n'est pas un mécanisme spéculatif de plus mais le seul moyen d'empêcher le déclenchement de CDS et la destruction du mécano financier de création artificielle de monnaie qui devient ainsi, à ce moment précis, illégitime. Dès lors la question n'est plus celle de la stabilisation des prix, des effets de levier dans la croissance mais bien de la solvabilité des contribuables occidentaux et des consommateurs, en particulier américains.

LA NATURE SYSTÉMIQUE DE LA CRISE : L'INSOLVABILITÉ SUSPENDUE

C'est la structure de la titrisation qui, combinée au contournement de l'aléa moral, a produit la crise systémique ouverte par l'effondrement de la banque *Lehman Brothers* le 15 septembre 2008. La crise n'est donc pas une crise de liquidité mais une crise de solvabilité dont l'intensité est accrue à raison d'un processus de développement infini des richesses sur fond de ressources limitées. La mécanique à l'œuvre est simple et redoutable :

Le système technologique a permis de reporter le risque non sur un acteur - banque, entreprise, ménage - mais sur la vitesse de circulation des titres à l'intérieur de système.

En effet, depuis vingt ans les bénéfices de la Chine et des narcotrafiquants[13] se sont épaulés pour subventionner la consommation des classes moyennes américaines à hauteur de 800 millions de dollars de plus, par an, que ce que produit réellement l'économie américaine. Le choix fait par la FED, à l'époque de la présidence Greenspan, de diminution des taux d'intérêt jusqu'à 1 %, après le choc des attentats terroristes du 11 septembre, et la montée en puissance des fonds souverains se sont conjugués pour permettre un accès au crédit qui a boosté l'économie de l'immobilier. Désormais la contradiction majeure à laquelle Bernanke, Yellen et Powell ont dû successivement faire face est celle d'une lutte contre la récession par une politique de taux d'intérêt faible pour renforcer l'économie réelle et d'une politique de taux d'intérêt fort pour soutenir la confiance dans

---

[13] Les actifs des paradis fiscaux étant déjà dans l'économie réelle, il n'y a pas de possibilité de réinjection de l'argent de la criminalité dans le système comme peut en convaincre l'analyse du *Rapport moral annuel sur l'argent*.

le dollar qui conditionne la reconduite des achats en Bons du Trésor qui finance la croissance. Car comme on l'a compris, il ne s'agit pas d'une bulle financière liée au crédit immobilier mais d'une crise du crédit soit les CDO et CDS c'est-à-dire de Titres adossés à des crédits à risque hypothécaires. Le jeu de mistigri des paquets financiers que les banques se sont revendus les unes aux autres par segmentation et rationalisation des risques couverts par des agences de notation qu'elles payaient elles-mêmes[14], a déséquilibré le processus de création de richesses par anticipation de leur production, conduisant à une crise de confiance génératrice d'incertitude. Lorsque le crédit bancaire, qui est le produit de la logique *« les dépôts font les crédits »* finance l'économie réelle, c'est la valorisation des actifs des banques qui sert de base à la capacité globale de financement de l'économie. D'autant que la valeur de marché ne peut être assimilée à la liquidité. En fait, la valeur de marché des actifs d'une banque peut couvrir les pertes d'une banque sans que celle-ci puisse les honorer si elle n'a pas correctement géré sa liquidité. Si cette évaluation est déficiente, le système est alors en péril car en cas de faiblesse des marchés financiers, ce n'est plus une crise de liquidité qui apparait et que l'on peut stopper en rétablissant la confiance par une intervention des Banques Centrales, mais une crise de solvabilité qui n'est plus maitrisable. La raison en est simple : *la structure de la titrisation a permis la diffusion d'un volume de crédit qui s'est émancipé de l'espérance de vie individuelle pour simultanément accroître le taux d'usure (de 5 à 15 %) et écraser le temps de vie humain qui le conditionnait déjà au temps de la chrématistique d'Aristote.*

Contagion de la peur et dissémination des actifs forment un système de poupées gigognes cauchemardesque. La déflagration pourrait être maîtrisée par des politiques publiques et une gestion des taux d'intérêt si la situation n'était pas celle d'une crise de solvabilité : **les moyens de paiement sont plus faibles que la dette. Dans un système bancaire fractionnaire, les taux d'intérêt n'ont pas d'équivalent monétaire physique. La combinaison entre le système de réserves fractionnaires des banques et la déréglementation par la titrisation a ainsi détruit le cœur nucléaire du système financier occidental. Les taux d'intérêt sur une monnaie artificiellement créée sans richesse équivalente redeviennent visibles et produisent un effet corrosif sur le pilier de**

---

[14] Aux U.S.A, le jugement sur la valeur d'un titre relève de la liberté d'expression.

l'économie : la confiance. Dès lors, quelles que soient la nature et l'évolution des phases ; crises énergétiques, crise des Subprimes, crises bancaires, sauvetage du capitalisme financier britannique par la nationalisation de Northern Rock, crise des liquidités, effondrement d'une grande banque nationale comme Lehman Brothers, déclaration de faillite des Etats américains et dépôt de bilan des services publics, faillites en cascade ou tout autre signe « noir », le problème devient celui de la gestion politique de l'encaissement social de la baisse du niveau de vie et de son acceptabilité sociale ; risque de manifestations, baisse du pouvoir d'achat, tensions sur les salaires ; la situation devient critique et instable.

La décision de ne plus publier l'état de la masse M3 aux USA, de ne plus garantir la certification de la comptabilité administrative comme de laisser le dollar à la baisse pour favoriser les exportations sont les signes d'un éclatement possible des fondations symboliques, économiques et financières qui garantissaient l'ordre du monde depuis 1945. L'échec du premier plan de relance de l'administration Bush n'étant que la traduction et non la cause de l'enclenchement du mécanisme de désarticulation du trinôme dette-taux d'intérêt-croissance.

Dans les années 70, des théoriciens et des financiers ont donc considéré que le capitalisme industriel classique était dépassé et qu'il fallait trouver un moyen de favoriser la prise de risque pour augmenter les profits. Ils ont mis au point dans la décennie 90 un système qui permettait aux PDG, dans des sociétés d'actionnaires, de prendre des risques sans avoir à assumer une éviction en cas de perte importante ; c'est l'origine des Golden parachutes, des retraites chapeaux et des stocks options. Au sein de ces sociétés d'actionnaires favorisant la rentabilité à court terme sur la valorisation et l'investissement de long terme, la confusion entre présidence du Conseil d'administration et direction opérationnelle des entreprises a *détruit le capitalisme classique et sa légitimité : assumer la prise de risque lorsque l'on gagne ou lorsque l'on perd*. Puis s'est organisée la mise en œuvre de crédits insolvables sur de gros volumes. En les titrisant, c'est-à-dire en neutralisant les risques pour elles-mêmes, les banques, tout en se les revendant entre elles dans un système aveugle, selon le principe « Face je gagne, pile tu perds », ont créé une boucle destructrice entre crédit et spéculation. Elles ont transféré des créances à des investisseurs. Summum de l'intelligence économique, la titrisation de la titrisation rendait possibles des bénéfices déconnectés de l'anticipation rationnelle de l'activité économique réelle. L'objectif est alors devenu celui d'un *return on equity* de 15 %. C'est l'illusion selon laquelle la création de la valeur s'identifie à la maximisation de la rentabilité du capital. Dans le même temps la BCE et la FED perdaient une partie de leur capacité à intervenir sur le marché en régulant les taux d'intérêt puisque 80 % de la création de monnaie se faisait en Asie et au Moyen-Orient.

A ce stade de l'impact, la question de l'inflexion de la crise systémique est quasiment invalidée puisque les Fonds Souverains ont déclaré que les sommes qu'ils pourraient injecter dans l'économie seraient très insuffisantes pour endiguer la spirale et que les interventions de la FED par la baisse des taux directeurs ont un impact négatif sur les marchés[15]. Il reste à évoquer la possibilité d'une résorption de la crise par une stratégie de prédation entre grandes banques (la FED a imposé le rachat par J.P Morgan de Bears Strearn pour moins de 7 % de sa valeur[16]) qui pourtant ne réglerait ni la question de la restauration de la confiance ni celle de l'insolvabilité. En l'état de la phase de crise systémique possible mais non avérée, la demande de sortie par l'augmentation du cash pose le problème de l'accélération de l'effondrement de l'économie réelle par anticipation rationnelle des acteurs[17]. Or il semble que les principales institutions financières absorbent tous les capitaux venus des liquidités de la FED par la baisse des taux directeurs sans relancer le crédit ni en limiter la raréfaction. La solvabilité des banques et des institutions monétaires en est au stade dit du Sapeur Camembert qui bouchait les trous en creusant d'autres trous. Le problème de solvabilité est aggravé par le fait que plus on attend la révélation du niveau des pertes, plus la confiance se dégrade, ce qui enclenche un nouveau cycle d'insolvabilité des ménages puisqu'aucun seuil de prix plancher n'apparaît pour le rachat des biens ou/et des produits financiers. Personne ne connaissant l'état réel des pertes, chacun joue la relativité des siennes propres, en espérant que les provisions ne deviennent pas elles-mêmes des pertes sèches. Si le doublement de la classe moyenne solvable à l'échelle mondiale de 400 à 800 millions d'individus peut

---

[15] Jackson Hole n'est plus le centre du monde.
[16] J.P Morgan détenait 8000 Mds de CDO ; la faillite Bears Stearn aurait entraîné une contagion virale et la sienne propre. En 2000, le volume dérivé est de 100 000 milliards de dollars ; il était de 600 000 en 2007.
[17] Une crise systémique ne touche pas un segment du marché, une institution ou un pays mais le nerf de la relation de confiance dans les échanges interbancaires.

être le levier d'une nouvelle croissance, encore faut-il que le système bancaire ne s'effondre pas d'ici à ce que la mécanique s'autorégule par le chaos. La titrisation est en effet devenue la métaphore de la pomme pourrie qui gâte le reste des fruits et finit par ronger les mailles du panier en osier. La création monétaire artificielle issue de l'ingénierie financière agit comme un trou noir qui absorbe tout ce qu'on lui administre. La tentative de régulation des Etats fait dire à Stieglitz que les régulations interétatiques sont identiques à celle qui permettrait de pratiquer une transfusion sanguine à un malade souffrant d'une hémorragie externe. La raison est simple : les fonds de garantie ne sont pas à l'échelle de la réalité des actifs qu'ils sont censés garantir[18]. En ce sens, les Etats qui prennent le risque de devenir prêteurs en dernier ressort peuvent voir leur propre crédibilité s'effondrer. Le cercle vicieux de pertes bancaires ne peut pas être brisé par une action concertée car le volume de la masse monétaire ne reposant pas sur de la richesse produite est dix fois supérieur à celui reposant sur de la création de valeur réelle. En ce sens Paul Jorion écrit à raison qu'il n'y a pas de position de repli possible : seule une redéfinition des fonctions exercées par les banques centrales peut refonder le processus garantissant la confiance dans le système. Jorion décrit l'origine du séisme bancaire mondial[19] :

« *Lorsque les salaires déclinent, les ménages empruntent davantage. Les fonds ne constituent pas une avance productrice mais le bouche-trou d'un salaire insuffisant. Du coup, les ménages gèrent leur budget à l'instar d'une cavalerie. Il vient un moment où la masse salariale décline à ce point que la cavalerie rentre dans le mur* ». En l'état actuel des données, la crise systémique n'existe pas tant que personne n'a trouvé une métaphore crédible pour en informer l'opinion publique occidentale. Le binôme USA-Chine est désormais le vecteur principal de la crise systémique : en cas de dévaluation en spirale du yuan et du dollar il ne sera plus possible d'endiguer la crise. Sommes-nous en 1928 ? Si le mécanisme s'est enclenché ce sera bien pire. Il n'y aura probablement ni cataclysme comparable à 1929 ni

---

[18] En France, le Fond de garantie est de 1,8 milliard d'euros alors que la somme totale des placements et compte courants est de 1600 milliards (livrets A, Bleu, Jeunes, épargne populaire). A terme les banques centrales accepteront des actifs de plus en plus toxiques jusqu'à perdre leur propre crédibilité.
[19] Entre 1971, date de la fin de la convertibilité dollar/or et 2008, le volume de la masse monétaire est passé de 700 millions de dollars à 10.000 milliards de dollars. Il a donc été multiplié par 14.

régulation mais mutation des économies et redistribution des cartes géopolitiques dans le sillon d'une crise systémique violente. La question n'est donc pas « Qui va poser la règle ? » ou « Qui va la faire respecter ? » ou bien encore « Qui va nous ancrer dans le réel ? » car dans une situation d'instabilité, le système bifurque : chacun tâtonne afin de faire émerger une solution dont le succès finira par « faire système ». C'est aussi le moment où chacun peut reprendre en main sa destinée.

En effet, on ne sort d'une crise que par la régulation, la guerre ou la dépression c'est-à-dire le désendettement non maîtrisé par faillites en chaîne jusqu'à ce que les dettes irrécupérables aient été détruites. Car la chaîne de causalité qu'il faut mettre en exergue est simple : la titrisation est la courroie de transmission entre la crise financière et la crise économique. L'état de dénégation de la réalité par le consensus des économistes après la nationalisation de Fréddie Mac et Fanny Mae conduit à rejoindre les hypothèses suivantes : *« La déconnection le 15 août 1971 de la valeur de la devise US avec l'or (ou de toute autre contrepartie physique, donc disponible en quantité limitée) a ouvert la voie à une croissance exponentielle de la quantité de Dollars US en circulation.*[20] *»* La dette est donc la principale production des Etats-Unis. Les USA se sont donc spécialisés dans la production de « dettes ». Biancheri poursuit : *« Mais c'est cet ensemble de la bulle financière fondée sur la dette américaine qui est en train d'éclater. Pour l'instant, du fait qu'ils ont encore une position centrale tant en termes de devise que de pilier du système financier mondial, ils utilisent l'affaiblissement continu de leur monnaie pour rembourser le reste de la planète en "monnaie de singe" (30 % de la dette américaine est détenue par des opérateurs privés américains). »* La conséquence est simple : le système ne maitrise plus la production de crédits. Par ailleurs la FED est en train de perdre sa crédibilité d'acteur volontariste. On peut donc considérer ces actifs comme des « actifs fantômes » qui hanteront la comptabilité des banques pendant des décennies. La dette mondiale (qui est libellée en Dollar) *« s'est retournée contre ses initiateurs et se transforme en une fuite généralisée. »*[21]

Autrement dit, les jeunes traders millionnaires de vingt ans se retrouvent nus comme dans le conte d'Andersen où le Roi voulait

---

[20] Elle correspond aujourd'hui à 360 % du PIB des USA.
[21] LEAP, Bulletin d'anticipation dirigé par Franck Biancheri.

tellement briller que son tailleur lui fournit un costume transparent. « Le scandale du monde est ce qui fait offense et ce n'est pas pêcher que pêcher en silence. » Voilà où en est le puritanisme à Wall Street contre lequel Mean Street s'apprête à se révolter. A l'autre bout de la chaîne du pouvoir, Bernanke, président de la FED, qui fit sa thèse sur la crise de 1929, persuadé que c'est l'effondrement de la confiance interbancaire qui produit la récession, croyant la crise passée, laisse *Lehmann Brothers* faire faillite – pour l'exemple – déclenchant ainsi la troisième phase de la crise systémique. La crise de liquidité devenant ainsi une crise de confiance et levant le voile psychologique de la réalité : une crise de solvabilité détruisant les fondements du système interbancaire.

En effet, la crise des Subprimes n'est pas une crise des marchés dérivés qui, eux, sont nés aux USA dès 1972 avec la création sur le Chicago Mercantile Exchange et du premier contrat à terme sur le dollar-mark. Ce n'est pas non plus une crise de crédits hypothécaires qui n'aurait dû produire qu'une récession limitée. La Reine d'Angleterre qui interrogea les meilleurs économistes du Royaume sur le point de savoir comment des crédits Subprimes avaient pu contaminer l'économie mondiale n'eut jamais de réponse. Encore moins une crise du capitalisme qui a toujours fonctionné sur le mode de la destruction-créatrice. Ni même une crise de la spéculation, nécessaire, dans un monde où le capitalisme intègre une vision probabiliste de l'activité humaine. Il s'agit d'une crise spécifique dans laquelle le basculement du cœur de la production de l'Occident vers l'Asie s'accompagne d'une crise interne aux économies occidentales produit d'une crise de solvabilité bancaire. Autrement dit, les distorsions de concurrence se mettent à jouer en défaveur de l'Occident. Le débat entre Smith et Mandeville sur la nature du marché autorégulé en est le centre de gravité. Pour Smith le marché s'autorégule toujours y compris par le chaos. Pour Mandeville, le marché est le meilleur des systèmes mais il faut entrevoir la possibilité que l'un de ses acteurs puisse, volontairement ou non, en détruire les fondements, par pure cupidité ou idéologie. La combinaison des deux causes étant envisageable. Il faut donc s'interroger : que nous apprennent donc les crises du capitalisme ?

Ce n'est pas avec l'histoire du capitalisme que débute l'histoire des crises. Mais chaque étape de l'histoire du capitalisme est jalonnée par des crises financières de la spéculation sur les bulbes de tulipes en Hollande entre 1634 et 1637, à la faillite de Law en France en 1720, jusqu'à la crise de 1929[22], en passant par les crises de la dette au Mexique en 1982 et au Brésil en 1983 dû en partie à la difficulté de recycler les pétrodollars. C'est aussi le Krach du 19 octobre 1987 qui fait suite à la hausse des taux d'intérêt, celle de 1994 sur le marché obligataire avant que le fonds d'investissement LTCM (Long Term Capital Management) ne déstabilise le système. L'éclatement de la bulle immobilière en Thaïlande en juillet 1997 est exemplaire des mécanismes à l'œuvre : le reflux des capitaux à court terme a provoqué une crise de change dans des pays dont l'endettement à court terme était bien supérieur aux réserves de devise de banques centrales. Les crises économiques semblent donc être des phénomènes périodiques ayant des causes structurelles dont on cherche à déterminer les raisons provoquant une rupture majeure dans l'ordre économique et politique. En 1862, Juglar écrivait : *« les crises paraissent des conditions de l'existence des sociétés où le commerce et l'industrie dominent. On peut les prévoir, les adoucir, s'en préserver jusqu'à un certain point ; mais les supprimer, c'est ce que jusqu'ici, il n'a été donné à personne. »*.

Au long de l'histoire, les crises ont été souvent frumentaires : « Une sécheresse plus ou moins forte réduit brutalement la récolte annuelle de céréales. En l'absence de stocks suffisants de précaution, la disette, voire la famine apparaissent. La chute des revenus en provenance de l'agriculture entraine une réduction des activités » écrit Arrous. Mais avec la révolution industrielle ce n'est plus la crise de sous production qui est le catalyseur mais la crise de surproduction. Alors que Say voit dans les crises un désajustement sectoriel de l'offre et de la demande - *« un défaut d'écoulement d'un produit n'est que le résultat d'un engorgement dans un ou plusieurs canaux de l'industrie »* -, Malthus, Lauderdale, Roscher et Keynes critiqueront la loi des débouchés afin de souligner le rôle des crises de surproduction. La thésaurisation, les effets de baisse des prix sur l'incitation à accumuler et les délais entre production et moment de l'accumulation

---

[22] Irving Fisher évoque une déflation autoproduite lorsqu'en période de crise les institutions de régulation n'interviennent pas.

productive seront progressivement affinés dans la théorie économique. Les libéraux font donc de la crise un moment de la nécessaire régulation du marché sans intégrer les bouleversements politiques qu'ils provoquent : « *La civilisation du XIXe siècle s'est effondrée. La source de la matrice du système c'est le marché autorégulateur. L'Etat libéral fut une création du marché. C'est dans les lois qui gouvernent l'économie de marché que l'on trouve la clé du système institutionnel du XIXe siècle. Notre thèse est que l'idée du marché s'ajustant lui-même était purement utopique* » écrit Polanyi.

Mais dans le dernier segment historique apparaît une nouveauté radicale qui va révolutionner le principe du marché autorégulé, le faire jouer à plein et que K. Ohmae, décrit dans *The Borderless World* : « *Plus vaste qu'un continent, est en train d'émerger une ILE : l'économie interconnectée de la Triade (Etats-Unis, Europe, Japon), que viennent rejoindre des économies agressives comme Taiwan, Hong Kong et Singapour. Si une banque centrale essaie d'augmenter ses taux d'intérêt, des fonds moins onéreux arriveront aussitôt d'autres endroits de l'ILE.* » On peut donc dire que l'émergence de l'ILE a rendu obsolètes les instruments traditionnels des banques centrales comme les taux d'intérêt et la masse monétaires. Le degré interdépendance rend alors possible une crise systémique qui n'est rien d'autre qu'un nouvel échec du marché autorégulé. C'est d'ailleurs la raison pour laquelle les députés du Congrès refusèrent de voter le premier plan Paulson comme les néolibéraux américains qui estimaient que *c'est parce* que la Réserve Fédérale est intervenue pour fixer les taux d'intérêt que la catastrophe a eu lieu. Dans la logique, néolibérale du marché autorégulé, la boucle est bouclée avec *un chaos régulateur*. Or l'analyse financière et les moyens d'action ne relèvent plus de la critique de l'économie politique mais du modèle de société et de la capacité à passer un compromis avec les nouveaux acteurs économiques productifs. Dans la théorie économique, marxistes, keynésiens et libéraux font donc montre de subtilité pour démolir les modèles économiques concurrents relatifs au rôle des crises. Ils élaborent des schémas qui sont pourtant invérifiables puisque, selon la temporalité que l'on identifie, on pourra toujours démontrer que le curseur identifié est moins une causalité qu'une corrélation. Les mécanismes économiques sont mus par des causalités rétroactives qui interdisent la causalité simple et le jeu à somme nulle :

« Lorsque je demande leur avis à quatre économistes j'ai toujours cinq opinions disait un polémiste ; Keynes en donne toujours deux ».

Si le capitalisme s'effondre dans mille ans, Marx aura eu raison et la période qui dure depuis le XVe siècle apparaîtra comme un long Moyen-âge. Si la crise est liée à la demande, les keynésiens pourront toujours refaire leur courbe pour identifier le basculement de la propension marginale à épargner. Quant aux libéraux, il est certain que la sélection naturelle du meilleur des régimes nous conduira au paradis, encore qu'à long terme, nous serons tous morts.

Si la théorie des cycles est inefficace pour comprendre la crise des Subprimes c'est donc non seulement parce que la covariation des facteurs entraîne des enchaînements circulaires et interdépendants des facteurs endogènes de l'économie comme des facteurs exogènes mais c'est aussi et surtout parce que le mécanisme de marché a été brisé. L'échec des modélisations économiques en période de crise nous conduit à une conception empirique de l'action et c'est donc à travers une modélisation politique critique que l'on doit s'orienter.

UNE REFONDATION DU SYSTÈME EST-ELLE POSSIBLE ?

Le système est entré en apesanteur et oblige à s'interroger sur la ligne de démarcation entre ce qui est possible et ce qui ne l'est pas. L'habillage de chiffre consiste pour l'instant à dire pour prescrire en tentant d'agir sur un rapport de force. Ce qui est problématique c'est que jusqu'ici, il n'y a eu que les marxistes et les altermondialistes pour critiquer le néolibéralisme et y voir la métaphore de la mort du système de *l'American way of life* alors qu'il ne s'agit que de l'agonie de l'une des formes du capitalisme financier : la Finance de Marché. En ce sens, les forces qui tentent de sauver le système sur le mode « Nous sommes tous dans le même bateau : le trader comme la caissière de supermarché » risquent de se voir répondre par les tenants de l'anti-système « Ce bateau c'est le Titanic et le capitaine, c'est-à-dire le pouvoir, ne veut pas que les citoyens comprennent qu'ils peuvent provoquer le changement ». Or ces deux positions stratégiques sont vouées au développement de la violence en se renforçant politiquement. Il est à peu près certain que l'objectif des néoconservateurs est de se payer de promesses sur la régulation et la transparence avant que le chaos ne régule le système financier et permette la relance alors que les anti-mondialisation restent, eux, figés dans une posture de guerre idéologique d'arrière-garde, attendant non plus les lendemains qui chantent mais l'avènement d'un chaos à partir duquel ils pourraient « reconstruire » la société, en faisant fi de la nature humaine comme de la force des choses. L'absence d'analyse et de proposition est leur seul avantage comparatif. Il faut donc espérer que le réel advienne par épuisement du fantasme et de l'idéologie. Ce qui obligerait certes les institutions du capitalisme autorégulé à un douloureux aggiornamento mais rendrait possible la reformulation du pacte républicain dans une économie mondialisée et une redéfinition des souverainetés. Sans compter qu'il y a un vrai risque politique à refinancer des banques qui ont spéculé sous prétexte de protéger les épargnants. En effet, en faisant payer les contribuables, l'aléa moral et les erreurs des banquiers d'affaires ne sont plus sanctionnés. Nous mettrions alors le feu à la langue de bois.

La condition d'une refonte du système c'est l'émergence d'un principe qui puisse renouveler la confiance tissée par le lien politique que Peyrefitte exprime mieux que quiconque :

« *L'analyse économique traditionnelle, de type libéral comme de type socialiste, privilégie ce qui est matériel... le capital et le travail. Selon moi, ce sont des facteurs secondaires. La condition essentielle du développement, c'est ce que j'appelle le tiers facteur immatériel, c'est-à-dire mental, culturel : au fond l'élément humain.* »

Cette période verra la mise en place d'un monde multipolaire de concurrence agressive entre les différentes formes de capitalisme. Rien, durant cette période ne pourra neutraliser l'effet de l'accélération de la crise puisque les fonds souverains (2100 milliards de dollars) vont être impactés par l'interdiction temporaire des ventes à découvert. Par ailleurs, la dévalorisation de l'épargne par l'inflation due à la création de monnaie du plan Paulson aux USA comme des différentes opérations au coup par coup en Europe affaibliront les classes moyennes qui chercheront une compensation idéologique à leur déclassement. Nous sommes donc à un moment où il est nécessaire de démentir les malentendus. Dix ans après la crise, alors que la pandémie de COVID-19 n'avait pas encore asphyxié une économie désormais globalisée, Lenglet écrivait : « *Le tableau qui se dessine est sombre. Relancer l'activité avec des dépenses publiques ? L'Europe nous l'interdit et la désastreuse situation budgétaire française aussi. Compter sur les exportations ? L'euro est à son court le plus haut, ce qui plombe les ventes made in France. La discipline qu'elle impose sera de plus en plus contestée et l'on va voir réapparaître la tentation protectionniste et nationaliste.* » Les clivages qui opposeront les partis qui ne manqueront pas de s'organiser après la refondation se dessineront autour de nouveaux critères : le cycle révolutionnaire français sera alors clos. Pour l'heure, c'est le rétablissement des conditions du marché qu'il est vital de reformuler. Faute de quoi nous en serons réduits à inventer des institutions qui diront quelque chose pour masquer notre impuissance la prochaine fois que la catastrophe nous prendra en défaut. Il faut donc gérer politiquement le paradoxe d'Olson selon lequel chacun a intérêt à coopérer en vue d'une régulation financière alors que personne ne veut prendre le risque de s'imposer des critères qui le pénaliserait. Capitalisme et pragmatisme sont les deux boussoles du monde instable à venir : *« Le capitalisme n'a pu fonctionner avec efficacité que parce qu'il a hérité d'une série de type anthropologie qu'il n'a pas créée lui-même : des juges incorruptibles, des fonctionnaires intègres, des éducateurs qui se consacrent à leur vocation, des ouvriers qui ont un minimum de conscience professionnelle etc. Ces types ne surgissent pas d'eux-mêmes, ils ont été créés dans des périodes historiques antérieures »* écrit Castoriadis.

Il se peut qu'avec la crise, les gens intelligents qui faisaient tourner la constitution invisible de la société aient décidé de se laver les mains du réel plat tel que les imbéciles le voient. Le marché ayant successivement éliminé l'anarchisme, le fascisme, le nazisme et le communisme ; il s'agit désormais d'éviter que ce soit maintenant au tour de la démocratie. Ordre et pragmatisme sont les deux mamelles du futur.

Et comme dans les fables pour enfants, il reste une morale à saluer à l'endroit du système anglo-saxon en hommage au système rhénan : venu voir son père en prison, Charles Dickens s'entendit dire « Mon fils la seule différence entre un homme heureux et un homme malheureux c'est que lorsque l'un et l'autre gagnent 10 livres le premier en dépense 9 et le second 11 ».

Accessoirement il faut désormais remonter *de la méthode à l'essence,* des mécanismes aux processus qui nous ont conduits à cette forme de délire rationnel dont la crise des Subprimes n'est qu'une phase. Cette crise économique nécessite une analyse de la crise de la raison technoscientifique occidentale devenue schizophrène et dont elle est la véritable face émergée.

CHAPITRE II
LA SACRALISATION DU MARCHÉ : UN DIEU FÉTICHE

Dix ans après la faillite de *Lehmann Brother*, la situation économique était comparable à celle d'un crash stoppé avant de toucher le sol comme si l'impact terminal de la crise des Subprimes sur l'économie réelle était suspendu par l'absence même de solution. L'économie du Dieu dollar qui se basait sur la garantie d'or de 1944 à 1971, puis sur le pétrole, « as good as gold » de 1971 à 2007, ne repose plus, depuis 2008 que sur une anticipation de valeur c'est-à-dire une dette monétaire basée sur une défiance impossible face au rôle de monnaie de réserve du billet vert.[23] Le système financier a conduit au mélange insécable de l'argent produit par l'accroissement de la richesse réelle et d'une fausse richesse, illusoire puisque produite artificiellement par l'argent de la dette. Or la dette ne peut être à l'origine de la création de richesse qu'à la condition d'être remboursée ou détruite. Car s'il est erroné d'imputer à l'argent les effets de la nature humaine encore faut-il se souvenir que la morale du capitalisme c'est l'émancipation par la richesse *ou* la ruine. La suspension des conséquences d'une crise par une insolvabilité suspendue au motif que l'un des acteurs de cette crise - les banques - est « too big too fail » ne peut avoir pour effet qu'un gel de l'activité économique et l'autodestruction du marché auto-régulé. Seule la fausse richesse piégée dans la comptabilité des banques peut créer, un temps, l'effet de réalité propre à faire de la *dette comme monnaie* une monnaie vivante. Mais ceci uniquement le temps que les Etats prennent des dispositions pour amortir l'échec de l'autorégulation (QE).

La crise des Subprimes apparait donc comme le catalyseur du processus de destruction de la chaine alimentaire financière. A un journaliste qui l'interrogeait au temps de l'abolition du *Glass Steagall*

---

[23] Dans *Pourquoi les étrangers ne peuvent se débarrasser de leurs dollars,* Warren Buffet pouvait encore écrire : « ... étant donné que, du fait de notre déficit commercial, les étrangers se trouvent nantis de plus en plus de dollars, ils doivent sans cesse augmenter leurs investissements dans cette monnaie ». La question posée par le rôle du dollar est désormais : « est-on arrivé au point critique que le système joue désormais contre lui-même ? ». Le système tel qu'il s'est construit permet aux U.S.A de considérer que toute transaction effectuée en dollar est sous leur souveraineté juridique comme ce fut le cas dans l'affaire *Executive Life*. Pour combien de temps encore ?

Act, fer de lance de la déréglementation financière aux Etats-Unis : « Qu'est-ce qui compte le plus ? », Clinton répondait : « L'économie imbécile ! ». Or la nature de la crise a depuis conduit, de l'intérieur de la mondialisation, à une tension irréconciliable entre Economie de marché et Finance de marché. Cependant les critiques qui ont été élaborées depuis 2008 prennent une forme presque toujours pamphlétaire qui opacifie la compréhension de la nature du problème. La dénonciation du capitalisme et de la Finance de Marché y est essentiellement morale et se focalise sur la collusion entre élites politiques et corporation de banquiers dans un mélange d'anticapitalisme et de théorie du complot[24]. Or c'est à la racine critique du concept de marché autorégulé qu'est la source d'une véritable compréhension de la crise. La conceptualisation chez les économistes néolibéraux du principe d'autorégulation en est la base. C'est sa construction théorique puis sa mise en œuvre politique qui doivent être analysées.

De plus, les conséquences de la crise étant multidimensionnelles, la mise en forme d'une réflexion critique sur le sujet a été biaisée d'un côté par l'état de spécialisation des savoirs, accentuée, de l'autre, par le caractère idéologique de l'usage qui a été fait des arguments des

---

[24] Il n'est cependant pas erroné de dire que le temps d'élites lobotomisées par la religion de l'argent s'achève dans le chaos. La fausse noblesse du mérite chère à Thomas Man s'est révélée être plus proche du baron voleur que du self made man. Qui a dit que les puissances spirituelles n'avaient pas été remplacées par des puissances matérielles mais par la puissance de l'argent ? « Le monde moderne est la cohabitation de deux plèbes, l'une riche, l'autre pauvre » dit Nietzsche qui « répond » ainsi à Péguy comme par anticipation. Dans un monde où des individus se font enterrer avec leur iPhone la compréhension du réel est souvent réduite à une école du vent. Il est vrai que les élites politiques ne semblent désormais plus qu'un seul argument en réserve : le réel *est*. Pour autant, il faut analyser les conséquences d'une hypersensibilité des populations dans les instants tragiques qui font monter le sentiment de colère de ceux qui, parmi elles, n'ont jamais été que « moyennement démocrates » c'est-à-dire qui n'adhèrent au système que par défaut. Ces Don Quichotte sans Sancho Panza prennent les moulins à vent pour des lanternes en pensant que le terrorisme sera l'alibi pour démolir l'Etat de droit. Or la géographie de l'Etat souverain passe par la confiance. Il ne faut donc pas désespérer d'un Etat-sapiens-sapiens qui équilibrerait le Léviathan. Louis XIV ne disait-il pas à Molière : « Ne craignez rien, nous aimons votre talent ». Mais ce genre de relation n'est plus de mise. Il s'agit donc aujourd'hui d'analyser la situation des esprits et du monde face à laquelle la seule véritable réponse est de créer en soi une centralité vivante et généreuse en attendant des opportunités moins tragiques. « La grandeur des grands est invisible au roi » disait Péguy.

deux côtés de l'idéologie anticapitaliste comme la métaphysique du capital prônés par les tenants de la théologie du marché autorégulé[25].

En effet, l'état d'hystérisation du débat est aujourd'hui lié à l'effet cliquet qui rend impossible toute solution rationnelle et raisonnable[26] produisant ainsi *un basculement du niveau de règlement des grands équilibres économiques et financiers vers les relations internationales*. La situation géopolitique qui devient une pièce maitresse de l'échiquier fonctionne quant à elle comme une ambulance qui passe à la vitesse du corbillard. La guerre des monnaies entre les Etats-Unis et la Chine étant la continuation par d'autres moyens du protectionnisme. La guerre des monnaies prépare-t-elle, anticipe-t-elle ou rend-elle inutile une guerre entre les Etats ? Les populations occidentales s'y résigneront-elles ? Nul ne le sait.

Nous vivons donc des derniers rayons de soleil d'un astre mort et de ses institutions zombies. Cet astre mort à un nom : le marché autorégulé. Et pour comprendre la crise, il faut en faire la généalogie intellectuelle, économique et morale comme l'histoire de sa sacralisation entre 1989 et 2008. Autrement dit, il faut décrire les étapes par lesquelles le marché autorégulé est devenu une religion sans nom.

---

[25] De fait, la déstructuration du débat dans l'espace public, l'effet de panique des populations infantilisées par la peur, accrue par l'incompétence de certains dirigeants politiques - qui ne sont plus que des managers de symboles - conduit à un vide par le déni. Ce vide par la dénégation est l'hypothèse la plus vraisemblable parce qu'elle est la plus simple et la seule à être conforme au principe du rasoir d'Ockham. Il en est ainsi de la guerre civile numérique qui fait rage entre les Contre-modernes et les Altermondialistes pour annexer symboliquement le drapeau de l'Antisystème et qui à quelque chose des rires mécaniques de ceux qui applaudissaient à l'aller simple pour la Kolyma comme de ceux qui veulent nous faire oublier Auschwitz. D'un côté, les anticapitalistes qui s'enferment dans la réanimation des choses mortes et pour qui les Etats-Unis sont la figure même du péril postmoderne. De l'autre les forces réactionnaires de l'Antisystème pour qui l'Allemagne n'est rien de plus qu'une machine contrôlant l'Hinterland qui, au centre de l'Europe, met en scène, par la guerre économique, son sacre du printemps version völkish, et tente de soumettre politiquement la bourgeoisie d'affaires française.

[26] La politique des gouvernements à Washington est en quelque sorte condamnée à une action qui vise à rendre impossible une solution alternative au dollar comme monnaie de réserve internationale en neutralisant toutes les institutions et tous les pouvoirs concurrents.

Dans *La condition politique*, Gauchet décrit les effets de l'individualisme moderne : « *L'étonnant est de voir cette réussite déboucher sur une crise d'identité autodestructrice où les démocraties, saisies par la démesure de leur foi en elles-mêmes, en arrivent à méconnaitre ce qui leur permet d'exister au point d'être tentées de le déconstruire.* » Cette formulation d'une démocratie qui retourne ces principes contre elle-même permet de mieux cerner la faille d'une modernité qui a accompli un programme dont la visée est l'affirmation d'une plasticité absolue du réel. Une société d'égo a remplacé la société des égaux. Puisque tout est arbitraire, un égo peut imposer l'arbitraire d'un arbitraire à un autre à condition que ce soit dans les limites de la loi : « Je peux décider de ma nature et être fidèle aux lois que je me suis choisies ». Mais dans ses gènes, cet individualisme émancipateur peut aussi porter une logique mortifère s'il est saisi par l'hubris, le sentiment de la démesure. L'affirmation formulée des milliards de fois d'être soi-même est la forme de la modernité. C'est ainsi que la revendication d'un monde physique ou spirituel sans limites actualise l'envie d'être authentique. Or le diable est dans les détails car tout est dans le principe de conversion qui permet de passer de l'individualisme à l'individuation, du moi égotique au soi comme conscience de l'altérité : l'autre comme autre soi-même[27]. La tradition libérale anglo-saxonne a proposé l'une des formules de cette conversion de l'individualisme en individuation. C'est elle qui nous occupera pour identifier les bifurcations successives qui ont conduit à l'expression des potentialités du marché autorégulé.

Dans *La Fable des abeilles*, Mandeville écrit : « *Les vices des hommes dans l'humanité dépravée peuvent être utilisés à l'avantage de la société civile et on peut leur faire tenir la place des vertus morales.* » Il s'agit là de l'une des expressions les plus claires de la vision du monde qui est fondatrice du principe d'autorégulation. Mais avec le vecteur idéologique de la révolution conservatrice de Thatcher et Reagan dans les années 80, ce principe sera fécondé par un potentiel technologique qui lui donnera son assise fondamentale et

---

[27] Dans les *Fondements de la métaphysique des mœurs*, Kant écrit : « *Tout a ou bien un prix, ou bien une dignité. On peut remplacer ce qui a un prix par son équivalent ; en revanche, ce qui n'a pas de prix, et donc pas d'équivalent, c'est-ce qui possède une dignité.* »

toute sa puissance[28]. C'est la combinaison entre société individualiste et nouvelles technologies (nanotechnologies, biogénétique, informatique et sciences cognitives) qui a accouché de cette forme de la nature transformée et qui constitue une véritable rupture par rapport aux évolutions précédentes de l'anthropocène. La distinction classique entre la nature naturante c'est-à-dire le principe de création et la nature naturée comme l'ensemble des êtres et des lois créées est inéluctablement brouillée par la technique. Ce sont ces technologies qui ont transformé Wall Street, non pas seulement en fabriquant réellement de l'irréel - l'espace virtuel de l'internet - mais en réduisant le monde à une logique rationnelle identifiée à sa seule efficacité technique. Une sorte de crime parfait pour parler comme Baudrillard puisque les potentialités alternatives de la pluralité du monde sont progressivement éliminées *au profit* du seul profit. Les virtualités comme les potentiels de l'humaine condition doivent alors prendre la forme du marché pour s'exprimer : un homme est toujours un corps sur qui l'individuation a greffé des fictions plus ou moins raisonnables et qui espère ou hallucine son monde intime pour survivre à la pesanteur du quotidien. Réduire son monde symbolique c'est – entre autres - le délivrer tragiquement du trouble de penser. « L'exploitation rationnelle de la libido par les moyens industriels épuise l'énergie qui la constitue » dit Stiegler. C'est donc souvent dans la méconnaissance des processus qui l'ont rendue possible que s'est jouée la question centrale du rôle du marché autorégulé.

Il faut donc pour l'éclairer décrire les deux faisceaux qui l'ont rendue possible et en premier lieu les révolutions libérales conservatrices/néoconservatrices comme l'innovation des technologies de l'information. C'est à leur point de jonction que s'est noué le processus de sacralisation du marché.

---

[28] Le GATTT a engagé la libéralisation sous la pression de la concurrence internationale. Les libéralisations ont commencé avec la loi *Depository Institutions and Deregulations and Monetary Control,* qui supprima le plafond des taux d'intérêt sur les dépôts bancaires. Le Big Bang de Londres en 1986 avait aboli les frais de commission fixes sur les transactions boursières. L'OCDE modifia le code de libéralisation des mouvements de capitaux (1989) au nom d'une meilleure allocation mondiale de l'épargne. Ces réformes postulent l'identité entre un système financier concurrentiel et la concurrence des marchés (L. Summers).

AUX ORIGINES DU MARCHÉ AUTORÉGULÉ : LE COLLOQUE LIPPMANN

L'un des faits structurants de la modernité a été l'avènement d'un cosmopolitisme devenu le lieu où les anciennes formes de transcendances fondatrices - celles des différentes cultures et civilisations de l'humanité - pouvaient s'affronter dans un dépassement émancipateur. Schürmann parle d'hégémonies brisées. Mais les multitudes incommensurables se sont confrontées à l'intérieur d'un espace spécifique qui était celui des sociétés individualistes occidentales. En effet, les processus d'évolution ont été diachroniques et déphasés. La nature ayant horreur du vide, le processus de sortie de la religion s'est accompagné d'un renouvellement des métaphysiques anciennes et d'une recomposition de la dimension transcendantale à l'intérieur d'une société qui visait à l'autonomie individuelle. La question n'est donc pas de savoir si le marché autorégulé est devenu le Dieu d'une nouvelle religion, mais de comprendre comment une société - les U.S.A - a produit une sacralisation du marché grâce à la force que lui procurait sa capacité d'attraction. Notre hypothèse est que le marché autorégulé n'avait pas la fonction d'une religion mais qu'il avait celui d'un dieu fétiche auxquels les néolibéraux se référèrent comme déterminant en dernière instance. Une religion sans nom qui se superposait à la religion civile des Etats-Unis et dans laquelle l'anarcho-capitalisme (l'idéologie libertarienne) devenait un bain de culture pour les élites. En effet, après l'effondrement du mur de Berlin et la chute de l'URSS, les U.S.A sont devenus une hyper-puissance dont les capacités économiques, financières, diplomatiques et militaires ont rendu hégémonique une interprétation de l'histoire fondée sur l'intervention divine sans d'ailleurs qu'il soit certain que ce mouvement ait été autre chose que le business d'une société néoténique éblouie par la réalité de sa puissance infantile. Il reste que l'idéologie néo-conservatrice qui s'en est emparée s'est inscrite dans cette tradition spécifique.

C'est Adam Smith qui décrit précisément le concept de marché autorégulé : l'individu « *ne pense qu'à se donner personnellement une plus grande sûreté ; et en dirigeant cette industrie de manière à ce que son produit ait le plus de valeur possible, il ne pense qu'à son propre gain (...), il est conduit par une main invisible à remplir une fin qui n'entre nullement dans ses intentions. Tout en ne cherchant que son intérêt personnel, il travaille souvent d'une manière bien plus efficace pour l'intérêt de la société, que s'il avait réellement pour but d'y travailler ».*

La providence divine n'est pas un concept propre au libéralisme anglo-saxon. Au XIXe siècle Bastiat écrit dans les *Harmonies économiques* que *« la providence a pourvu, par des moyens aussi simples qu'infaillibles, au progrès. (...) ce n'est pas seulement la mécanique céleste mais aussi la mécanique sociale qui révèle la sagesse de dieu et raconte sa gloire ».* Mais les métamorphoses à l'intérieur de la théorie économique doivent être lues en perspective parce qu'elles mettent en exergue les interprétations politiques telles que les néoconservateurs les formuleront une fois au pouvoir. Bastiat ne disait-il pas qu'en économie il y a du visible et de l'invisible ?

L'histoire du néo-libéralisme doit avant tout permettre de décrire les modifications et l'aggiornamento qui eurent lieu au lendemain de la seconde guerre mondiale avec la société du Mont Pèlerin fondée en 1947 et de la création de l'Institut of Economic Affairs en 1955. Mais l'un des moments fondateurs de cette révolution intellectuelle et morale du néo-libéralisme eut lieu avant-guerre en août 1938. Ce fut la réinvention du libéralisme au Colloque Lippmann.

Ossipow définit le libéralisme comme « l'expression savante de l'imaginaire marchand » mais au fond le noyau dur commun à toutes les variantes du néo-libéralisme est une conception de l'homme et du monde basée sur l'individualisme méthodologique, c'est-à-dire *« un point de vue où les seuls éléments pertinents dans l'étude du social sont les individus considérés comme rationnels, c'est-à-dire capables d'adapter de façon la plus avantageuse les moyens aux fins assignées. Cet individualisme méthodologique a été principalement développé dans le cadre de la théorie économique, notamment chez Carl Menger, l'un des fondateurs de l'école marginaliste autrichienne. »*[29] Cette analyse conduit à proposer une action politique qui encourage la déréglementation, la privatisation et le désengagement de l'Etat et que l'on peut résumer à l'affirmation selon laquelle « L'Etat n'est pas la solution mais le problème ». Dans une perspective néolibérale, le réel peut être décrit scientifiquement et les lois objectives de l'économie énoncées distinctement. La liberté économique doit s'imposer par la loi - déréglementation - afin de briser les monopoles - dérégulation -

---

[29] W. OSSIPOV, « Le néo-libéralisme, expression savante de l'imaginaire marchand » P.U.L, 1982.

mais aussi pour rétablir les conditions d'exercice des libertés et en particulier celles liées à la liberté d'entreprendre. Dans le cadre de la théorie économique néolibérale, le principe régulateur est le droit de la concurrence seul capable de brancher l'économie sur les pulsions de la nature humaine : la concurrence permet une production toujours plus importante d'un point de vue qualitatif comme d'un point de vue quantitatif.

Alors que la crise des années 30 avait conduit à une confusion des ordres économiques et politiques ; confusion produisant une scène intellectuelle sur laquelle toutes les variantes de la combinaison entre corporatisme et planification s'étaient ébauchées pour répondre à la crise du libéralisme, la période de l'avant-guerre ouvrait la voie à une refonte de ses principes.

Le colloque Lippmann qui se réunit à Paris à *l'Institut international de la coopération intellectuelle* du 26 au 30 août 1938 a été l'occasion de repenser ses fondements. Il est l'expression d'une volonté de renouveler le libéralisme en crise dans les années 30 et dont l'objectif est de poser les bases d'une refondation du cadre économique perçu comme la création toujours réversible du législateur. Le succès public de la publication de l'ouvrage de Walter Lippmann intitulé *La cité libre* en 1927 donne l'occasion à Rougier, qui organise le colloque, d'initier la réunion d'une Internationale libérale. L'analyse de Lippmann lui sert de canevas. Lippmann estime que le développement des monopoles a favorisé l'éclosion de fortunes considérables qui ont conduit à l'échec et à la crise. L'origine des maux c'est un capitalisme qui a cessé d'être libéral. La liberté est un moyen, la fin est le développement de la personnalité humaine. Lippmann élabore alors une critique du libéralisme historique tout en réaffirmant ses propres valeurs libérales : ce n'est pas le libéralisme qui est en cause avec la crise, c'est le législateur qui en a modifié le cadre. Le vrai libéralisme est celui qui adapte le cadre juridique préalable et l'ordre social aux modes de production nés de la révolution industrielle. Une faute de calcul ne change rien à la vérité des mathématiques dit Maurois dans la préface du livre traduit en français à la librairie Médicis. Sans compter que, pour Lippmann, les économistes ont eux-mêmes dénaturé l'esprit du libéralisme en confondant un ordre libéral compétitif avec la doctrine manchestérienne du *Laissez faire, laissez passer*. Nul doute que Rougier y voit alors un écho profond à ses inquiétudes. Pour ce dernier, « L'homo sapiens fait place à l'homo economicus » et il faut en tirer les conséquences politiques. Dans son allocution d'ouverture au congrès, Rougier estime non seulement que « socialisme et fascisme sont deux variétés d'une même espèce » mais aussi que « le planisme implique l'Etat totalitaire ». La question qui domine est donc : quelles formes d'interventions sont compatibles avec les lois du marché ? Rougier la formule en deux temps : « le déclin du libéralisme, en dehors de toute intervention de l'Etat, est-il inévitable par suite des lois mêmes de son développement ? » et « le libéralisme peut-il satisfaire les exigences sociales des masses ? » Dans cette perspective, une plus grande égalité de revenus peut éventuellement être obtenue par des mesures qui rendent le marché plus efficace. Tocqueville et Mills sont les figures tutélaires du colloque. La distinction est claire entre Etat socialiste qui administre les affaires des hommes et Etat libéral qui administre la justice des hommes qui mènent eux-mêmes leurs propres affaires. Le monstre froid a une sentence totalitaire : *Tout pour l'Etat, rien contre l'Etat, rien hors de l'Etat*. Non seulement Rougier souligne que du point de vue même des exigences du marxisme, le communisme soviétique est un échec mais que c'est du point de vue des masses qu'il faut élaborer une illustration et défense du libéralisme. Si l'influence de Rougier est celle d'une droite conservatrice, « élitiste » et antichrétienne, c'est la diversité des personnalités qui marque le colloque : Mises, Hayek, Lippmann, Rüstow, Röptke, Rueff, Polanyi, Marlio, Mantoux... Il serait tentant de réduire le colloque Lippmann à une « entreprise idéologique soutenue par le patronat, visant à réhabiliter le libre marché »[30] mais en réalité les intervenants constituent un aéropage hétéroclite de libéraux hantés par le péril communiste et fasciste. C'est en particulier le cas de Mises et Hayek qui proposent une critique acerbe et aiguisée de la planification. Cette analyse sera à la base des développements issus de la Société du Mont Pellerin à partir de 1947 - la moitié des intervenants du colloque en seront membres -, relayée par le consensus de Washington dans les années 70 avant d'être réaménagée par les conservateurs Reaganomics puis au sein d'une vision purement religieuse par les néo-conservateurs durant les mandats de G.W Bush.

La thèse centrale de Mises est que si le socialisme est impossible ce n'est pas en raison du bas niveau de moralité de l'espèce humaine mais parce que l'esprit humain n'est pas capable de résoudre les

---

[30] S. AUDIER, *Le colloque Lippmann*, BDL, 2012.

problèmes que pose à la raison la société socialiste. Le seul objectif devrait être, au mieux, de réaliser une sorte de démocratie économique.

Hayek précise que les explications quantitativistes sont fausses car elles dépendent de prémisses méthodologiques erronées qui mobilisent des agrégats et des moyennes qui ne rendent pas compte de l'activité économique réelle. Cette question méthodologique est centrale et prend sa source dans la « Querelle des méthodes ». Entre 1870 et 1890, cette querelle oppose les théoriciens de l'Ecole historique allemande comme Schmoller et ceux de l'Ecole autrichienne comme Menger sur la question de savoir si, en économie, il faut adopter une méthode inductive et historique ou une approche théorique et déductive.

Hayek estime que les connaissances sont toujours particulières, locales et que personne ne peut les posséder seul : elles sont dispersées en des millions d'individus. La mise en place d'un ordre économique rationnel suppose que le cerveau dispose d'une forme concentrée et articulée de connaissances. Or nous ne disposons que d'une série de fragments dispersés et incomplets. Les individus faillibles et limités ne peuvent utiliser cette connaissance de manière appropriée même dans l'hypothèse où il y aurait une allocation optimale des ressources. Personne ne possède intégralement l'information utile.

Hayek écrit : « *Le marché est comme un système d'utilisation de la connaissance, que personne ne peut posséder en entier ; seulement à travers le marché les gens sont portés à satisfaire les besoins d'autres gens qu'ils ne connaissent pas et à utiliser des services à propos desquels ils n'ont pas d'informations directes* ».

La loi de l'offre et de la demande permet de s'orienter sur un marché qui seul permet le fonctionnement de l'économie. Le cerveau humain ne pouvant synthétiser toutes les opérations, il a sélectionné au cours du temps un modèle, c'est-à-dire un paradigme, qui lui permet de maitriser la production sans pourtant disposer de l'omniscience. Hayek rejoint Mandeville pour qui, dans les sociétés complexes, la réalité n'est rien d'autre que le produit de l'action des hommes, égoïstes ou altruistes, qui ont créé des résultats utiles pour chacun, sans le savoir ni le vouloir, en vertu de règles qui n'ont pas été inventées mais qui ont été sélectionnées au fil du temps pour assurer la survie de l'espèce. La principale de ces règles est la concurrence enchâssée dans la loi de l'offre et de la demande. Dès lors on comprend mieux pourquoi Hayek oppose un « faux » libéralisme, une pure construction intellectuelle, issue du rationalisme cartésien qui se développe avec les encyclopédistes, Rousseau, les Physiocrates et la Révolution française au « véritable » libéralisme de Locke, Mandeville, Hume, Burke ou Tocqueville. Hayek reviendra sur cette distinction avant de proposer l'opposition entre le « kosmos » et le « taxis » entre un ordre fabriqué (celui du socialisme) et un ordre mûri (celui du libéralisme). Analyse qui écarte l'objection de l'injustice sociale de deux manières. Dans un premier temps par l'affirmation que nous ressentons les mêmes impressions devant des injustices dans le sort des humains pour lesquels il n'y a aucune responsabilité humaine. Dans un second temps, en soulignant que c'est l'incompréhension de la mécanique qui produit le marché qui légitime l'objection de la justice sociale d'une part parce qu'en se complexifiant la société est devenue une divinité à laquelle adresser nos plaintes, d'autre part parce que le marché est un jeu de catallaxie créateur de richesses qui se tranche par une supériorité d'habileté, de force ou de chance, que personne ne contrôle jamais. Le vrai problème est donc situé en deçà du droit de créance posé par Tocqueville.

C'est ici le point d'Archimède à partir duquel la refondation libérale avec Hayek et Mises irriguera la révolution conservatrice anglo-saxonne avant de s'incarner dans les innovations techniques qui unifieront le concept de marché autorégulé et celui de Nouvelles technologies de l'information et de la communication (NTIC) avec pour objectif de dépasser les limites imposées par le cerveau humain et décrites par Hayek.

Si le libéralisme dans la version proposée par Hayek et Mises n'est pas le seul à émerger au colloque Lippmann, le libéralisme sociologique de Rüstow et Röpke, celui des libéraux anti-keynésiens comme Rueff, l'aile réformiste et progressiste de Pirou ou Detoeuf, la critique de Polanyi ou les formes plus classiques qui s'y développent, n'auront pas la même postérité. La puissance de la thèse d'Hayek est qu'elle prend ouvertement le parti d'analyser l'impact du contexte extra-économique dans la réalité économique. C'est l'origine de l'Evangile du marché[31]. La liberté est la capacité à user de son pouvoir ; un individu peut en avoir beaucoup ou peu et être quand même libre.

---

[31] D.R DUFOUR, *Le divin marché*, Denoël, 2010.

L'ALGORITHME ET LE MARCHÉ : NAISSANCE DU DIEU FÉTICHE

La révolution intellectuelle des néolibéraux a irrigué la pensée politique occidentale et en particulier anglo-saxonne. Elle a conduit à la traduction des problèmes politiques des années 80 en termes de réduction de l'intervention de l'Etat au nom des principes énoncés par les théoriciens de la Société du Mont Pèlerin et en particulier d'Hayek et Mises. Les politiques publiques ont donc pris la forme d'une dérégulation, d'une déréglementation et d'une privatisation dont l'objectif était la réalisation de l'optimum du marché. Les réformes politiques et juridiques ont donné lieu à une acclimatation des lois à l'évolution technologique. Mais sans l'effondrement du communisme soviétique l'ultime étape de de la sacralisation du marché sous sa forme autorégulée n'aurait pas eu lieu. Il fallait que la chute du mur de Berlin et de l'URSS ouvre la voie à la possibilité de construire un monde nouveau pour que le concept de marché autorégulé puisse prendre toute sa place dans l'ordre post-totalitaire.

Fukuyama fut le premier à interpréter l'écroulement du monde communiste comme le produit de la sélection naturelle du meilleur des régimes politiques. Selon lui, l'élimination de l'anarchisme, du fascisme, du communisme n'était rien d'autre que le fruit de l'action de Dieu guidant les hommes vers la fin de l'histoire dans une conception hégélienne revue par Kojève. L'exception américaine, combinaison de *Nouvelle Jérusalem* et de *Destinée Manifeste* où l'ordinaire rencontre l'extraordinaire permit aux Etats-Unis de devenir une hyperpuissance capable de se projeter dans un Nouvel Ordre Mondial, autrement dit dans une utopie millénariste dans laquelle le capitalisme s'étendrait au reste de la planète. La distinction de Braudel entre une économie de marché dans laquelle l'échange se réalise de gré à gré, dans les yeux, entre les acteurs sur le marché et le capitalisme, c'est-à-dire un *private maket* dans lequel le commerçant traite directement avec le producteur l'ensemble de la production, devenait crucial pour comprendre l'enchaînement des évènements qui conduisirent à la crise de 2008.

En effet, la Théologie de la main invisible s'apprêtait à nouer une alliance inédite avec les Nouvelles Technologies de l'Information et de la Communication (NTIC). Déification du marché et diabolisation de l'Etat produisirent une instrumentalisation politique du droit qui avait pour objectif de créer un marché autorégulé avant que les innovations spécifiques des N.T.I.C ne l'organisent sous la forme d'un « cerveau cybernétique » matérialisé par les ordinateurs et les algorithmes mis en place à Wall Street. C'est l'histoire de ce processus de transformation du marché en un « cerveau cybernétique » capable de se substituer aux hommes pour pallier les faiblesses du cerveau humain telles qu'Hayek les décrivait qu'il faut écrire. Car dès lors que l'on prend le combat pour la vie comme réalité première, l'ordre émergent n'est rien d'autre qu'un ordre naturel mûri par la sélection naturelle et l'expérience humaine. Mais si la rationalité et la technique peuvent se substituer efficacement au cerveau humain grâce à une raison calculatoire qui fonctionne à des vitesses infrahumaines alors une nouvelle utopie peut émerger. C'est la possibilité de réaliser un optimum social obtenu par l'agrégation spontanée de décisions décentralisées fondées sur l'intérêt égoïste et rationalisé par une machine au cœur de silicium : « un archaïsme techniquement équipé » pour parodier Debord.

C'est une série d'innovations révolutionnaires et incrémentielles qui a rendu possible la mise en place d'une raison calculatoire au service d'un marché planétaire. En ce sens le contrôle du réseau SWIFT[32] et des algorithmes qui assurent la gestion des communications sur internet est le nerf de la guerre économique qui s'est jouée à la fin du XXe siècle. Ces inventions s'enracinent dans la vague de progrès techniques de l'après-guerre.

La grande controverse entre Galvani et Volta lors de la découverte de l'électricité pour savoir si celle-ci était « animale » ou « métallique » n'était plus qu'un souvenir lointain lorsqu'il devint possible de créer un dispositif électronique en transformant un signal électrique par simple amplification. Jusqu'au milieu du XXe siècle, les scientifiques utilisaient des tubes à vide avant que les ingénieurs de Bell Telephone Laboratories, Bardeen, Brattain et Schockley n'inventent le transistor en 1948. Désormais les signaux électroniques circulaient dans des transistors constitués de monocristaux semi-conducteurs de silicium et de germanium. Six ans plus tard, Texas Instruments entamait leur production commerciale. Dès 1959, Faichild mettait au point le procédé dit du « planar » ouvrant la voie à une production en série. Dans les années qui suivent, les circuits intégrés

---

[32] Les transactions entre banques nécessitent un encryptage. Le SWIFT (Society for Worldwide Interbank Financial Telecommunication) permet aux établissements bancaires d'effectuer les transferts de fonds transfrontaliers.

apparaissent et se diffusent : les puces électroniques peuvent effectuer une seule action logique ou intégrer des fonctions multiples (calcul, mémorisation, etc.) sous la forme de microprocesseurs. La puissance de ces innovations conduit Gordon Moore, le fondateur d'Intel, principale société qui produit des composants, à énoncer une loi qui porte son nom : « les performances des composants augmentent d'un facteur deux tous les dix-huit mois. » La loi de Moore ne devint pas simplement une loi mais elle fut aussi la règle à suivre dans la concurrence que se faisaient les industries mondiales des semi-conducteurs.

C'est le couplage entre l'industrie des composants, celle de l'informatique et des télécommunications qui opère cette nouvelle mutation. Il s'écoule un peu plus de vingt-cinq ans entre la mise sur le marché (1975) du Micral, l'un des premiers micro-ordinateurs vendus aux particuliers et 2002, date à laquelle, le cap du milliard de PC est franchi. Ce sont les fonctionnalités des premiers ordinateurs qui ont permis de calculer les plans des premiers circuits intégrés, rendant les PC plus puissants avant que les laboratoires équipés de ces mêmes ordinateurs ne créent des circuits plus complexes[33]. La mise en réseau de ces ordinateurs produisant elle-même une expansion dynamique. C'est alors que la numérisation des informations (son, image, nombre, lettre) a influencé les télécommunications : convertie en une suite de zéro et d'un (bits), l'information circule entre les satellites, les lignes téléphoniques et les câbles optiques. En 1982 le démantèlement d'AT&T crée un mouvement de libéralisation et l'explosion des réseaux. La fusion entre le potentiel des ordinateurs, celui des logiciels et la baisse des prix est alors à l'origine des Nouvelles technologies de l'information et de la communication. Comme l'écrit Blamont : « Une chaine motrice s'est formée, s'étendant des fabricants de composants (Intel), aux fabricants d'ordinateurs et PC (IBM, Dell, Compaq, HP, Fujitsu) aux fabricants de logiciels (Microsoft), puis aux équipementiers de télécommunication (Motorola, Nokia, Lucent, Alcatel), y compris ceux du câble et des satellites, puis aux opérateurs de télécommunication (NTT, AT&T, Deutsche Telekom, France-Télécom) »[34]

---

[33] Le Micral de la société R2E et le MCM/70 de Micro-Computer Machines sont les premiers PC vendus pour le public avant l'Apple I de Jobs et Wozniak.
[34] J. BLAMONT, *Introduction au siècle des menaces*, Odile Jacob, 2004.

La connexion universelle s'est étendue aux fournisseurs de service (AOL) puis enfin aux grands groupes qui fabriquent le contenu (Time Warner, Vivendi Universal) et n'attendait donc plus que l'Internet. Né au sein du Département de la Défense des Etats-Unis (ARPA) devenu DARPA, l'internet est un programme de recherche qui débute en 1969. Sous le nom d'Arpanet, les ingénieurs créent un système qui permet de donner un code à l'information à échanger en réseau : quatre ordinateurs reliés ensemble par des tuyaux de 50 kb/s. En 1973, Cerf et Khan créent le concept d'internet en connectant des réseaux similaires grâce à un langage composé d'un « protocole internet » (IP) et « d'un protocole de contrôle de transmission » (ICP). Le système est fonctionnel à partir de 1981. Nous sommes alors à l'aube de la transformation informatique des marchés de cotations américains. C'est elle qui va donner sa forme technique au marché autorégulé en captant les trois attributs du divin : omniscience, ubiquité, omnipotence.

Le fonctionnement des marchés a longtemps été celui de l'éponge et de la craie soit un fonctionnement rudimentaire. En France, l'Etat donne à la commission chargée de l'information l'ordre de moderniser l'organisation technique de la Bourse de Paris en adaptant le système de négociation électronique de la Bourse de Toronto. Le CATS (Computer Assisted Trading System) se transforme en CAC pour « cotation assistée en continu ». Après des négociations qui assurent une plus grande transparence de l'information qui naguère était filtrée par les agents de change - le volume d'information rend nécessaire l'utilisation des ondes hertziennes puis des satellites - la première cotation électronique a lieu à la Bourse de Paris le 23 juin 1986. La Corbeille du Palais Brongniart est démantelée le 15 juillet 1987 avant qu'en 2000, la Bourse fusionne avec d'autres places européennes sous le nom d'Euronext. En 2007, elle est rattachée par le New York Stock Exchange et devient NYS Euronext. Mais c'est dans les pays anglo-saxons que s'organise l'impact structurant des innovations techniques sur le marché de cotation. L'histoire de sa modernisation est celle de la métastase d'un système[35]. Elle est aussi l'histoire d'un génie humain

---

[35] L'introduction des systèmes experts qui ont produit une métamorphose de la théorie de l'information date des années 90. La question posée par les informaticiens n'est plus de savoir comment automatiser des tâches spécifiques mais comment évaluer les propriétés d'une situation. La nouvelle règle de trois est essentielle : puissance de stockage, vitesse de traitement, finesse algorithmique. C'est-ce qui constitue la dynamique de modernisation de la cotation boursière.

qui sera pris dans le rêve d'une matière grise transférée dans un algorithme alors que depuis des millénaires celle-ci se transportait sous des crânes[36].

C'est aux Etats-Unis que tout se joue. Le Nasdaq (National Association of Securities Dealers Automated Quotations) nait le 8 février 1971. Il est la première bourse où des traders agréés par la SEC (Securites and Exchange Commission) peuvent avoir accès aux cotations sur un ordinateur avec le logiciel Level II. Or en passant de la fosse à l'écran, on passe de l'espace-temps humain à une temporalité infrahumaine que l'homme ne perçoit plus physiquement ni intellectuellement. Dans les années 70, l'un des pionniers de la cotation électronique des marchés, Peterffy, comprend que l'avenir est aux algorithmes. Depuis la *Théorie de la spéculation* de Bachelier, la tentative de modéliser les cours boursiers et de répondre à la question : « est-il possible de prédire le cours d'un titre ? » s'assimile à la quête du Graal. Bachelier distingue deux sortes de probabilités :

« 1- la probabilité que l'on appelle mathématique qui est celle que l'on peut déterminer à priori et que l'on étudie dans les jeux de hasard. 2- la probabilité dépendant des faits à venir et par conséquent impossible à prévoir de façon mathématique. C'est cette dernière probabilité que cherche à prévoir le spéculateur : il analyse les raisons qui peuvent influer sur la hausse ou sur la baisse et l'amplitude des mouvements ». En effet, poursuit Bachelier, la bourse agit sur elle-même, on dirait aujourd'hui par un mouvement brownien, de sorte que celui-ci est fonction des mouvements antérieurs mais aussi de sa

---

[36] Les machines comme auxiliaires de la pensée sont nées avec le registre numérique inventé par Blaise Pascal en 1642. Leibniz développe le système binaire moins d'une génération plus tard pour additionner et multiplier. Une machine n'offre qu'une seule alternative : répondre de manière binaire (0-1). La multiplication des relais permet donc leur complexification. Ainsi Babbage invente par exemple une nouvelle machine à calculer sur le principe du métier à tisser Jacquard. Au XIXe siècle les machines se diffusent sur le marché avec Colmar, Bollée, Monroe ou Friden. En 1880 Hollerith développe la carte perforée puis c'est Strowger qui crée le commutateur rotatif : la carte perforée est la mémoire, la lampe TSF, les commutateurs et le relais téléphonique sont « le cerveau ». En 1937 Eckert et Mauchly (Université de Moore School à Philadelphie) inventent le premier ordinateur moderne E.N.I.A.C (Electronic Numérical Integrator and Automatic) composé de trente mille tubes électroniques. L'objectif est d'accroître la mémoire de la machine pour modéliser, à des fins militaires, le calcul des tables de tir. Durant la guerre, Turing « craque » la machine Enigma. La décade 1937-47 est essentielle. En 1946, von Neumann invente le modèle du programme enregistré qui dote la machine la capacité à suivre des instructions elle-même.

position et de sa place. Aussi « la détermination de ces mouvements se subordonne à un nombre infini de facteurs : il est dès lors impossible d'en espérer la prévision mathématique »[37].

En 1977, lorsque Peterffy achète son premier PC Olivetti pour fonder une société de courtage, Interactive Brokers, sur l'American Stock Exchange (AMEX), il ne s'embarrasse pas des thèses de Bachelier. Pour contourner l'interdiction d'utiliser des ordinateurs en salle de marché, il imprime les résultats du travail de ses algorithmes et les portes imprimés sur le parquet de l'AMEX. Non seulement, les algorithmes calculent à une vitesse infrahumaine mais désormais le marché qui les utilise devient mécaniquement plus concurrentiel. L'augmentation du volume accroit la force de frappe et donc la capacité à générer de l'argent. Faire de l'argent une industrie est l'horizon d'attente. En 1983, Perfetty tente d'imposer physiquement l'algorithme par la présence d'ordinateur sous forme de tablette sur le parquet de Chicago Board Options Exchanges (CBOE). Il échoue mais en 1985 le marché d'option du NYSE l'accepte par un pur jeu de concurrence avec le CBOE. Deux ans plus tard, Maschler, directeur de Datek Securities, société de courtage de Brooklyn, recrute Levine, fondateur du Joshua Group Limited. Levine considère que l'évolution du marché des cotations à rendu obsolète l'intervention des traders qui ne peuvent plus physiquement gérer le flux d'information[38]. Le Krach du lundi noir le 19 octobre 1987 lui donne raison. Pour le NASDAQ, il n'y a plus d'autres solutions que la mise en place d'un système qui permette aux investisseurs privés de passer leurs ordres sans le filtre des lignes téléphoniques. Le Small Order Execution System (SOES) devient le cheval de Troie de la cotation en bourse. Le décalage temporel induit entre les ordres automatisés du SOES et des traders permet de jouer sur les différences de prix entre l'achat et la revente pour les titres aux cotations fluctuantes. Le « scalping » est né : les gains des investisseurs d'une économie réelle dont le risque doit être rémunéré se voient subtiliser leurs gains par une technique qui consiste à jouer avec le « don d'omniscience » des algorithmes.

---

[37] Black et Scholes ont élaboré une formule probabiliste en excluant l'hypothèse d'une volatilité extrême des fluctuations boursières.
[38] T. KAHHAJ, *Psychologie des grands Traders*, Eyrolles, 2008. « Lorsque le marché se retourne brutalement, le trader panique. Un retournement n'est pas synonyme de retournement de tendances. La peur pousse le trader à oublier que pour gagner à long terme, il doit laisser courir ses profits et couper rapidement ses pertes. »

Levine perfectionne alors ceux-ci. La création de Monster Key permettait par exemple de calculer le prix maximal possible avant d'éliminer ses concurrents pour acquérir le titre à un prix plus faible. Le génie mathématique de Levine et le talent de Maschler leur permettaient d'exploiter les zones grises et les failles du système en toute légalité. Au fur et à mesure que la mise en réseau accompagnait l'évolution technologique - ferroviaire, télégraphique, informatique - les marchés fusionnaient ou disparaissaient. La possibilité d'accomplir et de passer des ordres par un navigateur achevait un processus d'ubiquité du système qui combiné à son omniscience - le calcul infrahumain - lui permit d'acquérir une quasi-omnipotence. Le Dieu fétiche prenait la figure d'une tyrannie sans tyran. Les institutions américaines, à commencer par la SEC tentèrent pourtant de réguler le marché. En janvier 1997 fut adoptée une règle intitulée *Order handing Rules*. Mais il semble que chaque processus de régulation juridique fut en retard d'une technologie sur le train des réformes. Au point d'ailleurs que la SEC institua elle-même la règle de décimalisation qui rendait possible une spéculation au cents près ; dès lors, ce n'est plus que la distance physique réelle des ordinateurs par rapport à l'ordinateur central qui permet de gagner de l'argent en spéculant.[39] Peterffy tire une conclusion de l'ensemble des métamorphoses des marchés financiers : « ... la structure des marchés financiers et les nouveaux produits financiers ont évolué plus rapidement que notre capacité à les comprendre. Tout cela a engendré une série de crises qui ont poussé beaucoup d'investisseurs à perdre confiance (...) à penser que le système n'est qu'un jeu truqué. »

D'autres algorithmes sont venus, spécialisés dans le trading haute fréquence ; Blast l'algorithme du crédit Suisse, Guérilla, ou Sniffer chargé de repérer la présence d'autres algorithmes. La mise en place par la bourse d'un marché autorégulé qui se substituerait aux limites, lacunes et failles du cerveau humain qu'Hayek avait décrites, grâce à un cerveau cybernétique mieux à même de « penser » la meilleure des allocations de ressources en maximisant la loi de l'offre et de la demande ne pouvait qu'engendrer à son tour une nouvelle série d'innovations. La question était désormais de savoir comment

---

[39] En 1945, un titre boursier appartient en moyenne quatre ans à son propriétaire, en 2000 il le possède huit mois, en 2008 deux mois. En 2013 un titre s'échange en moyenne toutes les vingt-cinq secondes. La réalité est qu'il peut changer de propriétaire en plusieurs millisecondes. Quel est le sens de la notion de propriété et que pourrait en dire Rousseau ?

programmer des algorithmes pour qu'ils reproduisent l'apprentissage humain. Shark, Iceberg et Sumo devaient s'autoprogrammer. La transformation des bourses en société puis la mise en place de plateforme de négociation électronique accroissaient les risques. Island, Archipelago ou Attain de Knight Capital pouvaient générer des profits à raison de l'inventivité des ingénieurs et mathématiciens qui créaient ces algorithmes. Les manipulations d'ordre ou la ruine comme ce fut le cas de Knight Capital en août 2012 n'y firent rien. L'archipel monde était devenu une réalité par la puissance des communications[40] et celles d'une géométrie sacrée introduite dans les microprocesseurs de chair de l'économie-monde. Wall Street n'était plus qu'une vitrine à usage hollywoodien où les entreprises pouvaient venir sonner la cloche devant les caméras et qui, à l'occasion, prenaient des images de traders affligés les jours de krach. A la fin des années 2000, la Vieille dame déménagea dans le New Jersey pour stocker les boîtes noires des ordinateurs qui abritaient les algorithmes des sociétés de courtage. Puis, ce fut Long Island et le Connecticut. La ligne de partage des eaux entre la science et le vaudou était devenue floue pour analyser les conséquences de la mise en place d'un marché autorégulé. La question est autant celle d'une Finance de Marché qui utilise la mathématisation du réel dans sa forme la plus radicale où le modèle se substitue à l'original, la carte au territoire, que l'illusion d'une infinie plasticité du réel auquel la pâte humaine devrait toujours s'adapter. Le problème de l'asymétrie de l'information en économie n'a pas été résolu par le marché autorégulé, il a été dissous parce que le signal électrique qui parcourt les nerfs en silicone de l'économie-monde a aboli le temps. Entendons par là le temps humain, celui d'un signal électrique de vingt watts dans un cerveau de 100 milliards de neurones.

Le télégraphe a séparé le prix des marchandises des marchandises elles-mêmes, comme l'informatisation de la cotation a dissocié l'économie de marché du capitalisme. Les réseaux neuronaux et les dynamiques non linéaires conduisirent les acteurs économiques à être des agents de Dieu : ils maîtrisaient le temps en le créant. Et pourtant ne disait-on pas au Moyen-âge, que seul Dieu peut connaître mathématiquement le prix d'une chose ? Nul besoin pour cela que les rouages du cerveau ne soient reproduits artificiellement avec des

---

[40] Morse invente de télégraphe électrique en 1838, le premier câble reliant l'Europe aux USA est mis en service le 15 août 1865, Au début du XXe siècle Western Union gère un réseau télégraphique qui couvre les USA.

composants électroniques en simulant des neurones individuels et une conscience de silicium. Une myriade de serveurs invente un reflet chiffré de la réalité puis « l'univers chiffré de l'ordinateur devient progressivement l'univers tenu pour la réalité dans lequel nous vivons » (Ellul). Les machines ne se contentent plus de stocker de l'information, d'accroître l'automatisation, elles intègrent « une marge d'indétermination, sensible à l'information extérieure » (Simondon). Couplage inédit entre le corps et le code, un métabolisme de fusion s'élabore en recouvrant d'un film plastique chiffré, artificiel et transparent la peau symbolique humaine. Le rapport analogique au monde qui nous a structurés disparaît alors progressivement au profit d'une interface dans laquelle s'échangent, en continu, les facultés humaines et artificielles. Software et hardware sont une nouvelle corporéité. La technique n'est plus un sixième sens qui prolonge nos corps et exprime ses potentialités ; elle annexe des vies pilotées par les forces impersonnelles du Big Data à propension du degré de culture de chacun, jusqu'au point aveugle défini par Clark où « toute technologie suffisamment avancée est indiscernable de la magie ».

Le navire humain depuis la préhistoire a cherché une vérité en Dieu, la nature, les mathématiques ou l'histoire avant de se cristalliser autour d'une formule : « Dieu écrit en langage mathématique ». Mais aujourd'hui ce sont les flux impersonnels qui entrelacent dans une condition hybride la puissance inductive des corps et la potentialité déductive des algorithmes. L'atlas de la souveraineté technique est hors sol jusqu'à prendre la forme involontaire d'une puissance religieuse impersonnelle. Sommes-nous devenus les prothèses ombilicales de nos machines ? Faut-il appliquer la dialectique du maître et de l'esclave à l'algorithme ? L'interconnexion universelle a-t-elle permis à l'humanité d'accéder à un seuil d'autonomie plus digne ? De quelle nature est le changement d'échelle ? La technique s'est-elle autonomisée en schématisant nos vies ? Autant de questions vaines et dérisoires. Ce n'est pas la technique qui a la volonté de nous asservir, c'est notre pratique quotidienne qui permet une déresponsabilisation que l'impersonnel technique rend possible : le retrait de l'humain de son habitacle symbolique d'où il ne veut plus cohabiter avec lui-même. Le quotidien est un déversement du sacré vers la technique par appauvrissement de notre rapport sensible et analogique au monde[41].

La technique est devenue un système - ni ontologie, ni simple milieu technique - structuré en écosystème synthétique où les hommes sont exclus progressivement de la boucle des décisions. La prolifération d'impulsions parallèles est la forme du pouvoir de la technoscience dont internet est une métaphore et le marché autorégulé une incarnation.

C'est l'impact de ces évolutions que révèle et traduit la mise en œuvre du marché autorégulé et qui a produit son avatar technique. Si internet a pu rendre possible techniquement la sacralisation du marché comme sa fétichisation, encore faut-il s'interroger sur les conséquences d'une telle mutation dix ans après les Subprimes.

---

[41] « Le cerveau est une machine de viande » dit élégamment Minsky. On présentera l'hypothèse qu'il est une machine analogique dont le commutateur est les sens.

CHAPITRE III
LA SARABANDE DES ILLUSIONS

1939 marquait la fin de la décennie ouverte par la crise de 1929. En 2018, la comparaison avec la crise de 2008 pouvait paraitre paradoxale : la crise la plus grave depuis le « jeudi noir » n'avait nullement conduit aux tragédies qui firent de la Seconde Guerre mondiale le cœur des ténèbres du court XXe siècle.

Même la perte progressive de légitimité des institutions qui pilotaient la mondialisation n'avait pas entièrement entamé leurs possibilités de détourner les critiques et la colère consécutives à la crise dite des Subprimes. Une cartographie des interprétations erronées produites par les économistes et les manipulateurs de symboles semble donc nécessaire afin de décrire les vecteurs idéologiques qui alimentèrent alors le basculement de nombres de pays occidentaux vers des politiques protectionnistes, xénophobes et non-coopératives.

Dans un premier temps, la plupart des analystes ont purement et simplement nié la réalité de la situation économique assimilée à une crise « psychologique » c'est-à-dire à une crise de confiance. Puis, dans un second temps, la crise a été réduite à une récession technique sans conséquence conforme en cela à la théorie des cycles. Dans un troisième temps la réaction du G20 a consisté à traiter la crise comme une crise de liquidité dont on devait tout faire pour éviter qu'elle ne dégénère en crise de confiance. Enfin, dans un dernier moment de sidération, face à l'évidence du tsunami bancaire, l'analyse institutionnelle fondée sur le consensus des économistes inversa la relation de cause et d'effet en concentrant l'attention sur la question de la dette souveraine des Etats. Ce n'était plus la création artificielle de monnaie initiée par des banques privées anglo-saxonnes et la mécanique de l'ingénierie financière de la titrisation qui était à l'origine de la crise mais l'endettement des Etats dont elle était pourtant la cause principale. Le risque bancaire déstabilisait les Etats alors que le risque de la dette souveraine accentuait le risque bancaire lui-même puisque le bilan des banques comprenait les Bons du Trésor de ces mêmes Etats. Dans cette boucle destructrice, il suffisait d'isoler un segment de réalité pour confondre volontairement le système de réserve fractionnaire qui fonctionnait comme anticipation de richesse créée et le système de la titrisation qui après en avoir boosté le fonctionnement de l'économie avait fini par le détruire. Désormais, il suffirait de répéter *ad nauseam* que la dette des Etats était à l'origine de la crise alors que l'origine de la crise était contenue dans la Titrisation c'est-à-dire la financiarisation de l'économie sous la forme d'une création artificielle de monnaie non contrôlée par les mécanismes habituels des institutions monétaires. Ce contournement des règles prudentielles allait, pour un temps, être occulté par ses effets et le caractère inédit de ses conséquences. Pour éviter l'apocalypse il faudrait donc imposer une insolvabilité suspendue. Mais pour que le système ne s'effondre pas il faudrait aussi que les actifs soient soutenus par une croissance spéculative sans fin. Et personne ne voulait penser au moment où le serpent se mordrait la queue car c'était l'instant précis où la confiance dans le système s'écroulerait par la faute de ceux qui étaient censés assurer sa stabilité et sa pérennité. Ce moment se produirait fatalement où la FED devrait remonter les taux directeurs pour éviter l'inflation tout en évitant que l'augmentation des taux d'intérêt ne révèle l'insolvabilité du système en déclenchant le « moment Minsky ». Les Cerbères avaient joué avec le feu et cherchaient des causalités imaginaires voire diaboliques, pour se dédouaner d'erreurs aussi grossières qu'absurdes dans l'expérimentation des limites du capitalisme autorégulé. La solution consisterait à augmenter la dette d'une façon ou d'une autre.

Ainsi, la crise financière qui combinait spéculation immobilière (Subprimes) et titrisation (CDO – CDS) avait conduit à une dépression – taux de chômage et marasme économique – avant que celle-ci ne se métastase en crise politique - élections de gouvernements populistes, politique protectionniste et guerre des monnaies. Dès lors la voie était ouverte à une désarticulation du mécano institutionnel propre à chaque pays.

La crise des dettes souveraines occupa donc la majeure partie de la décennie qui suivit la crise des Subprimes alors que la mécanique destructrice à l'œuvre se situait à l'intérieur de la Finance de Marché et non à l'extérieur. En effet, le commerce mondial est dynamisé par des multinationales qui coordonnent la production de chaines de valeurs et déterminent les flux financiers à l'échelle du monde. C'est à raison que Hyun Song Shin, économiste à la Banque des Règlements Internationaux, souligne que la mondialisation ne peut s'analyser à partir des relations commerciales bilatérales entre Etats mais bien au moyen des « matrices imbriquées » des bilans d'entreprises de banque à banque. La « microfinance » a produit une dynamique imprévue car les Banques Centrales n'avaient pas anticipé que la finance mondiale serait connectée à l'essor des prêts hypothécaires Subprimes aux Etats-Unis. Dès lors la FED se transforma en fournisseur de liquidités pour toutes les Banques américaines ou non américaines au moyen d'accords de crédit réciproques soit des lignes de swap de devises qui permirent d'injecter des dollars en quantité quasi-illimitée dans le système international et ce afin d'éviter le pire. Après Bretton Woods, la FED avait mis en place des accords d'échange de devises afin de gérer le système monétaire à parité fixe. La Réserve Fédérale prêtait des dollars à la Banque d'Angleterre contre un dépôt en livres sterling sur ses propres comptes. Légitimement réinstaurée après les attentats du 11 septembre, la technique bancaire fut réactivée pour faire face à l'implosion du système. Il ne s'agissait plus de libéraliser les transactions en dollars comme ce fut le cas à Londres dans les années 80 mais bien d'injecter des milliards de dollars sans création de richesse réelle ouvrant ainsi la voie à une privatisation de la création de monétaire. La FED étant alors dans l'obligation de couvrir les crédits pour éviter une crise systémique : la question n'était plus « Qui crée de la monnaie ? » mais « Comment le système bancaire le plus efficace de toute l'histoire, ayant rendu possible une création de richesse réelle inédite - tenons un instant la question de la répartition à l'écart du problème - s'était-il transformé en un pouvoir incontrôlable ? ». Car de fait, dans une dynamique de crise, une création artificielle de monnaie littéralement monstrueuse, sans création de richesse équivalente, s'était imposée comme seule solution, non pour sauver les banques ou le système mais pour éviter la destruction du système politique occidentale lui-même. C'est ce mécanisme qui rendait impossible de distinguer la monnaie centrale de la monnaie scripturaire. C'est aussi par ce mécanisme que l'argumentaire du « Too Big to fail » s'imposa aux politiques non comme une manipulation d'une « oligarchie bancaire » qui obsédait les théoriciens du complot mais comme une nécessité pour nous protéger collectivement contre l'apocalypse. Autrement dit, les acteurs rationnels dans les institutions de la mondialisation n'avaient pas eu le choix. Mais du point de vue théorique deux problèmes imbriqués, étaient présentés de façon erronée :

1 – Le volume de crédit à court terme était devenu supérieur au volume de crédit à long terme qui servait à l'alimenter : les CDO et CDS avaient ruiné un segment de prêts limité mais sur lequel était basée une Finance de Marché dont le volume était disproportionné par rapport à sa taille initiale. La monnaie crée par les CDO et CDS

n'était plus virtuelle - une anticipation de la richesse future garantie par la licence bancaire - mais artificiellement créée parce que tôt ou tard les Banques Centrales devraient couvrir ces « innovations financières » ayant abouti à des dettes privées disproportionnées. Les dettes ne pouvaient pas être détruites comme c'est habituellement le cas dans une situation de faillite d'une entreprise, d'une banque ou d'un fond. **A l'intérieur du système bancaire la matrice des bilans était incompatible avec les capacités de remboursement des Banques elles-mêmes : le mécanisme central de rémunération du capital avait donc été détruit par la Finance de Marché.** Mais les Banques étant « Too big to fail », elles utilisèrent leur position sur le marché pour imposer une situation de fait qui créa une insolvabilité suspendue. Les banques privées qui furent refinancées par les Etats remboursèrent intégralement l'argent dû, avec les intérêts, ce qui contribua un temps à diminuer l'endettement. Entre-temps elles tuèrent littéralement l'économie réelle en asséchant les capacités de production de l'économie mondiale, obligeant les Etats à rembourser une dette qui n'était devenue insoutenable que parce que les marchés avaient conscience de la nécessité d'évacuer les milliards d'actifs toxiques contenus dans la comptabilité hors bilan des banques. La mécanique des taux négatifs était dès lors en germe dans une situation devenue systémique. Or aucune banque ne pouvait survivre avec des taux à zéro.

2- Dès lors que la situation d'insolvabilité suspendue avait été validée et négociée avec le politique comme alternative à l'apocalypse, les principales banques engagèrent un processus de refinancement basé sur la spéculation sur l'agroalimentaire, les ressources fossiles, les dettes souveraines avant qu'immanquablement la question de l'épargne des classes moyennes ne se pose avec les Lois « Bail in » qui autorisaient les institutions bancaires privées à puiser directement dans les comptes des épargnants de plus de 100 000 euros dès lors que les Banques Centrales et les Etats ne pouvaient se porter garants en dernier ressort. Entre-temps l'économie réelle avait été pillée par une Finance de Marché qui bloquait l'épargne entrepreneuriale en même temps qu'elle asséchait la demande globale solvable par des politiques d'austérité. Enfin, les bulles – notamment immobilières – augmentaient.

La confusion fut donc volontairement entretenue puisque désormais la responsabilité de la crise était attribuée à l'endettement des Etats – notamment dans la zone Euro où les crédits privés et publics sont imbriqués – alors que c'est l'endettement des banques privées qui rendit nécessaire la spéculation contre les PIGS afin d'assurer leur propre survie. La dette privée des banques sera alors transformée en dette publique. Non seulement les Etats apportent leur garantie – avant d'être remboursé par les Banques privées – mais il socialise les pertes en raison de la destruction du mécanisme de rémunération du capital qui bloque l'épargne et l'innovation puisque le refinancement des banques est forcément prioritaire par rapport au financement de l'économie dite réelle. **L'inversion de la cause et de l'effet est ici argumentée : ce n'est plus la création artificielle de monnaie par des banques privées qui a ruiné le système et les a rendues insolvables, obligeant les Banques Centrales à couvrir les pertes par des politiques d'assouplissement monétaire bestiales tout en spéculant sur les dettes souveraines ; c'est l'endettement des Etats qui devient l'origine même de la crise.** Quelle fut la traduction de cette nouvelle situation ? La FED qui avait déjà perdu son principal instrument d'intervention sur le marché puisque la disponibilité des fonds étrangers dans une Finance de Marché avait annulé son pouvoir de réguler l'économie en baissant ou en augmentant les taux directeurs avait aussi perdu son ultime levier : la valeur du dollar n'était plus gage de stabilité. Les Etats-Unis étaient en 2008 face à un « Pearl Harbor sans guerre » dès lors que les investisseurs étrangers comprenaient que rien ne garantissait plus la valeur du dollar en dehors du fait qu'eux-mêmes l'achetaient. La devise américaine avait longtemps traduit l'hyperpuissance des USA ; elle devenait sa principale faiblesse dans la cuirasse de la Finance de Marché. Désormais le débat économique ne pouvait se développer qu'à propos d'une éventuelle « stagnation séculaire » afin de ne pas poser le problème central de la relation entre taux d'intérêt négatifs et guerre des monnaies.

En effet, si la confiance est une donnée essentielle sans laquelle il n'y a pas d'économie de marché efficace, elle ne peut en aucun cas être à l'origine d'une situation d'insolvabilité suspendue du système dans son ensemble. La ruine d'une banque privée peut être liée à une prise de risque qui dépasse sa capacité à couvrir ce risque par ses fonds propres. Mais ici c'est le système financier – la Finance de Marché et non le marché - qui détruit le mécanisme de rémunération du capital. C'est de l'intérieur du système que la mécanique d'autorégulation du marché s'est retournée contre elle-même.

L'erreur de Marx qui analysait le capitalisme comme fétichisme de la marchandise mérite qu'on s'y attache car elle est le symétrique de « l'erreur » proposée comme explication de la crise par les théologiens du marché auto-régulé. Marx estimait que le troc (l'échange d'une marchandise contre une autre marchandise soit M-M) avait été remplacé dans des économies monétaires (échange d'une marchandise par l'intermédiaire de la monnaie soit M-A-M) avant que le système capitaliste n'impose un ultime renversement (la monnaie permet de créer de la monnaie par l'intermédiaire de la marchandise soit A-M-A). Or ce mécanisme ne semble pas prendre en compte que la production de richesse du système capitaliste, y compris dans la création d'inégalités relatives et le blocage de la mort par un recul de la sélection naturelle, aurait parfaitement pu survivre à une crise d'une telle intensité. Non seulement l'absence d'analyse du rôle de la rémunération du capital autrement que sous la forme de la domination oligopolistique ne rendait pas compte de la création des classes moyennes et de la sortie de 2 milliards d'individus de la misère grâce à la mondialisation mais il évacuait ce que le débat Mandeville-Smith avait anticipé dès le XVIIIe siècle. Autrement dit, il fallait tenir compte de l'hypothèse de Mandeville – un des acteurs du marché détruit le mécanisme de marché par cupidité – pour sortir à la fois des pseudo-prophéties anticapitalistes comme de la théologie du marché-autorégulé. Au sein de la Commission européenne une formule circule : « Quand les choses se corsent, on est obligé de mentir. »

Si les déficits jumeaux - budgétaire et commerciale - des Etats-Unis combinés à l'affaire iraquienne (3 trillions de dollars) jouèrent ici un rôle central c'est avant tout parce que la réduction d'impôts (1350 milliards sur dix ans) avait créé une situation dont dès 2003 le Bureau du budget au Congrès s'inquiétait : la possibilité que les investisseurs étrangers n'achètent plus de Bons du Trésor américains pouvait faire craindre une situation « où le dollar plongerait entrainant le déclin des recettes et une hausse simultanée de l'inflation et des taux d'intérêt conduisant les consommateurs à réduire soudainement leurs achats ». Larry Summers su en tirer la conclusion qui révélait un état de fait : l'économie mondiale dépendait « d'un équilibre de la terreur financière ». Koudrine n'avait-il pas déclaré que le dollar pouvait perdre son statut de monnaie de réserve ?

Pour éclairer la situation de 2018, il ne suffit pas de décrire la mécanique de la titrisation, il faut revenir sur la logique financière à l'œuvre pour clarifier la trajectoire qui mène aux ténèbres. En 1970 c'est Ginnie Mae qui lance la première titrisation. Sept ans plus tard c'est Lewis Ranieri chez Salomon Brothers qui crée la première titrisation privée de prêts hypothécaires à taux fixe. En 1975 l'abolition des frais fixes facturés par les courtiers de Wall Street pour la vente et l'achat d'actions entraine une concurrence violente et conduit à l'intégration des opérations boursières et des activités des banques d'affaires. Dans les années 80 l'Etat, le GSE (*government-sponsored-enterprise*) et les banques d'affaires créent des titres adossés à des créances hypothécaires (MBS mortage-backed securities) mais aussi des CMO (*collateralized mortage obligation*) qui permettent à des MBS d'être découpés en tranche en fonction du risque. Dans ce cas-là une analyse du taux de défaut permet encore de faire des hypothèses sur le degré de corrélation entre MBS, regroupement de prêts et division en tranches de crédit réduisant le risque de façon infinitésimale. En 1990, J.P Morgan invente le CDS c'est-à-dire le contrat d'échange sur risque de défaut. Au début des années 2000 des banques comme Washington Mutual et des prêteurs hypothécaires, des banques d'affaires comme Lehmann Brothers et Bear Stearns comprennent qu'il est possible de créer une activité complète de titrisation des prêts hypothécaires. En 2003 le total des nouveaux prêts est de 3800 milliards. Mais les banques qui étaient à l'origine des prêts hypothécaires et sont donc à la source de ces recettes veulent légitimement s'enrichir. La mécanique qui produit un volume plus important de crédit à court terme que de crédit à long terme qui les finance est liée à une évolution majeure : les émetteurs de prêts hypothécaires (les banques privées) qui détiennent des centaines de milliards de dollars d'ABS ou de MBS privés dans leurs bilans doivent les financer. Comment ? Toose en explique clairement la mécanique infernale : « Le principal mécanisme de financement des actifs hypothécaires est le billet de trésorerie adossé à des titres (ABCP). Les instruments utilisés pour gérer ces transactions sont les véhicules d'investissements structurés (SIV) des entités juridiques auxquelles des "sponsors" fournissent un apport minimum de capital, mais qui sont indépendantes des bilans de leur banque parente. » Toose poursuit en montrant que le SIV paie les titres de la banque mère grâce aux fonds collectés en émettant des ABCP. Ces papiers ont une échéance à trois mois et ils sont adossés à des actifs de SIV ainsi qu'à la réputation de la banque mère. C'est alors que la mécanique se complexifie car le SIV peut émettre des papiers commerciaux à des taux concurrentiels en raison de la valeur des titres qu'il détient et parce qu'il bénéficie du parrainage de la banque. Il devient donc possible d'accroître les rendements avec une spéculation sur les rendements à long terme et les coûts de financement à court terme.

Enfin Toose montre que « Pour les gestionnaires de fonds de trésorerie, le billet de trésorerie est plus intéressant que les titres sous-jacents, en raison de son échéance à très court terme et de l'appui d'une banque commerciale réputée. Pour les banques mères, la marge est généreuse entre le rendement du cocktail explosif d'actifs que détient le SIV et le faible taux reversé sur les ABCP de premier ordre. »[42]

La raison du conflit d'intérêts des banques dans la titrisation est donc simple : les institutions bancaires en cause spéculent sur le taux de marge entre taux d'intérêt à court et à long terme en créant des instruments financiers qui dédouble un actif dans le temps. Comment ? En utilisant le circuit financier pour prendre une distance illusoire face au risque. D'autant que les banques ont déjà obtenu le droit de fixer elles-mêmes les critères en matière de fond propres. L'angle mort de la pensée et du raisonnement des décideurs est ici réduit à des hypothèses communes qu'ils testent au sujet du marché autorégulé, en repoussant expérimentalement les limites de l'autorégulation et en s'assurant un bouclier social qui « externalise les pertes ». Les banques deviennent aveugles aux puissances déstabilisatrices de la Finance de Marché parce qu'elle reporte le risque sur la vitesse de circulation d'une monnaie dématérialisée dans la sphère financière. Toose poursuit son analyse : « Les profits sont tirés de l'écart entre, d'une part le rendement élevés des titres sous-jacents inclus au lot de garanties et, d'autre part, le faible taux d'intérêt versé aux investisseurs qui achètent des ABS ». En 2007 l'encours des ABS privés était de 5213 milliards. Il avait fallu attendre août 2005 pour qu'à Jackson Hole (Wyoming) lors de la conférence des banquiers centraux, un économiste du FMI, Raghuram Rajan, demande des restrictions pour limiter le risque de la Finance de Marché. L'année suivante, en 2006 la courbe des rendements s'inverse : les taux à long terme sont plus bas que les taux à court terme fixés par la FED. Ce qui est en principe économiquement

---

[42] A. TOOSE, Crashed, Les Belles Lettres, 2018.

absurde sauf si on comprend la nature du système financier et la destruction du mécanisme de rémunération du capital.

Ainsi lorsque la crise explose, l'absence de prix de référence crée une impossibilité : définir le prix des actifs. Or sans prix d'actifs il ne peut y avoir ni garantie ni financement. La crise remonte alors la chaine alimentaire. Créances et contre créances censées être sans danger dans la théorie des jeux deviennent une boule de feu. Déjà sur les chaines câblées on murmure qu'il faut sauver Wall Street pour sauver Main Street. Pour sauver Wall Street, la FED ne se contente pas d'injecter des liquidités, elle absorbe dans son bilan les décalages d'échéance. Le système de financement bancaire occidental entre en fission par une transgression sauvage des règles bancaires. Ici il faut éclairer cette pulsion transgressive avec Bataille : « L'expérience intérieure de l'érotisme demande à celui qui la fait une sensibilité non moins grande à l'angoisse fondant l'interdit, qu'au désir menant à l'enfreindre ».

Le problème reste pour autant entier : à partir de quel seuil une opération financière est-elle un risque systémique ? Autrement dit à partir de quel volume de crédits titrisés la dissémination des actifs toxiques dans tous les portefeuilles du monde devient-elle trop risquée ? La réponse est simple : il n'y a pas de réponse car celle-ci ne peut être donnée que par une validation empirique par une série de test et d'erreur sur l'équilibre de la frontière entre ce qui stimule l'économie de la confiance et ce qui produit une incertitude destructrice. C'est ce mécanisme qui a permis que l'on crée autant de richesse entre 1950 et aujourd'hui qu'entre l'Antiquité et 1950. A condition que ceux qui ont pris des risques les assument. Chacun l'a donc compris : l'argument des acteurs qui gèrent la Finance de Marché consiste à confondre volontairement la gestion de l'anticipation de la richesse créée avec une création artificielle de monnaie - cautionné par les banques centrales pour éviter un effondrement - qu'il s'agit de ne surtout pas assumer en tant que telle afin de nationaliser les pertes au nom du « To big to Fail ». Or le « To Big to fail » ne devrait s'appliquer que dans le cas où une banque et non le système lui-même est en situation de crise systémique. Mais c'est désormais littéralement impossible sans prendre le risque d'une crise majeure du système démocratique. D'ailleurs, avec Bâle III, le problème n'étant toujours pas réglé, les banques qui ne sont aujourd'hui plus qu'une partie limitée de la Finance de Marché sont laissées à elles-mêmes pour la régulation future de leurs activités.

Pour autant, la Finance de Marché ne cesse de se perfectionner. Ainsi, les ETF (Exchange Trade Funds), par exemple, qui sont des OPCVM indiciels côtés sur les marchés réglementés et qui ont pour objectif de répliquer les variations d'un indice - comme c'est le cas de Blackrock ou Vanguard - représentent un tel volume d'investissements qu'ils peuvent modifier le marché à la hausse comme à la baisse tout en créant un nouveau risque systémique. On peut d'ailleurs s'interroger sur le point de savoir si le risque systémique comme révolution permanente et principe même de la disruption n'est pas l'expression même de l'anarcho-capitalisme dans sa forme anglo-saxonne et libertarienne. Il reste que du point de vue idéologique, les anticapitalistes ont, quant à eux, toujours plus intérêt à confondre capitalisme et Finance de Marché afin de vendre la sarabande de leurs illusions. Mais cette confusion rend impossible la mise en évidence de la mécanique inverse : l'amalgame entre anticipation de richesse et création artificielle de monnaie. Quoi qu'il en soit c'est donc sur la question de l'origine, du rôle et du statut de la monnaie qui constitue le noyau de notre argumentaire sur lequel il faut désormais concentrer notre attention.

CHAPITRE IV
LA MONNAIE VIVANTE : CHRÉMATISTIQUE ET CRYPTOMONNAIE

« Les lois sont la monnaie de l'Etat » disait Démosthène. Or il semble aujourd'hui que la question de l'origine, du rôle et du statut de la monnaie dans l'économie moderne a atteint un point de renversement ultime par rapport à la formule de Démosthène. En effet, dans le débat économique qui a suivi la crise des Subprimes, un niveau de généralité creuse aussi rare qu'inédit s'est imposé sur cette question déterminante. La raison en est simple : la FED a été dans l'obligation de couvrir et donc de légitimer la création de monnaie par la Titrisation conduisant à une confusion entre monnaie centrale et monnaie scripturale ou monnaie de banque. C'est la nécessité absolue dans laquelle la FED s'est retrouvée et ses conséquences qu'il faut ici analyser sous peine de ne pas comprendre pourquoi une augmentation substantielle des taux directeurs par Réserve fédérale américaine fait peser le risque de déclencher l'apocalypse avec les CDO et les CDS. Il s'ensuit qu'une création de monnaie massive a pu se faire sans inflation car la monétisation de la dette ne visait pas à imposer une politique de relance mais à couvrir une création artificielle de monnaie privé par les banques ayant proposé à leurs clients des produits titrisés alors même que les dettes publiques ne représentaient que 10 % des dettes totales à l'échelle mondiale. Or s'il n'y a pas eu d'inflation c'est parce que c'est *dans* le circuit financier que l'argent a été injecté pour absorber les dettes piégées dans les comptabilités hors bilan des banques. Il faut par conséquent analyser la mutation du rôle de la monnaie dans l'économie moderne de la Finance de Marché mais aussi identifier les mutations du statut de la monnaie de réserve internationale qui a transformé la place du dollar dans les échanges internationaux.

C'est dans un second temps qu'il faudra décrire le débat sur la « stagnation séculaire » qui est apparu en 2013 dès lors qu'il devenait évident que la théorie économique avait épuisé les arguments classiques pour expliquer la contradiction entre la réalité des faits et les modèles - en particulier mathématiques et stochastiques - censés l'expliquer. La « stagnation séculaire » avait-elle pour vocation de tenter de répondre à une question obsédante, en particulier pour des économistes d'inspiration monétariste : « Pourquoi la création bestiale de monnaie n'a-t-elle pas produit une inflation conséquente ? »

Autrement dit, le sous-titre général de l'époque reposait alors sur un non-dit : plus personne n'a objectivement intérêt à évoquer le sujet de la création monétaire car *le nerf de la guerre économique c'est-à-dire la confiance dans la monnaie* est désormais en jeu.

MONNAIE CENTRALE ET MONNAIE DE BANQUE : UN DÉSÉQUILIBRE DYNAMIQUE ET CRÉATEUR DE RICHESSE

Si Le Goff fait remonter la naissance du capitalisme moderne au XIIe siècle, époque à laquelle le Purgatoire avait été créé afin de permettre à l'Eglise de racheter les pêchés des usuriers, les premières traces d'une lutte contre le Veau d'or, elles, remontent au moins à 81 avant J.C, lorsqu'une controverse éclata en Chine entre les disciples de Confucius et le pouvoir. *La dispute du fer et du sel* qui en est l'écho lointain rapporte déjà que *« la monnaie comme moyen universel d'échange ne procure plus aucun avantage quand les spéculateurs s'en accaparent »*. La crise des Subprimes ne peut ici apparaitre que comme une nouvelle « péripétie » de ces cycles de spéculations à ceci près qu'elle prit une dimension nouvelle avec la combinaison de la mondialisation et de la financiarisation, au point que Christine Lagarde, alors ministre de l'Economie, des Finances et de l'Industrie pouvait écrire dès 2010 : « Avec l'émergence de l'économie financière, la constitution d'un groupe plus vaste, échappant à la puissance des Etats et appelé *Broad money*, a entrainé des abus, des excès et les économies mondiales au bord du précipice à l'automne 2008. » Le système financier dans sa complexité même avait donc fait apparaitre quelque chose qui n'était pas de la monnaie centrale mais de la quasi-monnaie, une sorte de monnaie élargie une « *Broad money* » qui n'était désormais plus contrôlée par personne.

La description de la mécanique des Subprimes et de la Titrisation ne peut se comprendre que si on fait deux hypothèses quant à la transformation du système financier. La première a trait à la mutation du processus d'évaluation du marché qui a substitué à la valeur historique réelle une « Juste valeur » à la fois volatile et théorique. Cette « Juste valeur » est ainsi improprement nommée car en cas de hausse artificielle, elle provoque une création monétaire qui échappe aux instituts d'émission et aux banques centrales. Ainsi la réévaluation des actifs d'une entreprise permet d'accroitre son endettement par un simple jeu comptable, créant de fait de la monnaie. La « Juste valeur » généralise l'effet prix en ayant un « effet directeur sur les marchés de même nature » se substituant ainsi aux décisions des banques centrales. Autrement dit « la Juste Valeur » est le mécanisme par lequel des entreprises opérant sur des actifs financiers ont involontairement créé de « la fausse monnaie ». Involontairement car dans l'hypothèse du marché autorégulé, les acteurs qui échouent sont ruinés : c'est la morale du capitalisme. Ceux qui ont créé de la « fausse monnaie » n'ont pu le faire que parce qu'ils ont indument survécu à la ruine. En effet, le principe de la valeur de marché s'applique soit à des actifs corporels (immobilier, équipements), soit à des créances et dettes liées aux exploitations. Mais cette valeur de référence peut aussi bien porter sur des produits financiarisés. L'architecture de la Finance de Marché a métastasé en particulier parce que la sphère financière a été envahie par des modèles de variation de valeur qui ont altéré toutes les autres catégories d'actifs. Les mécanismes qui étaient à la fois complexes et incompréhensibles donnaient l'illusion que le risque avait disparu alors qu'il n'était que masqué par la vitesse de circulation des Titres. Déployé à grande échelle sur le marché financier, la valeur cumulée des parties commercialisées à la découpe devenait supérieure à la valeur du portefeuille. Malgré les vitupérations des altermondialistes et les récriminations des anticapitalistes, nul complot n'est nécessaire pour expliquer comment l'intervention des Etats durant la crise donna la possibilité aux banquiers de créer de la monnaie en toute légalité. Si « oligarchie bancaire » il y a, c'est ici un effet de la complexité du système et non sa cause. La volonté de tester l'hypothèse de l'autorégulation du marché après l'échec du communisme soviétique et l'émergence d'une conception anarcho-capitaliste au cœur des élites de la finance anglo-saxonne au lendemain de l'effondrement du Mur de Berlin suffit à en expliquer la dynamique. L'intervention des chefs d'Etat et de gouvernement du G7 était donc utile, nécessaire mais surtout incontournable. Pour autant, cette intervention ouvrait la voie à une création monétaire privée des banques. D'une certaine manière, la situation crée par la crise des Subprimes et le jeu de garantie des actifs hors bilan, permettait aux banques commerciales et d'affaires d'échapper au contrôle des Banques Centrales qui s'exerçaient jusque-là sur le ratio fonds propres/prêts.

La seconde hypothèse porte sur la transformation de l'économie de la dette elle-même et de l'usage du dollar comme monnaie de réserve ayant une dimension juridique extraterritoriale. En effet le montant de tous les plans de financements antérieurs (plan Marshall, guerre du

Vietnam, guerre d'Iraq) portait sur quelque 3,7 trillions de dollars. La crise des Subprimes quant à elle avait été estimée à 22 trillions de dollars. Or on pouvait légitimement s'interroger sur la question de savoir si le montant des produits dérivés au moment de la crise - Donay chez Landsbanki Kepler les évalue à 600 trillions de dollars - ne constituait pas déjà « une rente prélevée sur l'économie réelle ». C'était à tout le moins la position d'Aider Turner le président de la FSA (Financial service Authority). Aristote, dès le IVe siècle avant J.C, dénonçait la chrématistique autrement dit le détournement de l'argent comme intermédiaire des échanges. Alors que les principes de liberté d'entreprise et de création de richesse par la combinaison du risque et du travail avaient construit des pays comme les Etats-Unis d'Amérique, le démantèlement de l'Etat-providence passait désormais par le basculement vers des économies de rente. La Finance de Marché prélevait désormais une part indue, une rente parasitaire, grâce à une modification du statut de la monnaie et des actifs dont les échanges avaient été fluidifiés par la mécanique de la Titrisation. Le concept de propriété lui-même avait enduré une transformation. Une quasi-monnaie servait de monnaie dans le système financier mondial sans avoir été créé par des Banques Centrales ni même fait l'objet de régulation. L'histoire de l'évolution de la monnaie comme étalon de mesure éclaire ainsi la dernière mutation en cours.

Si la monnaie a permis de contourner les contraintes propres au troc en établissant un prix qui est l'expression même de la possibilité de l'échange, la forme des monnaies étalons qui mesure celui-ci a varié dans le temps et l'espace. Ainsi les monnaies grecques et romaines ne comportaient pas d'expression nominale de leur valeur puisque c'est le contenu métallique qui en donnait la valeur libératoire. A Rome, il faut attendre le premier siècle avec Auguste pour procéder à l'unification monétaire et le troisième siècle avec Aurélien pour voir apparaitre une garantie de la monnaie. La Chine, qui invente le billet papier au VIIIe siècle, ouvre la voie à une déconnexion de la valeur d'échange et de la valeur métal. La monnaie fiduciaire s'impose progressivement et le facteur de confiance qui accompagne le mouvement des monnaies fiduciaires se cristallise avec l'or, la relique barbare, posant le problème de la convertibilité en raison d'un volume d'or métal disponible fini. C'est donc la définition pondérale de la monnaie qui est déterminante : combien de grammes d'or sont garantis par l'émetteur ? Ainsi, le franc germinal créé par les lois des 18 germinal an III et 7 germinal an XI est défini par 4,5 grammes d'argent et 0,29024 gramme d'or, parité qui restera inchangée jusqu'en 1914. Cette stabilité permet d'ailleurs d'établir un taux de conversion et de référence avec les autres monnaies. En 1816, le taux de conversion avec la livre est de 7,32 grammes. En 1834 on fixe le taux de conversion avec le dollar à 1,5 gramme d'or et en 1871 celui du mark à 0,3982 gramme. C'est en 1865 que le nouvel Accord dit de l'Union latine voit le jour et qui fixe la parité de 100 francs or au titre 900 à 32,25 grammes. Mais le principe de convertibilité ne résiste pas à la modification de la nature même de la monnaie. Dans un premier temps, les Accords de Gêne, en 1922, établissent un « gold exchange standard » entre Banques Centrales basé sur le dollar et la livre. Déstabilisé par la crise de 1929, le mécanisme est abandonné au lendemain de la Seconde Guerre mondiale au profit des Accords de Bretton Woods en juillet 1944, instaurant l'architecture d'un système monétaire protégeant les Etats avec une convertibilité entre devises avec des taux de changes fixes : le dollar et la livre sont désormais de monnaies de réserve. La convertibilité du dollar et de l'or est garantie. Mais la croissance des économies d'après-guerre modifie le statut de la monnaie de réserve. Les flux dynamiques des échanges internationaux et la vitesse de circulation conduisent à une dématérialisation des transactions et une transformation du principe même sur lequel se fonde la garantie et la stabilité de la monnaie. La confiance ne peut plus se baser sur l'or car celle-ci est inadaptée à l'économie moderne. **Désormais c'est l'émetteur de la monnaie de réserve, pour autant qu'il soit capable de démontrer la pérennité et la solidité de son économie qui sert de gage à la confiance. Le 15 août 1971, Nixon annonce la fin de la convertibilité-or et le métal cesse d'être une valeur de référence universelle : la valeur de la monnaie ne se trouve plus que dans les échanges immédiats et les crédits. En janvier 1976, les Accords de la Jamaïque entérinent définitivement ce principe : la production matérielle de biens et de services ou la capacité de l'Etat émetteur de monnaie à équilibrer ses comptes fonde le nouveau statut de la confiance spécifique à une économie moderne**. Imposer les termes de l'échange pour des raisons militaires ou politiques devient la forme même de la confiance dans l'avenir et donc dans la monnaie. Une puissance devient une monnaie dotée d'une armée. Mais pour le pays qui assume cette responsabilité, en l'occurrence les USA, le « capital de confiance » est toujours un risque. En effet, la demande de dollar encourage les déficits financés par l'émission de monnaie, les importations conduisant le pays à une dégradation de sa compétitivité. Le prix d'une transaction n'ayant pas de valeur absolue l'émetteur de la monnaie de réserve supporte un risque majeur : la perception par les autres pays de sa plus ou moins grande solvabilité.

C'est alors que le processus de désintermédiation bancaire intervient pour métamorphoser le système en profondeur. Alors que la régulation monétaire se faisait au travers des crédits et des dépôts par l'intermédiaire des banques elles-mêmes régulées par les Banques Centrales et légitimées par la puissance souveraine des Etats, le développement des marchés financiers de « gré à gré » s'ouvre aux agents économiques. La désintermédiation permet des opérations de crédit entre deux agents financiers. C'est ainsi que les banques sous contrôle financier créent le *shadow banking system* en vendant leurs prêts à d'autres établissements financiers. Mais pour que cette créance devienne une création monétaire il faut qu'elle soit revendue dans un second temps à une institution monétaire. Le volume des créances « intermédiées » devient considérable au point que les crédits inter-entreprises – qui ne sont pas comptabilisés dans la masse monétaire – représentent, selon la Banque de France, en France et ce dès 2007 un tiers de la masse M3 soit 528 milliards d'euros. Le mécanisme est complexe, la conséquence est simple : l'échange entre agents économiques n'a plus besoin d'être compensé par l'argent des émissions monétaires. Avec les nouvelles techniques et la révolution des NTIC, les plateformes logistiques peuvent détruire le monopole d'émission et remplacer la monnaie centrale par des cryptomonnaie basées soit sur la confiance d'une communauté virtuelle soit sur la confiance des membres du réseau ou bien encore sur les perspectives d'une entreprise. C'est la fin du monopole monétaire et bancaire. La financiarisation ne permet donc plus de distinguer la monnaie centrale et les autres formes de valeurs d'échange. Accessoirement, la neutralité illusoire de la norme comptable qui jusque-là stabilisait le système apparait. Dès lors les banques ne maîtrisent plus leur interdépendance et les règles qu'elles se sont imposées, elles ne créent plus la réalité. L'exubérance irrationnelle dénoncée par Shiller en 1981 ne crée plus de la richesse mais la détruit. La titrisation a transformé des créances en un droit à recouvrer un capital reposant sur un simple calcul de la moyenne statistique des risques de défaillance. Or comme l'écrit Mandelbrot, « la distribution des variations de prix dans un marché financier suit une loi d'échelle » et non la loi de Gauss. Titrisation et « Juste valeur » rendent nécessaire la création monétaire car le coût de l'intermédiation comme rente parasitaire prélevée sur l'économie réelle doit être compensée. A PIB constant, seule la baisse des taux directeurs permet au système de survivre. La question reste donc de savoir comment un système peut perdurer dès lors qu'une création de monnaie incontrôlée *ex nihilo* fonctionne à flux tendu car durant la même période, les produits financiers toxiques continuent de circuler dans le système. Entre temps plus personne ne posera la question de savoir pourquoi il faut rémunérer des tradeurs et des banques pour une émission monétaire privée garantie par les Etats. Comme l'écrivent Serval et Tranié : *« Nous avons un système monétaire inversé du fait des émissions privées où l'on échange à la hausse la valeur des actifs mobiles ou fiduciaires pour émettre de la monnaie nouvelle, notamment par la Juste valeur. Dans le système passé de l'émission monétaire, c'était l'Etat souverain, contraint ou libre de son action, qui faisait varier le pouvoir libératoire de la monnaie dont il assurait l'aloi et la convertibilité ».*[43] Désormais ce sont certains agents économiques comme les banques. La cryptomonnaie à venir sera-t-elle d'inspiration anarcho-capitalisme ou anarcho-communiste : d'inspiration individualiste ou objectivant une tentative de retour par la bande des idéologies collectivistes ? L'expansion de monnaies électroniques constitue l'un des points d'ancrage du futur avec des citoyens dont le compte courant pourrait être directement géré par une banque centrale. Pour autant le caractère spéculatif de l'expérience peut conduire les puissances régaliennes à mettre fin au déploiement du laboratoire des apprentis sorciers qui voudraient se substituer à l'Etat ou bien à un rapatriement de l'écosystème financier des crypto-monnaies au sein du système classique afin de le refinancer. La seule question reste : quel est le signe « noir », l'évènement impensable qui donnera le signal de l'avènement d'un système monétaire quantique qui noiera monnaie centrale et « fausse monnaie » afin d'éviter l'effondrement ?

« LA STAGNATION SÉCULAIRE »

L'analyse des mutations du statut de la monnaie permet de mieux saisir la nature des évolutions économiques et financières. Il faut cependant s'interroger sur les aggiornamentos qui ont eu lieu dans le champ de la théorie économique et qui en éclairent les enjeux.

---

[43] J-F SERVAL, J-P TRANIE, *La Monnaie virtuelle*, Eyrolles, 2010.

Lors d'une conférence de recherche du FMI puis lors de la réunion annuelle de *l'American Economic Association* à Philadelphie en novembre 2013, Lawrence Summers déclara que l'économie américaine se trouvait désormais dans une ère, à l'instar du Japon des années 90, de « stagnation séculaire »[44]. Selon Summers, la faiblesse de l'investissement est liée à la démographie d'une société vieillissante - les personnes âgées consomment sans produire - et à un excès d'épargne en relation avec des inégalités croissantes. Il s'agit donc d'une situation dans laquelle l'équilibre de plein-emploi entre épargne et investissement correspond à un taux d'intérêt négatif. La position de Summers fait écho au débat sur « la stagnation séculaire » qui prend sa source dans l'opposition entre Hansen et Sweezy. Entre 1937 et 1950, « dans les jardins d'Harvard » pour reprendre l'expression de Samuelson, un combat de gladiateur se déclenche qui opposent les économistes sur la question de l'interprétation à donner de la Grande Dépression des années 1930. Si les Trente Glorieuses ont apporté un démenti à la thèse de la stagnation séculaire, la reprise de la thèse par Summers illustre cependant la volatilité des anticipations à long terme identifiée par Keynes. En effet, lorsque « The idea of "secular stagnation" de Alvin Hansen est publié en 1938, la seconde récession du cycle des affaires fonctionne à plein : entre août et janvier 1938 la production américaine recule de 40 %, le taux de chômage augmente de 14 à 19 % et les revenus des ménages s'effondre de -15 % alors que le PNB chute de 4,5 %. La thèse d'Hansen s'inscrit donc dans une analyse fondée sur la faiblesse structurelle de la demande (Mandeville, Malthus, Sismondi et Hobson) et dans une atmosphère de rechute des années 1937-1938 où la force et la durée de la dépression semblent prendre de l'ampleur. Dans cette même conjoncture Keynes, qui avait pris des positions malthusiennes dans ses *Conséquences économiques de la Paix* en 1920 modifie sa position dès 1923 dans sa réponse à Beveridge avant de rectifier radicalement sa thèse dans la *Théorie Générale*. Si l'accroissement de la population peut réduire le niveau de vie, les effets bénéfiques de la stagnation démographique peuvent être inversés si la demande de capital nouveau en est affectée. Ainsi les occasions d'investir et donc la demande d'investissement dépendent du taux de croissance démographique. Entre 1860 et 1913 le capital a

---

[44] L. SUMMERS, « Accepter la stagnation séculaire », Finance et développement, Mars 2020. Nous suivons ici P. Dockès « Les débats sur la stagnation séculaire », Revue économique, 2015

été multiplié par 2,7 et Keynes estime que la moitié de l'investissement brut s'explique par l'accroissement démographique. L'épargne devient structurellement supérieure à l'investissement et la dépression devient l'état normal. Aussi faut-il, selon Keynes réagir soit en modifiant la répartition des richesses et les inégalités afin de réduire le taux d'épargne afin de soutenir la consommation soit d'abaisser les taux d'intérêt pour augmenter la quantité de capital employée par unité de production. Hansen quant à lui ne se convertit pas à la position keynésienne mais préconise des solutions similaires. La théorie des cycles inspirée de Cassel le conduit à considérer que l'accroissement de l'investissement est déterminé par les changements démographiques, les innovations techniques, l'extension territoriale et l'accès aux ressources naturelles. Dès lors le manque d'occasion d'investissement produit une pression déflationniste. Hansen fait sienne la formule de Valéry ; « Le temps du monde fini commence » en l'appliquant aux Etats-Unis à la disparition de la frontière qui dynamisait l'économie.

La réplique de Terborgh dans « The Bogey of Economic Maturity » sert de pole de ralliement aux thèses antistagnationnistes. Terborgh montre qu'Hansen a une conception statique des opportunités d'investissement notamment en sous-estimant l'émergence de nouvelles conditions économiques ; accroissement des terres, de la population ou du progrès technique. Sur cette question Gordon qui avait mis en lumière la « one big wave » – la grande vague de croissance – à partir de 1873, souligne que le ralentissement des gains de productivités peut être dû à une faiblesse de la demande potentielle là où Cowen estime qu'il s'agit d'une stagnation due à la fin des « innovations les plus à portée de main ».

Lorsque la controverse rebondit à Harvard en 1946, elle oppose Schumpeter à Sweezy. Si les deux économistes s'accordent sur l'existence de lois historiques au sens de mécanismes et de tendances à long terme et donc sur le caractère endogène des causes et de l'évolution du capitalisme, ils s'opposent quant à la description de la nature de la situation. Pour Schumpeter, l'entrepreneur-innovateur impulse le passage de la stagnation à l'évolution grâce à ses inventions. A l'inverse dans la tradition marxiste, Sweezy considère que c'est l'accumulation du capital qui joue le rôle principal. La nature de leur désaccord repose sur l'analyse du désajustement entre épargne et investissement : pour Schumpeter le cycle des affaires est déterminé par les innovations de l'entrepreneur et il n'y a pas de risque d'excès d'épargne alors que pour Sweezy ce sont les entrepreneurs qui décident du taux d'investissement et donc du taux d'épargne avec pour conséquence que les capitalistes consomment ce qui aurait pu s'orienter vers l'investissement. L'analyse des termes du débat sur la stagnation conduit donc Hansen à analyser la situation des années 1937-1938 comme un effet de la stagnation séculaire dont la conséquence est la faiblesse de l'inflation voire la déflation. C'est cette thèse qui fleurit à partir de 2013. Mais pourquoi ?

Tout se passe donc comme si le choix des économistes keynésiens et libéraux de faire du débat sur la « stagnation séculaire » après la crise des Subprimes le sujet central des controverses était déterminé par la volonté d'expliquer cette situation d'absence d'inflation mais en inversant la cause et l'effet. La corrélation entre déflation et stagnation séculaire est appliquée comme une grille de lecture qui occulte la réalité des conséquences du choix du « Too big to fail » durant la crise des Subprimes, à savoir la couverture des pertes de banques privées par la FED et les Banques centrales afin d'éviter un tsunami bancaire et une destruction de l'économie réelle. « La stagnation séculaire » est un discours qui sert à évacuer le fait que le cycle des affaires n'a pas fonctionné et que les mauvais agents n'ont pas été éliminés. Désormais, les Banques Centrales n'auront plus d'autre choix que de mélanger la monnaie centrale et la création artificielle de monnaie issue de la couverture de la titrisation par des acteurs privés. La seule issue possible, afin d'éviter un effondrement, sera donc la création d'un système financier quantique avec un processus de production de cryptomonnaie locale universalisable dans le temps de manière graduelle. En effet, le risque de fission du système bancaire est si tragique dans ces conséquences qu'il n'est pas envisageable qu'on puisse en accepter le choc sur l'économie mondiale. Reste encore à savoir quel « cygne noir » servira de signal d'alarme et d'opportunité pour déclencher sa mue.

Les origines, les causes et les conséquences de la crise systémique étant décrites autant que possible, il faut désormais orienter la focale sur les innovations qui permirent les métamorphoses du système. L'architecture de la Finance de Marché est suffisamment éclairée dans ces causes et ses conséquences pour qu'il devienne nécessaire de se concentrer sur le lien entre les révolutions idéologiques et les innovations de la technoscience qui furent à l'origine de la crise systémique à l'œuvre.

CHAPITRE V
MATHESIS UNIVERSALIS

Les produits financiers issus des innovations spécifiques de la Finance de Marché ne sont compréhensibles que dans le cadre du cycle propre à la révolution des Nouvelles Technologies de l'Information et de la Communication. Lorsque le président Obama voulut connaître l'état réel des actifs toxiques des banques il fit appel à l'algorithme de BlackRock, Aladdin, afin d'en déterminer le volume. C'est donc à une généalogie des découvertes et inventions dans le domaine des mathématiques et leurs applications dans le champ de l'Information qu'il faut désormais s'inscrire pour en éclairer les racines. Berry en expose les orientations qui rendirent possible les modèles théoriques dont la mise en œuvre fit exploser, dans tous les sens du terme, la Finance de Marché : « La première vraie avancée a été la transformation par Georges Boole du raisonnement logique de base en calcul algébrique sur vrai, faux, et, ou, non. Boole a fait entrer la logique dans la science, et sa théorie est toujours celle qui fonde la conception des circuits électroniques. Tout en restant importante en programmation des logiciels. »Berry montre que deuxième avancée a été la tentative avortée de fondation des mathématiques par Georg Cantor à l'aide de sa théorie intuitive des ensembles, qui ne fut corrigée qu'au début du XXe siècle par une meilleure compréhension de la théorie axiomatique, c'est-à-dire de la théorie mathématique fondée sur des axiomes et des règles de déduction. C'est en 1928 que David Hilbert posa son fameux *Entscheidungsproblem* dont le but était de relier logique et calcul : étant donné une théorie axiomatique quelconque, par exemple des nombres entiers usuels, existe-t-il « une méthode de calcul effective » pour démontrer toutes ces propositions vraies c'est-à-dire valides dans le modèle que définit la théorie ? » Berry souligne qu'en 1931, Kurt Godel commença à expliquer pourquoi les démonstrations pouvaient se réduire à des manipulations numériques effectives, puis établit dans son fameux théorème d'incomplétude que la définition même de la notion de démonstration « interdisait de prouver par simple déduction logique la vérité de toutes les formules vraies dans toute théorie mathématique non triviale, dont la toute simple arithmétique des nombres entiers. »[45]

---

[45] G. BERRY, *L'hyperpuissance de l'informatique*, Odile Jacob, 2017.

Enfin Berry poursuit en décrivant le troisième temps de ces avancées théoriques : « Un peu plus tard en 1936 a eu lieu l'étape décisive pour notre propos : Alonzo Church et Alan Turing démontrèrent par deux méthodes différentes que la réponse à l'Entcheisdungsproblem était négative. »

Pour comprendre la puissance des modèles mathématiques et des transformations théoriques analysées par Berry, il faut revenir à l'épistémologie des mathématiques et une histoire de ses fondements car avec ces découvertes c'est l'affirmation de la distinction fondamentale entre vérité et démonstrabilité qui s'impose. Autrement dit Vérité et Démonstration diffèrent. Comme l'écrit Brouwer : « Les principes logiques ne sont pas sûrs ».

Les conséquences des analyses de Boole en logique formelle sont essentielles en particulier dans le champ de l'Informatique. En effet, Boole montre qu'une machine universelle avec un programme enregistré qui n'est rien d'autre qu'un procédé de calcul effectif (algorithme) peut exister mais il est impossible d'en construire une qui détecte si une autre machine M va s'arrêter sur une donnée D : c'est un problème algorithmique indécidable. C'est donc la logique qui a permis de définir la notion de calcul effectif qui donna son fondement à l'informatique moderne[46].

L'histoire de la logique rend compte des principales bifurcations théoriques dont les potentiels ont été actualisés avec la naissance des principes de l'informatique puis de l'internet. C'est au tournant du XIXe siècle que la logique opère une mue qui constitue une seconde naissance car les relations entre logique et mathématique vont conduire à une présentation algébrique des lois et des inférences logiques. De Morgan propose la notion d'univers de discours et met en place l'idée de logique des relations, Boole développe une algèbre de la logique, Bolzano recherche les bases d'une définition de la validité et de la déductibilité logiques. Dès 1879 Frege présente une formulation d'une refondation de la logique à partir d'une reconstruction logique des mathématiques. Dedekind travaille sur les fondements des mathématiques à travers une axiomatisation de l'arithmétique et Hilbert sur l'axiomatisation de la géométrie euclidienne. Comment ces modes de pensées qui, plus tard, seront liés à l'informatique et à l'intelligence artificielle ont-ils été déterminés

---

[46] F. RIVENC, P. de ROUILHAN, *Logique et fondements des mathématiques*, PAYOT, 1992.

par des processus cognitifs ouverts par la « crise des fondements » en mathématiques et en logique durant le cycle 1850-1914 ? C'est ici la question qu'il faut poser pour éclairer la dimension technique de la Finance de Marché et la nature des progrès qui ont rendu possible le hardware et le software à l'origine de ces mutations.

La crise des fondements s'ouvre en 1905 avec les analyses de Russel mais c'est dans le premier tiers du XIXe siècle qu'elle trouve sa source. En 1833, Bolzano rédige son *Introduction à la Théorie de la grandeur*. A la base de sa logique, il présente les propositions *en soi* comme des entités de nature intentionnelle qui n'appartiennent pas au monde réel puisqu'elles ne sont localisables ni dans le temps ni dans l'espace alors qu'elles sont soumises à la bivalence : elles sont vraies ou fausses. La validité d'une proposition dépend donc du rapport entre le nombre de variantes vraies et le nombre de toutes les variantes de la proposition initiale. Pour fonder une méthode propre à décrire les relations logiques il montre que « la classe M est déductible de la classe A si chaque système de représentation qui, substitué aux variables dans les propositions de classe A, les rends toutes vraies, rend également vraies toutes propositions de la classe M ». Bolzano prend l'exemple suivant : dans la proposition « L'homme Cajus est mortel », nous considérons la représentation Cajus comme devant être remplacée de manière arbitraire et mettons par conséquent à sa place n'importe quelle autre représentation ; Table, John, Fleur. Toutes les propositions nouvelles qui apparaissent sont toutes vraies dès que la représentation qui forme leur base devient une représentation d'objet. Pour Bolzano la déductibilité n'est rien d'autre qu'un cas limite de la probabilité. Le lien entre logique et mathématique s'opère donc à travers cette première modification de la nature des liens entre représentations d'objets et symboles sans ontologie.

De Morgan poursuit le travail de réforme de la logique aristotélicienne en montrant qu'il existe des objets qui sont des objets de pensée et qu'une authentique *logique des relations* ne doit pas opérer un lien existentiel entre les termes mis en relations au risque de réintroduire une ontologie. La logique des relations *établit des liens entre des objets de pensée*. La proposition est l'identification d'objets c'est-à-dire en vérité une relation de concepts : « Deux objets de pensée quelconques, assemblés par l'esprit et pensés ensemble dans un seul et même acte de pensée, sont en relation. Que si quelqu'un nie ceci en produisant deux idées lui-même : il m'a fait penser ces notions dans la relation consistant à alléguer une impossibilité de relation, et a ainsi contraint sa propre objection à s'autodétruire. » On peut donc dire que deux pensées ne peuvent être produites ensemble dans la pensée, si ce n'est par une pensée, laquelle pensée contient leur relation. Par cette description du mouvement de la pensée, De Morgan ne fait que réintroduire la forme analogique à l'intérieur d'une logique formelle en objectivant l'impossibilité de penser sans analogie. Dans le même mouvement il rompt avec la logique aristotélicienne dans laquelle la relation entre prédicats entretient déjà une relation inclusive, dans le langage, à la nature même des objets réels dont elle décrit la relation. La logique des relations va servir de base à une modélisation qui transforme le réel en oubliant le réel à raison même de l'efficacité technique qu'elle va rendre possible. Une première brèche est ouverte dans la réduction de la réalité à son modèle puisque seuls des objets de pensée font l'objet *entre eux* et uniquement dans le cerveau de celui qui les noue d'une relation vraie ou fausse.

Dès 1851, Bolzano va ainsi pouvoir reprendre le problème à partir de la question de l'infini en mathématiques. En effet, dès lors que la question du fondement est posée en amont du raisonnement mathématique, elle se répercute en aval avec la question de l'infini. Si le problème obsède les mathématiciens avec les grandeurs irrationnelles, la quadrature de la parabole ou la divisibilité de l'infini continu, l'infini reste jusqu'à cette époque, pour la communauté des savants, une forme potentielle. Bolzano montre que cet infini potentiel n'est rien d'autre que l'infini vu à partir du fini. Il s'interroge sur la question suivante : « Y-a-t-il un infini vu de l'extérieur de la sphère du fini ? » Autrement dit, si on envisage l'ensemble infini des nombres finis comme une totalité achevée et pas seulement comme une suite sans fin alors cet ensemble a une grandeur infinie qui est le véritable infini. Bolzano met en évidence la possibilité d'établir une correspondance un à un entre un ensemble infini et ses parties propres pour en faire une caractéristique propre des ensembles infinis. Entre De Morgan et Bolzano se joue une redéfinition des fondements des mathématiques par une objectivation de l'usage rationnelle de l'analogie : à la base de la logique il y a toujours une *logique des relations entre des représentations de concepts* alors même que l'infini est une réalité qu'il faut redéfinir : « Notre propre définition récupère bien cette affirmation en présentant l'infini comme ce qui contient en lui-même une multitude infinie. Nous sommes prêts à dire que l'infini est une collection non seulement de toutes les choses réelles mais aussi de toutes celles qui n'ont aucune réalité : les propositions et vérités en soi ». Ici Dieu même est condamné à résider en dehors du monde.

Or la première étape de l'impact de la transformation des mathématiques sur l'informatique évoqué par Berry c'est l'algèbre de la logique de Boole. Ce dernier hérite donc des recherches sur la redéfinition des fondements des mathématiques de Bolzano et De Morgan en montrant que l'algèbre est avant tout science des symboles : « Il n'est pas de l'essence des mathématiques de s'occuper des idées de nombre et de quantité ». Pour Boole le raisonnement déductif repose sur des fonctions logiques qui permettent d'éliminer un ou plusieurs symboles logiques dans des équations. Le raisonnement logique devient un calcul algébrique. Mais il ne suffit pas de porter l'accent sur le mouvement du raisonnement car c'est dans la démonstration de l'élémentaire que les mathématiciens déployaient le moins de précisions. En effet, la question est alors de savoir sur quoi reposent les principes à partir desquels l'arithmétique s'engendre. Frege et Dedekind vont alors tenter de reconstruire l'arithmétique dans un langage purement logique en affirmant qu'il faut démontrer tout ce qui ne doit pas être admis sans démonstration dans une formulation qui exprime les connexions véritables autrement dit un « ciment logique ». Frege cherche à éliminer les imprécisions de la langue naturelle afin de ne rien laisser à l'intuition : « Tout ce qui est nécessaire pour la chaine de raisonnement sera complètement explicité. » L'objectif de Frege est d'éliminer la confusion entre deux relations distinctes ; la subsomption d'un objet par un concept et la subordination entre deux relations. Dans la logique traditionnelle les propositions générales expriment une relation entre deux termes, le sujet et le prédicat qui contribuent à cette confusion. Le calcul des propositions axiomatisé permet la formalisation de la logique de premier ordre et une sorte de reconstruction logique du monde.

La seconde étape décrite par Berry avec Cantor, Hilbert et Godel permet de poser la question du lien entre logique et calcul. D'un point de vue théorique la question est de savoir si l'ensemble des ensembles ne sont pas éléments d'eux-mêmes. Cantor développe une Théorie des ensembles qui permet de mieux comprendre le passage du dénombrable au continu : « Qu'il soit toujours possible de mettre tout ensemble bien défini sous la forme d'un ensemble bien ordonné est, me semble-t-il une loi de la pensée. » Mais Hilbert reprend le problème du fondement en se demandant si le fondement des mathématiques doit reposer sur des processus logiques ou la reconnaissance d'une activité intuitive. Pour Hilbert c'est à l'axiomatique de jouer ce rôle fondateur, ce qui implique une forme d'auto-fondation de la discipline. Un système symbolique qui tente de se constituer en domaine autonome produit l'enchâssement d'apories métaphysiques à l'intérieur d'un processus d'emboitement de théories mathématiques qui se correspondent. Seule l'intelligence peut opérer les connexions pertinentes à une réflexion correspondant à une intelligence humaine. Sans réduire le monde à un conte de fées, il est donc évident que l'épistémologie contemporaine nous ramène à une réalité physique qui est aussi corrélative aux rapports que l'espèce humaine a avec le monde. S'il n'y a pas de connaissance sans sujet c'est parce que le monde nous échappe toujours un peu dans ses représentations, que la matière est parfois fantomatique parce que nous ne savons jamais comment est le monde mais comment il répond à nos sollicitations. Godel en tirera toutes les conséquences dans son théorème. D'autres prolongeront sa pensée y compris dans ce que le théorème ne saurait dire. Mommsen ne disait-il pas : « Que le monde est triste et petit pour celui qui n'y voit que des problèmes mathématiques ou des inscriptions latines ! »

Dans un troisième temps, Berry rappelle le rôle de Church et Turing. La thèse dite de Church-Turing stipule que toute fonction calculable est calculable par une machine. La question pour l'informatique moderne et ses prolongements dans le domaine des communications et des sciences de l'information prend la forme de l'interrogation suivante : les limites empiriques du calcul sont-elles identiques aux limites des algorithmes ? Les processus symboliques peuvent-ils simuler les processus empiriques ? Le problème des limites de la calculabilité en mathématiques a permis à la communauté informatique de distinguer un algorithme d'une machine. En 1985, Deutch prolonge le principe Church-Turing et propose le principe d'un calculateur universel qui peut simuler tous les processus physiques : « N'importe quel système physique fini réalisable peut être parfaitement simulé par un modèle de machine calculatrice opérant par des moyens finis ». L'intelligence artificielle pourra y puiser ses lettres de noblesse puisque toutes les tentatives pour formaliser le concept d'algorithme conduisent à des résultats équivalents. Mais pour le sujet qui nous occupe la méthode effective de calcul qui va emporter la mise repose sur les caractéristiques suivantes 1- l'algorithme est un ensemble d'instructions décrites avec un nombre limité de symboles 2- qui produit un résultat en un nombre fini d'étapes 3- qui peut être suivi par un humain avec un simple crayon et du papier 4- et ne requiert pas d'intelligence humaine sauf pour comprendre et exécuter les instructions.

Ces innovations essentielles fondées sur une logique algébrique et un système de relations formelles conduisent à l'émergence d'une puissance de calcul dont l'efficacité est inédite dans l'histoire et qui innervera le reste de la science. Pour autant Heidegger peut encore expliquer à raison que jamais un calcul mathématique ne pourra expliquer ce que sont les mathématiques. La physique et les mathématiques dépendent-elles d'une métaphysique ? « L'être est la dernière fumée d'une réalité qui s'évapore » disait Nietzsche.

Il reste que ces trois étapes dans le développement des mathématiques modernes sont à l'origine des innovations techniques et des processus qui ont remodelé la rationalité techno-scientifique occidentale et structuré le champ de la Finance de Marché lorsque l'heure des produits financiers complexes sera venue. Dans un premier temps, on réduit le calcul à la logique, puis dans un second temps on réduit la logique à des relations entre symboles avant dans un troisième temps de réduire ces symboles à des relations enchâssées dans le réel : les sens sont définitivement exclus du « réel représenté ». Le point ultime de référence et d'encrage dans la réalité devient l'auto-fondation d'un raisonnement tautologique qui valide ses propres abstractions hors sol.

La crise des fondements mathématiques a donc opposé les tenants d'une logique purement formelle à ceux qui voulaient imposer la reconnaissance d'une donnée irréductible laissant sa part à l'intuition. L'irrésolution du problème a été tranchée en raison de la puissance des modèles formels et de leurs usages comme fondement de l'informatique mais aussi des modèles mathématiques qui servaient à les légitimer. La Finance de Marché s'en est emparée au début du XXIe siècle parce que l'état des connaissances logiques et mathématiques permettait de mettre à sa disposition un cerveau cybernétique qui réduisait la réalité à des symboles mathématiques avant de modifier la réalité elle-même sans avoir à régler la question de sa nature puisqu'il s'agissait simplement de la recouvrir d'un circuit électronique dont la fonction était de générer des flux.

Il reste donc à éclairer la métamorphose et les conséquences de la mutation de la rationalité au XXe siècle afin d'éclairer les racines de son application dans le monde bancaire. Ce sont les transformations des outils mathématiques et la métamorphose de la relation entre le modèle mathématique et la réalité qui déterminèrent les évolutions technologiques rendant possibles les choix politiques de la Théologie du marché régulé. Mais les innovations de l'ingénierie financière n'ont pu être possibles que grâce à la puissance des inventions techniques qui dépendaient elles-mêmes des découvertes mathématiques. Ces innovations mathématiques produisirent une puissance de calcul qui était basé sur la reconnaissance d'idéalités mathématiques déconnectées du réel et qui fonctionnaient à condition que l'on se garde de confondre le modèle et la réalité. Or on sait en effet que l'internet fut la forme civile de l'Arpanet, crée par les militaires pour permettre une continuité de la décision gouvernementale en cas d'attaque nucléaire durant la guerre froide. Aussi la question se pose-t-elle désormais en ces termes : « Y a-t-il eu une métamorphose de la rationalité durant la guerre froide qui rendit possible l'avènement d'une raison devenue schizophrène ? »

CHAPITRE VI
MÉTAMORPHOSE DE LA RATIONALITÉ PENDANT LA GUERRE FROIDE ?

La combinaison de la révolution néoconservatrice et des Nouvelles technologies de l'Information et de la Communication a donc permis l'avènement d'un marché autorégulé, système des systèmes, supposé combler les failles de l'économie de marché antérieur à son développement comme celles des limites du fonctionnement du cerveau humain telles que les avait envisagées Hayek. Les algorithmes qui introduisirent une rationalité et une efficience inédites dans l'ordre libéral étaient à la fois plus efficaces, plus rentables sans pour autant se contenter d'une simple rationalisation de la loi de l'offre et de la demande. Ils créèrent, grâce à la dérégulation bancaire, une réalité : un marché qui s'organisait à l'échelle de l'Economie-monde.

Révolution néoconservatrice et NTIC avaient rendu possible « la réalisation d'une utopie » : un marché autorégulé dont l'homéostasie - l'équilibre - était garantie par « l'intervention de Dieu ». Non seulement, les NTCI attribuaient au marché les trois caractères du divin de manière plus ou moins métaphorique ; ubiquité, omniscience, omnipotence, mais l'idéologie néoconservatrice conduisait les banquiers et les politiques qui géraient la mondialisation à considérer qu'ils « faisaient le travail de Dieu ». Une utopie qui pouvait aussi bien se transformer en dystopie. C'est d'ailleurs ce qui se passa avec les conséquences de la crise de 2008.

La question résiduelle que pose désormais cette métamorphose est donc la suivante :

« Est-il possible d'identifier une métamorphose du concept de rationalité pendant la guerre froide au moment où la question de la rationalité des acteurs dans la gestion du conflit thermonucléaire devenait déterminante ? »

Le problème du développement d'une rationalité singulière durant la guerre froide a été clairement posé en ces termes : Où tracer la frontière qui sépare la rationalité de l'irrationalité ? Entre la rationalité et la raison ? Qui est le représentant idéal de la rationalité : l'individu ou le groupe ? S'agit-il d'agents non humains, tels les animaux ou les ordinateurs ? L'empathie et l'émotion étaient-elles amies ou ennemies de la rationalité ? Autrement dit : « Pouvait-on fabriquer des situations capables d'influencer le degré de rationalité d'un être humain ?

Quelles méthodologies employées en sciences humaines permettent-elles d'accéder à cette rationalité ? Et surtout comment garantir une prise de décision rationnelle face à des enjeux considérables, dans un climat de tension entravant toute réflexion sereine, à la limite d'une guerre nucléaire ? »[47]

UNE PUISSANCE DE CALCUL AU SERVICE DE L'ATOME

La question de l'élargissement de la rationalité instrumentale pendant la guerre froide ne se résume pas à l'analyse des dispositifs de sécurité pour contraindre et contenir l'arsenal nucléaire contrôlé par le politique. Elle pose radicalement le problème d'une mutation du concept de rationalité et de ses usages, notamment en économie, à travers le décalage de plus en plus fort entre raison et rationalité, entre règles de la logique formelle et comportement humain ancré dans le réel. La métamorphose de la raison durant la guerre froide nous intéresse en tant qu'émergence d'une raison codifiée dont les prolongements furent économiques. La tentative de résoudre par la logique formelle et les statistiques le problème de la décision *en une fraction de seconde* - ce qui est le temps de la décision en cas d'attaque nucléaire - constituera le modèle de référence auquel les algorithmes devront se confronter avec la création de calcul infrahumain pour les marchés automatisés.

L'optimisation d'une décision qui résolve les dilemmes de l'ère nucléaire doit être analysée à l'aune de la question de savoir si un ordinateur peut mieux raisonner qu'un humain et quelles règles et axiomes peuvent remplacer les faiblesses et les incohérences de l'esprit propre à l'homo sapiens ?

Aux Etats-Unis, c'est l'élite universitaire, industrielle et militaire qui entre Harvard et la Rand Corporation se mit en quête d'une rationalité nouvelle qui serait la « vraie » rationalité. Autour de 1960, l'anéantissement mutuel étant assuré entre les U.S.A et l'U.R.S.S, les cercles de pouvoir s'interrogeaient sur la nature réelle d'une décision rationnelle. La rationalité apparaissait comme une décision formelle opposée au raisonnable qui intégrait une dimension morale. On s'accordait sur l'avènement d'une rationalité moderne fondée sur des règles empiriques par opposition à la scolastique - combinaison de la logique aristotélicienne et de théologie chrétienne héritée des pères de

---

[47] *Z/S*. Editions Zones sensibles, 2015.

l'Eglise – tout en se concentrant progressivement sur l'illogisme, l'incalculable, l'indéterminé et l'irrationnel.

Dès lors, les problèmes théoriques modélisaient moins la frontière entre rationnel et irrationnel que la définition d'un espace non-rationnel à exclure. La raison qui mobilise toutes les facultés mentales - mémoire, compréhension, imagination, jugement - est susceptible d'être modélisée. Un raisonnement formel peut se décomposer en opérations simples. Mais avec la guerre froide c'est l'intégration d'un facteur de contingence, d'irréductibilité, d'irrationalité indompté qui se posa.

Dans un premier temps, la théorie des jeux de von Neumann et Mogenstern sembla la théorie adéquate pour prendre en compte l'irrationnel dans la prise de décision. Le rêve de Leibniz de réduire la raison à un calcul, celui de Bernouilli de définir l'attente mathématique par des probabilités, celui de Babbage de créer « un moteur » analytique avaient ouvert la voie à une rationalité axiomatique. Mais la rationalité de la guerre froide nécessitait un type de raisonnement qui se démarqua de celui né au temps des Lumières : le temps d'une rationalité codifiée sous forme d'algorithmes était venu. La mise en œuvre de machines obéissant mécaniquement à une règle était devenue insuffisante. Il fallait élaborer une méthodologie pour scinder clairement les principes propres à un calcul mathématique, simple outil pour résoudre des problèmes, de ceux du calcul mathématique comme science humaine qualitative. La quête d'un algorithme des algorithmes était la question du moment. Il s'agit de substituer la pensée et l'état d'esprit de l'individu à « un manuel d'instruction » sous la forme de la codification de la rationalité. Quelque part entre le caractère mécanique des opérations arithmétiques de l'addition ou de la soustraction et l'automatique qui réduit la raison à des algorithmes *La raison faillit perdre l'esprit*[48].

En 1948, la Rand corporation acquit un ordinateur analogique qui permettait de simuler, dans une situation donnée, un comportement humain de « bluff » dit théorie du fou. Mais la mise en œuvre de ces modélisations ne conduisit qu'à un contournement formel du facteur humain plutôt qu'à une décision qui en intégrait le caractère non-rationnel du strict point de vue logique. L'acte de décès de la rationalité à l'époque de la guerre froide fut lancé lorsque les ingénieurs, mathématiciens et logiciens, qui expérimentaient celle-ci à

---

[48] Z/S, Edition Zones sensibles, 2015.

l'intérieur de la théorie des jeux, comprirent que la modélisation conduisait obligatoirement à devoir accepter - dans la réalité - de prendre des paris que l'on était certain de perdre. Cependant toutes les conséquences ne furent pas tirées de cet échec au point qu'on assista à un recyclage de ces concepts. Et en premier lieu dans le domaine militaire car quelques années plus tard s'opéra une révolution dans la stratégie des Etats-Unis[49]. La technologie n'avait plus comme objectif de modéliser la pensée mais de se substituer à la stratégie « elle-même au point que l'Office des ressources humaines de l'armée U.S.A imposa une vision dans laquelle l'homme était une partie intégrante du système d'arme ».[50] Or aucun problème politique ne peut être résolu par la technique. Anders le dit autrement : « l'homme est devenu (non un) instrument parmi les instruments mais instrument pour les instruments dans l'inversion des fins et des moyens »[51]

En second lieu, l'illusion d'une pensée réduite à une combinaison calculatoire fit apparaitre la multiplication de ce que Taleb nomme les « Cygnes Noirs » : « Avant la découverte de l'Australie, l'Ancien monde était convaincu que tous les cygnes étaient blancs. Ce que nous appelons ici "Cygnes Noirs", est un évènement qui présente les trois caractéristiques suivantes : premièrement, il s'agit d'une aberration. Deuxièmement, il a un impact extrêmement fort. Troisièmement, notre nature humaine nous pousse à élaborer après coup des explications de sa venue le rendant ainsi explicable et prévisible »[52]. Ces exemples de catastrophes ont ainsi fait émerger une nouvelle « science » trouble la *collapsologie*.

Enfin, les études sur la rationalité durant la guerre froide conduisirent à une reformulation de la notion de vérité : on ne cherche plus celle-ci en Dieu ni même dans un Dieu écrivant dans un langage mathématique universel, dans la nature ou en Soi. On cherche la vérité dans le Big Data non plus dans le pourquoi « mais dans les corrélations qui identifient des prédictions partielles et utiles. »[53] Cette « véritable rationalité » aura un destin tout autre lorsque, par la

---

[49] La stratégie est « l'art de la dialectique des volontés opposées employant la force pour résoudre leur conflit » (Beaufre)
[50] J. HENROTI, *La technologie*, Economica, 2008.
[51] G. ANDERS, *L'obsolescence de l'homme*, Ivréa, 2000.
[52] N.S TALEB, *Le Cygne noir*, Les Belles lettres, 2008.
[53] G. LIPOVETSKI, *De la légèreté*, Grasset, 2013.

modélisation mathématique du réel, elle deviendra un élément central du marché autorégulé avec sa litanie d'algorithmes.

LA CYBERNÉTIQUE ET LA MÉTAPHORE DU CERVEAU ARTIFICIEL

La mise en œuvre d'un marché autorégulé n'aurait pas pu avoir lieu sans l'effondrement de tout système alternatif et viable à l'économie de marché (l'U.R.S.S et le pacte de Varsovie), la mise en forme d'une idéologie conservatrice prônant déréglementation et dérégulation (Reaganomics puis néoconservateurs) et la capacité d'attraction d'une hyperpuissance (U.S.A). Mais la condition technique à la mise en service concrète d'un marché autorégulé fut l'activation progressive d'un réseau informatique, métaphore et principe d'un « cerveau artificiel » gérant pour les acteurs du marché et mieux qu'eux, l'asymétrie de l'information. L'invention d'une « intelligence artificielle » et la révolution cognitive qui l'a rendue possible sont le nerf technologique qui a fait de la loi de l'offre et de la demande un fantôme dans la machine. La révolution cognitive qui a abouti à la réalisation d'un cerveau artificiel a pour origine la question antique posée par les Grecs : « D'où vient le savoir, en quoi consiste-t-il, comment est-il représenté dans l'esprit humain ? »

Au lendemain de la seconde guerre mondiale, en 1948, la Fondation Hixon réunit au California Institute of Technology un colloque organisé sur le thème : « Comment le cerveau contrôle-t-il le comportement ? ». Le premier orateur est von Neumann qui élabore une première comparaison entre le cerveau humain et l'ordinateur. McCulloch qui lui succède propose d'exploiter cette comparaison en assimilant le cerveau à une machine logique. Le troisième orateur, Lashley, qui intitule sa communication « Le problème des comportements ordonnés en série » souligne qu'une science de l'esprit et du fonctionnement du cerveau ne peut émerger dans un contexte où l'autoréflexion (les spécialistes de chaque discipline font une introspection de leurs propres modes de raisonnement) et le behaviorisme (l'action des individus est déterminée par l'arc réflexe et les chaines neuronales associées) dominent. Dans le contexte nord-américain le béhaviorisme est un obstacle au développement des sciences cognitives.

A l'époque, Turing a inventé la première machine capable de décoder un cryptogramme (Enigma) mais c'est avec le test qui porte son nom qu'il permet une avancée fondamentale à la science : si un observateur ne peut faire la différence entre les réponses d'une machine et celle d'un humain, c'est donc que l'ordinateur a réussi le test de simulation. De son côté, Von Neumann élabore un programme mémorisé qui contrôle l'ordinateur lui-même et n'est plus une simple machine qu'il faut reprogrammer systématiquement.

Turing et von Neumann ouvrent la voie au modèle neuronal de McCulloch et Pitts qui démontrent que c'est le cerveau humain qui peut être pensé comme une machine. Au fond, la question de savoir s'il est possible de construire une machine qui fonctionne comme le cerveau hérite du débat issu de la « querelle des universaux » : les catégories qui nous servent à penser (tables, chiens, voitures) sont-elles des propriétés et des relations entre les choses qui existent réellement (position réaliste) ou bien ne sont-elles que des concepts produits par l'esprit (position nominaliste) ? (De Libéra).

Dans un premier temps la question de savoir comment fonctionne le cerveau humain n'est perçue que comme la métaphore d'une machine capable de l'imiter. Ashby écrit : « Mon but est simplement de copier le cerveau vivant. Et en particulier, si le cerveau vivant échoue d'une façon caractérisée, alors je souhaite que mon cerveau artificiel échoue également. J'ai essayé de comprendre ce qui est nécessaire et quelles doivent être les propriétés du système nerveux pour qu'il fonctionne à la fois de manière mécaniste et adaptative ». Mais avec McCulloch et Pitts, ce n'est plus la machine qui doit imiter le fonctionnement du cerveau mais le cerveau qui est assimilé à une machine. L'ordinateur alors n'est rien d'autre qu'une machine à calculer puis une machine à penser avec des symboles logiques dont la grammaire, la syntaxe et le vocabulaire sont encodés dans des programmes. On passe d'une question philosophique (nominalisme contre réalisme) à une question technique (empirisme contre rationalisme) : puisque les machines calculent la différence entre un état premier et un état second c'est donc qu'elles ont une « intentionnalité ». Peu importe que le message transmis soit chimique, électrique ou mécanique. C'est la perspective de l'étude du cerveau qui change. Wiener écrit : « Le système nerveux central n'apparait plus comme un organe suffisant (…). Certaines de ses activités s'expliquent au contraire comme des processus circulaires, qui commencent dans le système nerveux, entrent dans les muscles, pour ensuite entrer dans le système nerveux par les organes des sens, que ce soient des terminaisons proprioceptives ou des organes de sens particuliers. » *Désormais ce n'est plus la machine qui est une métaphore du fonctionnement du cerveau, c'est le cerveau qui est analysé comme une machine et le paradigme computationnel qui devient la grille de lecture du comportement humain.* Dès lors le dilemme cognitiviste sera incapable de saisir simultanément la rationalité et l'erreur dans l'action humaine et sera donc hanté par l'hypothèse d'inférences inconscientes. La raison en est simple : si nous sommes incapables de définir si les régularités empiriques qui servent à élaborer des catégories existent dans la nature ou si elles sont les conséquences d'une intentionnalité et de structures inscrites en nous c'est parce que l'analogie fonctionne comme un commutateur. L'abstraction nait de la perception de l'identité de deux émotions : les analogies entre les cinq sens stockent des analogies plus abstraites. L'intentionnalité n'est pas une substance sécrétée par le cerveau, c'est un effet de rappel d'émotions mémorisées qui fonctionne comme un jeu de go dans un labyrinthe. Les représentations mentales ont un mode analogique (Shepard). Rechercher une base naturelle à l'intention ou la réduire à un calcul n'a pas de sens. L'analogie est une propriété émergente du cerveau qui fonctionne par un phénomène de saturation du comportement mimétique animal. La nature et l'évolution des débats sur les sciences cognitives elles-mêmes ne sont que des alternatives à l'intérieur du fonctionnement de l'analogie comme structure émergente du cerveau. Les théoriciens comme les ingénieurs ont pu débattre de ces propriétés mais les avancées technologiques ne se sont produites que dès lors que c'est le cerveau qui a été réduit à une grosse machine à calculer. La question de savoir si l'invariant qu'il faut reproduire est le reflet de ce qui existe dans la nature ou est inscrit dans les structures du cerveau n'a pas d'importance. Seule compte l'identification de contraintes logiques valides et universalisables capables de refléter la similarité des objets et leurs différences. Or seule l'analogie permet de percevoir quelque chose à la fois d'identique et de différent car c'est le mode naturel de perception humain du monde. Ce que construiront les cybernéticiens c'est une machine logique plus efficace et qui dépasse les capacités de l'homme *excepté pour la création.*

C'est la raison pour laquelle la question centrale de la cybernétique était dans les années 60 de savoir s'il fallait privilégier une approche molaire pour aller du haut vers le bas ou une approche empirique pour reconstruire un cerveau artificiel en allant du bas vers le haut (des sens à l'abstraction). On comprend que la définition d'un fonctionnement du cerveau comme hardware (pour les états corporels) et software (pour les états mentaux) ait permis de donner un semblant de résolution technique à un problème philosophique. La question de savoir si la pensée est d'abord symbolique (Cassirer) ou imagée (Heidegger) faisait retour mais pour être contournée, mieux, ajournée.

Les lieux de cette révolution cognitive se trouvent à Harvard avec la Society of fellows (Chomsky et Minsk), au M.I.T à Boston avec le Laboratoire Lincoln et à Palo Alto où la fondation Ford avait installé le Center for Advanced Study in Behavioral Sciences.

A l'époque, le développement des calculateurs électroniques séquentiels numériques permet alors de donner une substance à l'analyse de la pensée par Hume : l'esprit est le nom abstrait d'une série d'idées, un théâtre de perceptions dans lequel il n'y a pas d'âme qui contrôle le processus de pensée. Le mouvement scientifique et technique entre ici en résonnance avec les recherches mathématiques et philosophiques. Russel et Whitehead admettent la nécessité de prendre en compte les sens comme données premières à condition de combler l'intervalle entre les sens et la logique. Carnap avait tenté de traduire toutes les données sensibles en proposition et système de proposition. Contrairement à Wittgenstein, pour qui l'étude du contenu des concepts ne permettait pas de comprendre le sens des mots puisque le langage est structuré par des habitudes et un découpage linguistique spécifique à chaque culture, le cercle de Vienne avait identifié la structure logique à des symboles et à des enchaînements de symboles. Pourtant comme l'écrit Putnam : « Pas une seule des grandes thèses positives de l'empirisme logique (la signification est une méthode de vérification ; les propositions métaphysiques sont littéralement sans signification ; les mathématiques sont vraies par convention) ne s'est révélée juste. » Rorty décrit à son tour le problème réel de la philosophie : « Savoir, c'est représenter correctement ce qui se trouve en dehors de l'esprit, comment le savoir est possible et quelle est sa nature (…) Le caractère ineffable de l'esprit a la même fonction que celui du divin - il suggère vaguement que la science n'a pas le dernier mot. »

L'échec d'une mathématisation du réel et d'une transcription des données sensorielles en système de symbole n'a pas mis fin au projet d'une intelligence cybernétique ; elle l'a, au contraire, libéré de sa gangue. Les recherches se sont alors poursuivies avec Fodor pour qui les idées innées ne dépendent pas de ses sens (les martiens peuvent avoir des douleurs et les ordinateurs des croyances) puisque ce sont des symboles manipulés par l'esprit qui n'ont pas de lien avec les réalités auxquelles ils renvoient. Il y a donc un langage de la pensée que l'on peut reproduire. Mais la position de Fodor ne permet plus de s'interroger sur le lien entre les représentations internes du sujet et la réalité. L'analogie est une forme de pensée qui n'est pas négociée mais réaménagée tout au long de l'histoire humaine. La relation au monde est toujours déjà incluse dans une relation aux objets du monde. On voit donc que les positions théoriques des uns et des autres consistent à élaborer des séries d'expériences scientifiques ou d'expériences de pensée pour dénouer la question du rapport entre la représentation et la réalité. Faute d'une analyse de la pensée analogique ou d'une machine qui pense par analogie, la réalité se confond avec son modèle. Le retour à des positions dualistes ou purement physicalistes relève de la ritournelle pour la question cybernétique. Et pour cause, l'objectif étant la création d'une machine computationnelle, l'étude du fonctionnement du cerveau n'est plus qu'un cadre expérimental de levée de fond pour les institutions qui se rattachent à des positions philosophiques qui oscillent selon les besoins et ne sont plus que la répétition de débats philosophiques dépassés. Mais ce qui est en germe c'est surtout le dépassement du cerveau par la machine computationnelle. Dès 1912, Fecher avait pu croire démontrer que l'intensité d'une sensation est une fonction logarithmique des stimulus objectivement quantifiables. Or, comme l'écrit Bartlett :

« La remémoration n'est pas la réexitation de traces innombrables, fixes, sans vie et fragmentaire. C'est une reconstruction ou une construction, faisant appel à l'imagination et à la relation que nous avons à toute une masse active d'expériences passées »[54].

Mais l'essentiel n'est déjà plus dans le mouvement dialectique entre la théorie et l'expérimentation. Le cerveau électronique, l'intelligence artificielle sont déjà dans la matrice intellectuelle du siècle. Searle écrit : « un ordinateur correctement programmé est un esprit, au sens où l'on peut dire que des ordinateurs dans lesquels on a introduit des programmes adaptés qu'ils comprennent ou ont des états cognitifs ». Dès 1952, Simon et Newell avaient compris que l'ère des systèmes experts viendrait tôt ou tard. Les programmes allaient se développer (SHRDLU de Vinograd, HACKER de Sussman) qui rendaient l'apprentissage possible[55]. Le problème du codage apparut :

---

[54] Le père de Marcel Proust fut le premier à décrire la plasticité du cerveau.
[55] H. GARDNER, *La révolution cognitive*, Payot, 1999.

la connaissance devait-elle être codée sous forme de faits stockés ou sous forme de procédure à exécuter ?

Cependant la question de la métaphore cérébrale restait la même : les mécanismes d'inhibition et d'excitations passaient par des sens que les machines n'avaient pas. Aussi Minsky, Hinton et Anderson eurent-ils l'idée de concevoir des ordinateurs qui fonctionnaient en parallèle pour reproduire un cerveau au lieu d'en imiter les effets séquentiels. Ce n'était que déplacer le problème de l'articulation entre le cerveau et les données sensorielles : « s'il imite la structure formelle de la séquence des activations neuronales dans les synapses, il n'aura pas simulé ce qui compte dans le cerveau, à savoir les propriétés causales, sa capacité à générer des états intentionnels » (Hofstader et Dennet). L'effondrement de la métaphore cybernétique dans la réalité technique avait donc signifié la mort de la signification et du sens. Dans le *Dit et le non-dit* Tyler montre que : « le positivisme logique et la linguistique ont la même conception de la langue comme langage mathématique. Dans les deux cas (…) elle soulève des problèmes pour comprendre comment un système purement formel d'éléments et de règles peut se rapporter à quelque chose d'autre que lui-même ».

La métaphore du cerveau artificiel avait permis d'évacuer la simultanéité de la rationalité et de l'erreur dans le fonctionnement du cerveau humain puisque de toute façon les expériences cybernétiques ne permettaient pas de reconstituer un cerveau qui fonctionne de manière analogique c'est-à-dire avec les sens. La rationalité instrumentale avait trouvé le vecteur de son incarnation concrète dans le monde avec une ingénierie logarithmique d'une efficacité sans limites qui permettait de ne pas se poser le problème de sa nature réelle. Une rationalité schizophrène pénétra la vie de l'humain en réduisant la raison à la Raison. Le marché autorégulé en serait l'une des incarnations. Mais au fond, si ce Dieu à venir écrivait dans un langage mathématique c'est qu'il avait été créé par un autiste.

Pour autant, le mouvement qui mena à la naissance d'une rationalité purement instrumentale et à un cerveau citadelle réduit à un super calculateur avait été préparé par d'autres crises. Car pour que le cerveau cybernétique advienne, il avait fallu que la crise de la modernité prenne la forme d'une crise radicale de l'identité individuelle. L'individu ébranlé de son socle avait défailli.

DEUXIÈME PARTIE
LES SOURCES DE LA MODERNITÉ OCCIDENTALE :
CRITIQUE DE LA RAISON ANALOGIQUE

CHAPITRE VII
LE SACRE DE LA SÉCULARISATION

L'analyse de l'origine, des causes et des conséquences de la crise des Subprimes n'a donc de sens qui si on l'intègre comme un moment de la métamorphose continue de la rationalité occidentale.

La combinaison d'une crise des fondements mathématiques et le potentiel ouvert par des innovations technologiques à l'ère nucléaire a paradoxalement résolu le problème de la relation entre la réalité et sa représentation : la réduction du réel à son modèle mathématique. La puissance calculatoire des algorithmes a en effet dissous le problème de la relation corps-esprit dans l'apparence d'une solution infrahumaine. Ce modèle de cerveau cybernétique pouvait désormais servir de matrice au projet anarcho-capitaliste définit par Hayek. L'idéologie néo-conservatrice la féconderait le moment venu. La Finance de Marché avait désormais les moyens de piller la valeur créée dans l'économie réelle en jouant sur l'écart entre les taux à court et long terme. Lorsque le chaos surgirait, le maintien de taux bas garantirait à l'insolvabilité suspendue une confusion entre monnaie centrale et *Broad money*. Les institutions en charge de la solvabilité générale du système ne pourraient que se ranger au moindre mal : cautionner une création artificielle de monnaie pour compenser la rente prélevée par la Finance de Marché sur le capitalisme entrepreneurial afin d'éviter la ruine du système démocratique.

Les innovations techno-scientifiques et les révolutions idéologiques ont donc conduit à une confusion entre le modèle et la réalité au point que l'absence de contrôle en bout de chaîne à produit la situation qui a amené à une crise systémique déclenchée par les Subprimes. L'illusion d'un marché autorégulé, forme et incarnation de l'anarcho-capitalisme, est un échec qui fut porté par une dynamique dans laquelle les mathématiques pouvaient imposer la puissance d'une raison calculante plus efficiente que celle de l'Homme. Mais l'essentiel de la crise de la rationalité occidentale ne se situe pas simplement dans la confusion entre modèle mathématique et réalité. Elle est avant tout dans l'illusion d'une plasticité infinie de la réalité. Notre analyse repose donc sur l'hypothèse suivante : la modernité est aujourd'hui hémiplégique car elle est inachevée. Elle a produit un processus de laïcisation de l'espace publique grâce à une sécularisation de l'alphabet mais les mathématiques - à la base des révolutions scientifiques - sont demeurées prisonnières d'un univers scolastique. La séparation du politique et du religieux s'est accommodée d'une persistance de la transcendance à l'intérieur du processus de mathématisation du réel lui-même. La sécularisation a touché les lettres ; elle n'a pas touché l'univers des chiffres dont l'architecture cognitive est restée incarcérer dans une illusion démiurgique entre nombre d'or et géométrie sacrée. Le politique et le religieux pouvaient bien se dissocier dans l'espace public, le démiurge continuait d'écrire en langage mathématique. Ainsi, l'émergence d'une nouvelle scolastique à l'intérieur du mouvement propre à la science n'est-elle pas liée au positivisme, étape utile, nécessaire, inachevée mais fragmentaire de l'avancée des sciences. Elle correspond en réalité au développement d'une hubris propre au mouvement scientifique à raison même de son extraordinaire pouvoir de prédiction et de ses réussites dans le domaine techno-scientifique et industriel. La puissance de calcul et la prédictibilité des modèles mathématiques imposent par l'expérience à la communauté des savants et des chercheurs l'illusion non que le modèle *est* la réalité mais que le modèle suffit à décrire la réalité tant que la science fonctionne par approximations successives de la vérité. C'est la déraisonnable efficacité des mathématiques qu'il s'agit d'expliquer. La raison n'a pu remplacer le dieu monothéiste et ses avatars qu'en injectant une transcendance transparente entre la perfection du chiffre et la clairvoyance du réel que jamais aucune observation ne pouvait remettre en cause. La transcendance n'était plus en dehors du monde mais innervait la relation de l'homme au monde. L'adéquation du microcosme et du macrocosme ne se situait plus dans l'adéquation entre l'étendue et la puissance divine mais dans l'adéquation entre la perfection du chiffre et le mouvement infini des sciences. Or le modèle mathématique au cœur du processus d'explicitation de la réalité s'imposa par sa réussite même en expulsant une sorte de tiers inclus : qui dit calcul numérique dit approximation, un nombre réel n'étant connu que lorsqu'on a donné un procédé de calcul approché, avec une approximation que le mathématicien désire arbitrairement petite, alors que l'utilisateur se contente de beaucoup moins. Guibaud écrit :

« Il faut avoir appris à distinguer ce qui est grand de ce qui est petit, ce qui est prépondérant de ce qui est négligeable. En d'autres termes, le calcul infinitésimal pourrait se résumer en trois mots : MAJORER, MINORER, APPROCHER. » (…) Il lui faut définir le degré de certitude que l'on pourra accorder aux données, lorsqu'on voudra connaître le résultat avec une approximation déterminée.⁵⁶ ». L'imprécision finale dans la mesure est due au résidu qui n'est pas mesuré en raison de l'approximation relative de l'instrument lui-même. Cette approximation inquantifiable n'est pas un arbitraire mais un irréductible fait convention qui remet en cause fondamentalement ce que l'on croit être la nature mathématique du réel. Brouwer écrit : « La question demeure de savoir si les principes logiques sont solides au moins pour les systèmes mathématiques qui n'ont pas de rapport avec la sensation vive, c'est-à-dire les systèmes construits à partir de l'abstraction de phénomènes répétables, à partir de l'intuition du temps, dépourvue de contenu vivant, à partir de l'intuition de base des mathématiques ». Ce à quoi Poincaré répond « qu'il n'y a pas de logique et d'épistémologie indépendantes de la psychologie ». Or cette logique renvoie elle-même à une gnoséologie et donc à une théorie de la connaissance qui explique le mode de fonctionnement en miroir de la pensée humaine. C'est ici que le raisonnement par analogie prend place comme forme spontanée de l'être au monde. La fusion synthétique entre modèle et réalité s'opère à partir d'un présupposé : le réel étant par nature mathématique, l'équation qui le décrit dit en elle-même le tout de sa réalité ultime. Une scolastique fondée sur un nombre d'or a remplacé une scolastique basée sur le nom de Dieu. Et si le positivisme fut un moment nécessaire de la science dans son mode descriptif pour suspendre le pourquoi afin de se concentrer sur le comment, il contribua, par son efficacité dans le champ techno-scientifique, à réduire le pourquoi à un comment d'ordre générique. Il faut donc désormais s'interroger sur l'essence de la rationalité occidentale dans ce processus.

Or la rationalité occidentale c'est Platon et Descartes. Non pas la puissance de leurs œuvres ou leurs influences respectives, pas plus que la rationalité réduite à deux auteurs éponymes mais la mise en place et le renouvèlement d'un dispositif qui enracine la raison dans le sujet et l'adosse au dualisme. Chez Platon la métaphore de la caverne révèle « la réalité de la réalité » soit l'illusion d'une réalité ultime : l'immortalité de l'âme fonde l'emploi d'une rationalité arrachée aux sens et découvert dans le ciel des Idées. Chez Descartes le cogito entame une aventure qui enracine le dualisme du corps et de l'esprit dans un renversement paradoxal : le raisonnement par l'absurde d'où surgit le cogito est le fruit d'une analogie qui prend conscience d'elle-

---

⁵⁶ G. T GUILBAUD, *Leçon d'à peu près*, Diderot éditeur, 1998.

même. Le doute hyperbolique – je doute mais je ne peux douter que je doute – produit un raisonnement dans lequel l'existence dépend de la substance immatérielle. Sens et Idées, Cogito et réalité entretiennent chez Platon et Descartes une relation symétrique et inverse mais qui ne fait de se déployer dans le même espace : celui d'une analogie qui explore ses propres limites grâce à ses propriétés mimétiques. Autrement dit, le sujet est l'évènement de la conscience - et non dans la conscience - qui actualise le fonctionnement de l'analogie dans une première abstraction : instincts, pulsions, émotions et tout ce que l'on voudra sont réglés entre eux par des analogies qui identifient des répétitions plus ou moins floues dans le chaos du monde. La tentation de donner du sens au monde et de le réduire à une théorie n'est pas une réponse à une pulsion abstraite, c'est la mise en forme analogique du monde qui, une fois déclenché, produit des régularités qui font apparaitre le chaos apparent du monde comme par défaut. Le sujet se révèle dans un rapport à soi qui est d'abord une altérité, qui nait à l'intérieur du mouvement de va-et-vient entre les deux bornes du rapport analogique au monde avant que ce sentiment inauthentique ne s'autonomise dans une altérité dont elle n'est plus que la trace mémorielle. Le passage d'un fonctionnement mimétique animal au fonctionnement analogique de l'humain est produit par un effet de saturation à l'intérieur de l'humain lui-même. Le caractère mimétique du comportement animal n'est que l'expérience limite, à l'intérieur d'un raisonnent analogique, qui identifie l'animal en le différenciant de l'humain par sa puissance symbolique. Il n'y a donc pas à proprement parler de passage de l'animal à l'humain, pas plus qu'il n'y a de transformation du mimétisme animal au symbolique humain : le mimétisme animal est la seule chose que la raison analogique humaine peut dire du monde animal lorsqu'il s'en différencie. L'un - le mimétisme animal - est une répétition pulsionnelle enfermée dans des instincts, l'autre - l'humain analogique - est une répétition créatrice qui ouvre à une liberté. Le sujet est donc d'abord un effet de surface, renforcé par l'illusion produite par la grammaire c'est-à-dire par un jeu de signifiant. Mais dans un deuxième temps l'opposition que l'on peut percevoir entre un sujet qui ne serait qu'un fantôme croisant son propre reflet dans un miroir et l'ontologie d'un sujet transcendant s'affirmant antérieurement au langage n'est plus une alternative ni crédible ni possible. Le déclenchement de la dynamique analogique à l'intérieur du langage produit le sujet comme forme dialectique entre émotion et pensée au sens prosaïque du terme. Le sujet se révèle dans une non-coïncidence à soi puisque l'analogie inclut les pulsions, émotions et sensations à l'intérieur d'une dynamique émergente où la présence émotionnelle à soi-même est dissociée de ce qui lui permet d'advenir comme *cosa mentale*. Dès lors la structure de tout sujet consiste en une ontologie de l'illusion puisque l'identification de répétitions au sein du langage analogique ne fait qu'accroitre l'illusion de la présence d'un substrat alors que c'est la forme même de l'analogie qui rend impossible la coïncidence entre émotion et raison. La boucle mentale dans laquelle s'inscrit l'analogie doit nous faire renoncer simultanément aux doctrines de l'ontologie et de l'immanence, de la transcendance et de la réalité prosaïque et immanente pour nous permettre de définir la conscience comme une forme sans contenu dont la dynamique est une conséquence des propriétés émergentes du cerveau. L'analogie décrit de l'intérieur le fonctionnement du cerveau humain incarcéré dans chaque crâne humain mais elle le fait dans une expérience des limites parce qu'elle n'est pas une instance psychique ou une identité atomique identique à elle-même mais une précarité errante hantée par la conscience d'une mort qui rode. Le véritable problème de la conscience n'est pas dans son émergence à partir d'un degré zéro de la pensée ni même les modalités de l'enracinement de la conscience analogique dans le langage et la culture. Ce qui pose un éternel problème à la question de la conscience c'est la nature ontologique d'une illusion. Le fonctionnement de l'analogie repose sur un mouvement dialectique intérieur à elle-même qui produit une herméneutique du sujet. Mais ni la transcendance ni l'immanence comme forme de la réalité ultime ne peuvent répondre ni éclairer la production d'une réalité par un procédé qui évoque plus le dragon se tirant par la queue qu'une rationalité des causes et des effets. Des deux côtés des métaphysiques rendues possibles par l'analogie - transcendance et immanence comme forme toujours possible de la pensée - l'hypothèse irrésolue n'apparait nullement parce que l'analogie est déjà la solution de notre rapport au monde. Il est inutile de chercher un sens à l'existence car cette solution est elle-même notre capacité à donner *du* sens au monde. La seule solution pensable au problème analogique serait donc la coexistence d'un réel inatteignable et d'une analogie qui se prend elle-même au jeu de son rapport au monde en reconstruisant une réalité assignée de façon quasi-identique c'est-à-dire semblable aux limites de chaque cerveau humain. Il y a donc une phénoménologie de l'instance qui rend la pensée possible : c'est l'analogie. La nature de l'illusion n'est pas plus illusoire que l'illusion d'une nature. L'analogie les lies toutes deux dans la boucle infinie de ses possibles. C'est parce qu'il y a ce nœud qu'il n'est pas possible de distinguer entre les premiers à forger un langage et les premiers à devoir le transmettre puisque qu'il n'est pas non plus possible de distinguer entre le langage qui produit un sujet et un sujet fut-il – futile – collectif qui produit du langage. La forme analogique qui surgit fait jaillir un être jeté dans le monde dont l'identité est donc de ne pas avoir d'origine. D'où la nécessité du discours sur soi et de la texture narrative pour assurer la continuité du conatus. Une part de l'analogie reste en contact avec l'animalité de l'animal humain. L'analogie produit une réduction suturée du langage au monde qui se retourne contre le mimétisme : le rapport de rapport peut s'inverser ouvrant la possibilité de la liberté. Le « je », le sujet n'est rien d'autre que ce qui émerge dans la saturation mimétique par rapport au reste du vivant humain. La présence à soi est un état qui nous fait vivre dans l'éternité du décalage de cette présence à soi. D'où l'illusion de la nécessité de la réappropriation et de la résorption de ce décalage afin de devenir soi-même. La transformation par saturation mimétique est elle-même transformatrice : c'est la forme de l'analogie. L'esprit est son propre lieu. Qui dit « je » ? Peu importe car ce « je » n'est pas autre chose que la jonction analogique entre émotion et représentation. Quelque chose de l'autre s'est déjà sédentarisé en chacun de nous. Le logos a une forme analogique qui se développe en fonction des problèmes et des paradoxes qu'il rencontre. Il n'y a pas de boite noire de l'intelligence. Dès lors l'intelligence collective et les singularités géniales cohabitent pour produire un monde extérieur qui correspond aux représentations réduites à des phénomènes communs au sens de la production d'un consensus sur le Réel. Le réel de l'anthropocène est la forme phénoménologique des possibles : « une religion humaine » dans les limites de la simple analogie. « Nous suivons la règle non parce qu'elle est efficace mais parce que tout le monde la suit. La causalité épiméthéenne à l'inverse est celle d'un héros qui meurt en tentant d'échapper à la prophétie de sa fin tragique. « (…) la conséquence précède la cause. C'est la causalité épiméthéenne. L'efficacité n'est pas une propriété naturelle de la règle mais le résultat de notre obéissance » écrit Maugarlonne. Autrement dit la peur inverse la cause et l'effet et crée une efficacité symbolique. « La prophétie se réalise grâce à l'angoisse irraisonnée ou la conviction obstinée qu'un évènement fictif qui ne se produit que parce qu'on s'y attend. La prophétie du dénouement conduit au dénouement de la prophétie. La conséquence imaginaire fonde une causalité concrète » poursuit l'auteur du *Traité de l'ombre*[57]. La vérité occulte de l'ordre est que l'ordre ne repose que sur l'obéissance à des règles et des lois. Autant que ces lois soient les plus démocratiques possible, car c'est dans un système démocratique que le degré de conscience des individus est le plus élevé. Toute humanité dans son devenir est donc narrative et se doit d'user de cette créativité. La question du sens est ainsi résolue par le principe qui l'inclut : les étapes par lesquelles la science décrit le réel anticipent la clôture du monde sur lui-même dans la perfection du chiffre qui a remplacé le cercle dans une scolastique scientifique. Ce n'est donc pas le positivisme qui est en cause mais la croyance selon laquelle une convention est autre chose qu'un modèle qui donne une approximation bricolée et utile de la relation entre la carte et le territoire. Lorsque la conscience de la convention s'efface au profit d'une confusion entre le modèle et la réalité alors la recherche prend la direction d'une raison devenue schizophrène : la dialectique entre théorie et validation empirique s'étiole. Or cette nouvelle scolastique a ouvert la voie, par un choc en retour, et comme par compensation, à une analyse réactionnaire du monde : « Quand le monde hiérarchisé et sa table de valeurs fondirent, après la Première Guerre mondiale, il se produisit à cet endroit, comme dans tous les domaines, une métamorphose. Lorsqu'il subsiste quelque chose, une fois passés les grands abattages, cela devient vite absurde, comique ou tout simplement assommant. Ainsi le duel, l'escrime au sabre, la parole d'honneur, le baise-main, les mœurs féodales et les vertus de l'homme du monde (…) » écrit Jünger. Dans *Le Règne du quantitatif* Guénon, parmi d'autres, cristallise la position réactionnaire et anti-moderne par excellence en réaction à l'efficacité du quantitatif : « En effet, la vérité est que la conception matérialiste, une fois qu'elle a été formée et répandue d'une façon quelconque, ne peut que concourir à renforcer encore cette "solidification" du monde qui l'a tout d'abord rendue possible (…).. C'est pourquoi, il est des choses qui ne pourront jamais être constatées par des "savants" matérialistes ou positivistes, ce qui naturellement, les confirme dans leurs croyances ». Or trois contradictions internes sapent le discours antimoderne tel qu'il est proposé par Guénon. La première repose sur la valorisation d'un

---

[57] F. MAUGARLONNE, *Traité de l'ombre*, Editions du Bon Albert

savoir traditionnel qui est sans cesse invoqué mais dont on ne perçoit ni le contenu ni la méthode au prétexte que cette connaissance ne se transmet que de manière ésotérique. Et pour cause, puisque les bouleversements et les transformations opérés par la science n'ont pu l'être que par un dépassement synthétique de ces mêmes savoirs sur lesquels la science s'est appuyée avant d'en définir les frontières et les limites pour les dépasser par un savoir opératoire dont l'efficacité technique est un référendum de tous les jours dans le monde moderne. En effet, c'est la soumission à la validation scientifique de la communauté des pairs qui fonde la légitimité du processus propre à la science. Mais comme disent les marxistes : il y a du donné dans le construit. La seconde contradiction c'est que Guénon englobant dans l'expression « matérialisme » à la fois le matérialisme au sens scientifique du terme – les propriétés de la matière suffisent à expliquer le vivant – et la société de consommation, ne semble pas comprendre qu'une société réduite à la logique du calcul froid s'entendrait parfaitement à user des sciences ésotériques si celles-ci rapportaient le moindre argent. La troisième critique interne tient à ce que dans l'éternel débat sur le positivisme porté sur le comment au détriment du pourquoi le problème est moins dans l'évacuation des causes premières que dans une question centrale aux premiers temps du positivisme : dès lors que la science fonctionne par approximations successives de la vérité certaines solutions ne peuvent être renvoyées qu'à un état ultérieur de la compréhension du monde au risque de confondre la réalité et le modèle scientifique provisoire qui le décrit. Or la question centrale posée par la tradition antimoderne est surtout celle d'une science produisant une « monstrueuse insignifiance » dans un monde d'objets qui nous chosifient. Les réponses partielles de la modernité aux aspirations intimes de l'Homme seraient à l'origine d'une décadence, d'une chute au sens littéral du terme, qui aurait détruit notre rapport équilibré aux anciennes cultures. Devenus maîtres et possesseurs de la nature, les hommes auraient fait de la question du sens un « problème philosophique » alors que le mythe interdisait autrefois que l'on puisse questionner un mal sans remède. L'absence d'évidence du sens tenait lieu de colonne vertébrale à l'intimité du monde et les Anciens semblaient s'en accommoder. Husserl pouvait ainsi décrire la transformation de ce rapport au monde en tirant toutes les conséquences : « Dans la détresse de notre vie - c'est ce que nous entendons partout - cette science n'a rien à nous dire. Les questions qu'elle exclut par principe sont précisément les questions qui sont les plus brûlantes à notre époque malheureuse pour une humanité abandonnée aux bouleversements du destin : ce sont les questions qui portent sur le sens ou l'absence de sens de toute existence humaine » L'avènement d'une conception de la vérité comme concordance entre représentation théorique et réalité mesurable grâce aux procédures de vérification par l'expérience vide-t-il réellement le monde de son sens ? Pourquoi le critère de vérité de la science qui devient progressivement comme par infusion, le critère de l'efficacité aurait-il conduit à un désarroi de la conscience occidentale ? Cette conscience saisie à vif de la condition humaine n'était-elle pas non plus pas au cœur de l'âme des Anciens dans les sociétés pré-modernes ? Qui pouvait profiter de l'otium pour en exprimer les détours ? Est-il certain que l'attitude des Anciens et le style de vie pouvaient se perpétuer sans référence à un sens ultime ou bien ce sens ne pouvait-il tout simplement pas faire l'objet d'une interrogation faute de voir la société « détruite » dans ses fondements symboliques ? Pourquoi les illusions symboliques d'un monde ancien vaudraient-elles mieux que les illusions techniques de l'individualisme moderne ? Le déclenchement d'un processus où les individus actualisaient leurs potentiels comme leurs limites vaudrait-il moins qu'un monde d'esclavage, de féodalité, de violence et de frustrations mal contenues ? Pourquoi la modernité aurait-elle fait perdre le sens originel des choses ? Le sentiment océanique est-il une illusion nécessaire ou le pur produit du mouvement de la pensée qui se déploie avant de se résorber dans l'architecture théorique qui lui a donné naissance ? Dans *Le hasard et la Nécessité* Monod écrit : « La pierre angulaire de la méthode scientifique est le postulat de l'objectivité de la Nature. C'est-à-dire le refus systématique de considérer comme pouvant conduire à une connaissance "vraie" toute interprétation des phénomènes donnés en termes de causes finales, c'est-à-dire de projet ». Mais en quoi cela peut-il bien être incompatible avec une quête de sens ? La vision réactionnaire parasite donc la perception des effets inachevés de la sécularisation du monde dans la modernité occidentale. Il faut donc reprendre le problème à sa racine : la persistance d'une forme de sacralité qui travaille la puissance et l'efficacité même de la mathématisation du réel au sein du processus de rationalisation du monde. En réalité il semble que la question de l'émergence d'une science moderne soit tout entière contenue dans celle d'une mathématique universelle (Mathesis universalis) exposé par Galilée : « La philosophie est écrite dans cet immense livre. Il est écrit en langue mathématique et ses caractères sont des triangles, cercles et autres figures de géométrie, sans le moyen desquels, il est humainement impossible d'en comprendre un mot. Sans eux, c'est une errance vaine dans un labyrinthe obscur. » Non seulement le monde est écrit en langage mathématique mais les mathématiques y jouent le rôle d'un alphabet. La nature étant déjà unifiée, le hasard ou la contingence n'ont de réalité qu'à l'intérieur de la nécessité mathématique. La reconstruction mathématique du réel se fait dans un espace neutre et autonome sans quête apparente d'une ontologie. La science moderne ne cherche pas la nature profonde des choses mais leur expression en langage mathématique seule fondement d'une réalité tangible. Patocka le dit autrement : « Aristote démystifie le monde mais ne le dépersonnalise pas ». C'est ce que fera la science moderne. Ainsi, dans la cadre de la géométrie euclidienne qui a détruit l'espace intuitif de la perception, s'installent le principe d'inertie puis une vision héliocentrique à laquelle va s'amarrer toute la science moderne fondée sur l'observation. Le monde devient incréé, la nature devient la somme des phénomènes qui s'y révèlent. La géométrisation à priori et sans résidu du monde pose les bases d'un monde à explorer par le mouvement de l'observation d'une nature objectivé. L'idée que « Tout est nombre » devient l'espace mental libéré qui permet l'activité de la science et remplace la vérité de l'expérience intérieure. Chez Platon, les mathématiques assuraient le lien entre monde sensible et ciel des idées, chez Galilée la nature parlait le langage de la géométrie alors que chez les savants modernes se partagent déjà matérialistes et tenant d'une formule selon laquelle dieu parle en langage mathématique. Quoi qu'il en soit les mathématiques fondaient une compréhension des phénomènes parce que les objets étaient redéfinis à partir de leurs interactions. La relation entre les choses ne s'ajoute pas aux choses, elle est une liaison nécessaire à leur existence car les représentations d'objets dans le cerveau sont caractérisées par un rapport à l'intérieur de l'espace mental et non entre les symboles et le Réel extérieur. La réalité objectivable est une représentation qui expulse les sens et leurs illusions en les remplaçant par un connecteur mathématique dont les symboles formels sont la langue. Le temps et l'espace deviennent la forme de la dépendance entre les phénomènes. Le scientifique est celui qui se met dans la peau des choses dit Thom. Kant pouvait écrire : « J'affirme que, dans toute théorie particulière de la nature, on ne peut trouver de science à proprement parler que dans l'exacte mesure où il peut s'y trouver de la mathématique. » Mais la question du sens reste indécidable. C'est la raison pour laquelle la guerre entre science et religion conduit à une sorte de partage des tâches ; la religion réaffirmant son autorité dans le champ de l'existentiel, la science et en particulier les mathématiques étendant son champ sur la réalité objective instauré par la révolution scientifique. Dans l'entre-deux des liaisons complexes entre ceux qui croient au ciel et ceux qui n'y croient pas peut se faufiler le gros de la troupe dans la formulation suivante : « La beauté émerge peu à peu à travers beaucoup de nombres ». Le destin de la technoscience se jouera alors dans la combinaison entre rationalisme et empirisme qui allait accomplir le mouvement par lequel les mathématiques dépendraient d'un intellect divin produisant une substantification de Dieu dans l'espace sous la forme d'un grand horloger.

Mais la question du sens perdure comme forme même de la condition humaine. A propos du lien entre science et condition humaine la question centrale, pour les Grecs, concernait l'être des choses. Dans le monde moderne il s'agit surtout de remonter des effets aux causes. Or cet enchaînement doit toujours s'achever sur une cause qui a Dieu pour agent et acteur principal. Rey écrit : « En admettant que l'origine des chaînes causales soit dissoute à l'infini ou, telles les lois premières de la physique, acceptée comme un donné qu'il n'y a pas lieu de chercher à justifier, en supposant que la figure du Dieu créateur soit évacuée, est-on reconduit à la situation grecque ? Non, car la nouvelle science suppose précisément que soit mise à l'écart la question de l'être telle que les Grecs la posaient[58]. » Si Rey pose clairement le problème en soulignant que les païens ne comprenaient pas plus le Dieu monothéiste en le concevant sur le modèle de leurs dieux que les scientifiques ne comprennent le monde grec à partir d'une vision ou Dieu écrit en langage mathématique, il reste que la réponse à la question du sens n'est en rien univoque. A l'antique problème posé par les philosophes « Pourquoi y a-t-il quelque chose plutôt que rien ? » les nihilistes ont répondu « Pourquoi n'y a-t-il rien plutôt que quelque chose ? » Or il est aussi possible de formuler une autre branche à cette alternative : si on raisonne en termes de probabilité, il n'y a pas plus de chance ni à vrai dire de raison qu'il n'y ait rien plutôt que quelque chose à partir duquel une évolution soit possible compte tenu de la profondeur des temps. Platon

---

[58] O. REY, *Itinéraire de l'égarement*, Seuil, 2003.

évoquait les astres qui assurent la garde des nombres du temps. Mais dans sa théorie de la connaissance, c'est justement Platon qui a confondu la réminiscence avec le fonctionnement mnésique de l'analogie. L'homme ne reconnait pas une connaissance antérieure à sa naissance et inscrite dans son esprit mais il apprend, dans la répétition même d'une situation similaire - toute chose égale par ailleurs - la pertinence d'une équation ou d'un principe qu'il a déjà mémorisé. La théorie de la Réminiscence a introduit le concept de transcendance comme pilier nécessaire au savoir et donc à sa limitation par l'existence même du divin. La distinction sensible-intelligible a fondé l'idée de transcendance puisque l'au-delà du sensible s'est renversé dans un au-delà de l'intelligible. « Dieu » c'est le nom donné par une raison qui n'atteint jamais le sensible et en métaphorise la limite. L'infini c'est la raison analogique qui bute comme un cran d'arrêt sur le sensible et opère un renversement ultime d'une fondation sans fondement : toute la philosophie idéaliste y puise son anthropologie, la religion sa théologie négative et les philosophies réalistes leurs apories. L'histoire de la philosophie étant une éternelle note en bas de page de l'œuvre de Platon, le répétitif bégaiement de Descartes, cette erreur a conduit à une confusion entre le modèle et la réalité. Les mathématiques sont ainsi devenues, dans l'architecture sacrée de la connaissance, la pierre angulaire de cette réduction qui s'est transmise dans l'innervation de la pensée occidentale avec l'opposition du sensible et de l'intelligible. L'histoire de la modernité reste inachevée puisque si la lettre a été sécularisée, le chiffre, lui, ne l'a jamais été.

Bachelard le dira autrement : « Le déterminisme est descendu du Ciel sur Terre ». Dans *Le nouvel esprit scientifique* il pourra ajouter que « le véritable ordre de la nature c'est l'ordre que nous mettons techniquement dans la nature ». Dans les interstices du temps, le fil des générations infusé par les métamorphoses de la culture et de l'éducation aura tout le loisir de modeler le rapport qui avait alors éclos entre un égo s'éprouvant comme autonome et une transcendance contestée au cœur de la Tradition. L'individualisme et les processus d'individuation se chargeant progressivement de désarticuler la concordance de vérités individuelles qui n'étaient rien d'autre que des illusions nécessaires à une société traditionnelle dans laquelle le ciment symbolique était par nature et par fonction dogmatique. La guerre contre la modernité est ainsi passée par la tentative de rendre incontournable l'existence d'une transcendance pour organiser et fonder un ordre politique. Or ce n'est pas la sécularisation et la laïcisation qui fragilisent le système c'est sa désymbolisassion qui en dissout les fondements même si ce n'est qu'un moment nécessaire d'un renversement des valeurs qui ouvre à l'expression des formes de la liberté. Il est vrai qu'il y a de moins en moins de modérés pour dire les choses simples des effets de la confrontation entre le principe démocratique et la nature humaine. Reste que Nietzsche identifiera la conséquence de ce mouvement : « Chaque âme constitue un monde à part : pour chaque âme chaque autre âme est un arrière-monde ». Dès lors ceux qui n'assumeront pas cette métamorphose de la condition humaine en seront réduits soit à des tentatives de retour totalitaire à une non-dualité originelle soit à des syncrétismes religieux mortifères dans lesquelles se dissolvent des combinatoires universelles et anonymes. Car ce que masquent les critiques réactionnaires de la modernité c'est que ce n'est pas le divin, le transcendant, le Dieu monothéiste qui organisa l'ordre de la Tradition sur lequel se développa la société prémoderne. Ce qui permit à la société traditionnelle de fonder une organisation stable dans le temps et de se caler sur un mode holiste c'est la violence symbolique sur les âmes et la violence physique sur les corps.

La dernière émancipation de l'homme par une raison instrumentale et schizophrène n'en fut donc pas une. Sans compter que derrière la destruction des Signifiants Maitres il y a eu la délégitimation de la transmission par ceux-là mêmes qui devaient la protéger. Barthes a raison pour qui il y a un rapport indéfini de la vérité à travers le langage alors que seuls la culture et le processus d'individuation permettent de convertir le cri pulsionnel en parole. La nature est une seconde nature puisqu'elle n'existe que dans les divisions arbitraires de la réalité dans le langage. En réalité, le problème posé par les conséquences d'une sécularisation inachevée n'est donc plus celui du meilleur des régimes politiques. Sans une réforme fondamentale des systèmes éducatifs qui reposerait sur une nouvelle compréhension de la scolastique mathématique relayée par la technique, la question ne sera plus de savoir quel type de système politique peut permettre l'émancipation de l'individu mais quel type d'individu devrait naître afin de « fonctionner » dans un système de type anarcho-capitaliste. La modernité entre donc dans un nouveau cycle de mue au moment où le mouvement de la science se remémore enfin la deuxième partie du raisonnement cartésien : « *Je pense, j'existe* est nécessairement vrai, toutes les fois que je le conçois dans mon esprit ». Dans la forteresse de l'esprit, l'occident s'est masqué à lui-même qu'il raisonnait dans la forteresse de la raison. Pour le meilleur et pour le pire. Le moment est donc venu d'ouvrir la voie à une généalogie de la modernité occidentale dont les origines systémiques de la crise des Subprimes ne furent jamais que le dernier avatar.

CHAPITRE VIII
GÉNÉALOGIE DE LA MODERNITÉ

La transfiguration des religions monothéistes en religions séculières et en particulier en religion du Progrès est à l'origine d'une modernité dont il faut faire la généalogie. La révolution moderne ne désigne pas seulement une rupture avec l'Antiquité, le Moyen-âge et l'Ancien régime mais définit et inscrit, dans la société, un type d'organisation spécifique. La distinction historique entre les mondes pré-modernes et modernes fixe les bornes de leurs transformations, qu'une distinction entre les sociétés holistes et individualistes complète mais que seule synthétise l'opposition entre les sociétés hétéronomes et autonomes.

Les sociétés qui ont précédé l'avènement d'un ordre démocratique et l'invention de l'individualisme (durant le XVIIIe siècle occidental) étaient simultanément holistes (le Tout prime sur les parties), anhistoriques (l'ordre naturel finalisé est intemporel) et fondées sur une autorité aristocratique ou hiérarchique légitimée par la nature, la religion ou la tradition. Les conceptions pré-modernes du monde étaient fondées sur la primauté d'un cosmos hiérarchisé et naturel sur un homme qui, lui, appartenait de manière indissoluble à un tout qui le dépasse, en même temps qu'il lui donnait sa place dans le cosmos. Les sociétés hétéronomes sont donc des ordres fondés sur une perfection naturelle, le cosmos - plus tard « la mère nature » de Cicéron - conçue comme un être animé, à la fois divin et rationnel. La vision du monde qu'impliquait le rapport de l'homme à la nature fut transposée dans la cité. Platon disait que ce qui se lit en majuscule dans le ciel doit pouvoir se lire en minuscule dans la cité. Les rapports sociaux entre les êtres sont structurés par la famille car, comme le rappelle Aristote, « la cité est par nature antérieure à la famille et à chacun de nous pris individuellement ». L'homme est pris dans des rapports sociaux qui dépendent d'une cosmogonie tissée par un ensemble de rapports qui lui impose situation, place et rôle dans la société (citoyen et esclave, seigneur et serf, homme et femme). Les rapports enchâssés dans une cosmogonie existent indépendamment de la volonté des membres de la communauté : la relation entre les êtres ne dépend pas d'une décision des uns ou des autres (le père, le fils, la mère, la fille, le roi n'ont pas de liberté de décision en dehors des conditions imposées par « l'ordre naturel »). Ce qui n'interdit pas cependant tous les jeux de pouvoir à l'instar du théâtre grec.

Une société hétéronome est donc un ordre politique dans lequel la loi (*nomos*) est donnée à l'homme par quelque chose qui le précède et le dépasse, qui est plus haut que lui mais pris dans un cosmos où tout est immortel et dans lequel « la mortalité devint le cachet de l'existence humaine » (Arendt). L'homme est donc à la recherche du fonctionnement d'un ordre naturel sur lequel fixer sa conduite. La raison du monde est l'ordre cosmologique à imiter pour remplir sa fonction sociale : « l'une des finalités ultimes de la vie humaine sera de trouver sa juste place au sein de l'ordre cosmique » (L.Ferry). L'homme pré-moderne d'une société holiste et hétéronome est enclavé dans un ensemble de relations hiérarchisées - cosmos, tradition, communauté, famille - qui le dépasse en le déterminant sans qu'il ne puisse se définir par lui-même et pour lui-même. Le pré-moderne est l'ère du religieux comme principe structurant de l'organisation sociale par lequel l'homme se dépossède de son pouvoir au nom d'un principe de commandement supérieur et de pensées qui ne naissent pas en lui : « La religion a été primordialement, et jusqu'à une date récente, un mode de structuration des sociétés humaines. C'est-ce que condense la notion d'hétéronomie. La croyance religieuse, dans ce cadre, engage l'organisation collective ; elle est croyance dans l'autre surnaturel qui vous donne votre loi commune d'ailleurs et du dessus » (Gauchet). En effet, entre 1750 et 1850, avec le transfert du temps légitime du passé vers l'avenir, l'ordre du monde ne s'oriente plus du futur vers l'avenir mais à partir des racines du futur de l'expérience collective.

L'avènement, à l'âge historique, d'une société qui se vit, s'organise et se reproduit pour elle-même modifie les ressorts de l'ordre politique. Le monde n'est plus finalisé mais ouvert, son état n'est pas la réalisation de son potentiel mais de celui des individus tournés vers l'avenir. L'autorité des Anciens et en particulier celle de l'*auctoritas* qui permettait de fonder un ordre en faisant dériver toute action politique de l'acte fondateur qui le reliait à sa propre sacralité s'effondre : « La tradition préservait le passé en transmettant d'une génération à la suivante le témoignage des ancêtres, qui les premiers, avaient été les témoins et les créateurs de la fondation sacrée et l'avaient ensuite augmentée par leur autorité à travers les siècles » (Campagna). La destruction de l'ordre ancien par la rationalité et l'avènement de l'individu est le mouvement par lequel la modernité a remplacé ce qu'elle a détruit par une auto-fondation.

Cassirer écrit que la : « *Nature ne désigne pas seulement le domaine de l'existence physique, la réalité (matérielle) dont il faudrait distinguer l'intellectuelle ou la spirituelle. Le terme ne concerne pas des choses mais l'origine et la fondation des vérités. Appartiennent à la nature, sans préjudice de leur contenu, toutes les vérités qui sont susceptibles d'une fondation purement immanente, n'exigeant aucune révélation transcendante, qui sont pour elles-mêmes certaines et évidentes.* »

La vision naturaliste de l'homme s'impose avec les Lumières par la refondation simultanée du rapport à la nature comme du lien social. La raison découvre par elle-même les lois auxquelles elle est soumise. Mais à l'intérieur de ce mouvement se produit une faille qui ne cessera de craqueler le réel humain : la progressive séparation des lois de la nature découvertes par l'esprit humain et instrumentalisée par la technique et les droits de l'homme comme limitation par le Sujet lui-même de son pouvoir instrumental. Rationalité et subjectivation se déchirent au point que la crise de la modernité culminera dans un vide apparent de valeurs qui pensait garantir l'autonomie de la rationalité technique.

Or cette crise de la modernité n'en est pas une car elle est, en réalité, le deuil inaccompli d'une correspondance illusoire entre l'unité de l'être et de la pensée. Crise de l'identité et de la raison sont ainsi le recto et la version d'un même processus de remodelage de la rationalité.

Il ne s'agit en aucun cas d'une crise qui devrait signer l'échec du projet moderne. Au point d'ailleurs, qu'hypermodernité et antimodernité apparaîtront peut-être rétrospectivement comme les expériences limites d'une rationalité qui se remodèle elle-même sous la pression des processus économiques politiques, sociaux, culturels et psychologiques qui en réarticulent les formes. Car il faut tenter de penser l'articulation entre les formes concrètes de l'inscription de la modernité dans l'histoire et les transformations intellectuelles, philosophiques psychologiques et morales de certains de ses effets.

Le processus de recul de la mort décrit par Yonnet en est l'un des chemins les plus pertinents pour ce qui nous occupe. On comprendra mieux le rôle d'un résidu philosophique, intellectuel, et surtout cognitif du mode de raisonnement par analogie qui n'a pas accompli sa mue dans le mouvement historique[59].

Le recul de la mort dans les sociétés occidentales est contemporain de l'avènement d'une société moderne et individualiste. L'analyse de Yonnet repose sur l'imbrication d'une série d'effets à partir d'un phénomène majeur ; le recul de la mortalité infantile et la quasi-disparition de la mort avant quarante ans dans les sociétés occidentales. Alors qu'autour de 1700 la moitié des enfants meurent avant l'âge de dix ans et que la mortalité maternelle est de 11,5 pour mille, les mortalités infantile et maternelle sont respectivement divisées par 59 et 96 entre le milieu du XVIIIe siècle et la fin du XXe siècle. C'est la révolution sanitaire dans les grandes capitales, grâce aux travaux de voirie et d'abduction d'eau, que les premières améliorations ont lieu. Le processus est progressif mais il permet une purification du milieu anaérobie. L'amélioration des conditions sanitaires conduit à une diminution de la mortalité maternelle. A l'époque, un proverbe gascon disait : « femme grosse a un pied dans la fosse » traduisant ainsi le risque élevé de mortalité jusqu'au XVIIe siècle. La nécessité d'engendrer une descendance - mâle dans le cas de la transmission patrimoniale - obligeait à un mariage des filles, à un moment où l'aménorrhée avait le plus de chance de permettre d'enfanter un garçon. C'est donc - compte tenu du ratio fille/garçon et de la nécessité sociale d'engendrer des mâles - parfois sept à huit grossesses qui s'imposaient à une vie de femme. Dès lors que la mortalité infantile diminue, la mortalité maternelle baisse aussi car le nombre de grossesses pour obtenir un enfant mâle viable baisse statistiquement. L'évolution sanitaire et les soins aux enfants produisent une nouvelle baisse de la mortalité infantile jusqu'à ce que l'âge du mariage des filles recule puisqu'il n'est plus nécessaire de les marier tôt afin d'accroître toutes les chances de la reproduction sociale. C'est alors que mécaniquement, l'évolution des mœurs et les

---

[59] Le débat qui eut lieu à Davos en 1929 entre Cassirer et Heidegger portait sur la métaphysique de Kant mais il s'orienta sur une question tout aussi fondamentale : « quelle est la nature de la pensée et le propre de l'homme ? ». La réponse fut symptomatique d'une identification univoque à l'une des deux caractéristiques de la pensée : pour Cassirer le langage est réductible aux formes symboliques alors que pour Heidegger la pensée est ancrée dans l'image et sa perception du temps. Il s'agit d'une réponse dissociée des instances qui font la crise de la modernité : rationalité instrumentale et processus de subjectivation à travers les droits de l'homme. Ce n'est pas leur logique qu'il faut donc appréhender mais l'histoire politique de leurs combinaisons possibles.

revendications permettent une augmentation de l'alphabétisation et de la culture pour les femmes. Révolution sanitaire, recul de la mort, contestations politiques, révolution des comportements, conduisent à une augmentation de l'alphabétisation et à une conscientisation progressive des masses[60]. La question de la quête du sens devient alors un phénomène de masse que le siècle de la presse va structurer.

Mais si la quête du sens n'est pas spécifique à la modernité, elle révèle pour l'individu, à l'âge séculier, d'une absence de socle qui est recherche spécifique d'une sacralité fondatrice face à l'évidence de la mort. Nietzsche le dit à sa façon : « par nous-mêmes, nous autres modernes, nous ne possédons rien du tout. Ce n'est qu'en nous remplissant à l'excès des époques étrangères, de mœurs, d'arts, de philosophies, de religions, de connaissances qui ne sont pas les nôtres, que nous devenons quelque chose qui mérite l'attention, c'est-à-dire des encyclopédies ambulantes ». Dieu est mort affirme-t-il, avant d'ajouter dans *le Gai Savoir* :

« Dieu reste mort ! Et c'est nous qui l'avons tué. Comment nous consoler, nous les meurtriers des meurtriers ? Ce que le monde avait possédé jusqu'alors de plus sacré et de plus puissant a perdu son sang sous nos couteaux ; Qui essuiera ce sang de nos mains ? Quelle eau lustrale pourra jamais nous purifier ? Quelles solennités expiatoires, quels jeux sacrés nous faudra-t-il inventer ? » c'est ainsi que la modernité s'organise autour de la quête non du sens mais de sens dans une société autonome où l'individu est à la recherche d'une loi légitime : « La quête de sens est ainsi avant tout le nœud gordien de la société individualiste : elle la structure en lui échappant sans cesse[61]. »

Le jugement sur la nature de la vérité s'est longtemps cristallisé autour des modalités par lesquelles la raison dans le logos permettait d'éclairer le sens de la vie. Avec le christianisme, les Pères de l'Eglise ont creusé le sillon de l'adéquation entre l'entendement et le réel dont la force était garantie par Dieu lui-même. Ordre et vérité ne pouvaient donc entrer en contradiction. Avec la modernité et Descartes, la question des critères de jugement s'est métamorphosée. Le doute hyperbolique de Descartes en est la traduction autant que la cause. Je

---

[60] A partir d'un taux d'alphabétisation des hommes de 70 % et de 50 % des femmes, les révolutions deviennent probables.
[61] « La normalisation et l'objectivation de l'homme produisent le Soi, tandis que le Je se constitue par résistance à des centres de pouvoir perçus comme répressifs » écrit Touraine.

peux douter de tout sauf du doute lui-même. L'hypothèse d'un Dieu malin comme celle d'une illusion extérieure sont écrasées par la force de gravité du doute hyperbolique au prix d'un renversement qui est le dévoilement, à l'intérieur du logos, du paradoxe d'un corps percevant et perçu. Il n'y a pas de causalité entre le « je pense » et le « je suis » ; c'est par le même mouvement que la pensée saisit le fait d'exister et de penser. La traduction de la formule *Cogito ergo sum* n'est pas « Je pense donc je suis » mais « je-pense-je-suis ». Du même mouvement par lequel je pense, j'affirme mon existence. Au creux symbolique du cogito, le *thymos* platonicien comme désir de reconnaissance s'enroule autour d'un raisonnement analogique qui ouvre sur une contradiction. Et c'est la principale conséquence qui hante encore la philosophie occidentale : si l'être n'existe que dès lors qu'il est connu - un être à la fois percevant et perçu par sa conscience - qu'en est-il de l'existence de l'autre ? Faire reposer le concept d'existence sur la souveraineté du moi ouvre une guerre des consciences dont Hegel va s'emparer en déroulant jusqu'à son terme les conséquences de la dialectique du maître et de l'esclave. Ce sera pour tout le XXe siècle le cycle des apories dans la dialectique du Même et de l'Autre. Dès lors que la question de l'adéquation entre le jugement de réalité et le jugement de vérité n'est plus au centre de la raison occidentale on peut non seulement croire à une distinction entre fait et interprétation mais aussi à la possibilité épistémologique d'un énoncé logique qui serait parfaitement démontré sans pour autant être vrai. C'est là que gît la crise de la science européenne.

Mais du côté de la métaphysique la faiblesse de l'argumentaire des deux côtés de l'ontologie idéaliste et réaliste se révèle. Idéalisme et Réalisme apparaissent comme deux conceptions qui font le deuil en miroir des conditions de possibilité de la connaissance. L'Idéalisme soutient que le fondement de la connaissance c'est *l'être comme être connu* alors que le réalisme prend pour base *l'intuition de l'être en tant qu'être*.

L'idéalisme est donc en proie évidente au solipsisme : si *être c'est être connu* alors la conscience n'est qu'un maillon dans le système de jugement d'existence du moi. La pluralité des consciences ou la simple existence d'une seconde conscience, détruit l'hypothèse idéaliste car il n'est plus possible de savoir « si l'être connu de la seconde conscience est la connaissance de la première conscience ou bien si c'est la connaissance qu'elle a d'elle-même ». Même une conscience qui adhère au principe de l'Idéalisme ne peut abdiquer sa suprématie faute de se nier elle-même. L'aporie est ici identique à la pseudo-démonstration de l'existence de Dieu selon Saint-Anselme dans un monde pré-moderne : « Dieu est parfait. Un Dieu qui n'existe pas serait imparfait. Donc Dieu existe ». La solution alternative, qui fut la réponse moderniste qu'illustre la stratégie de Kirilov consistant à se suicider pour démontrer à Dieu qu'il n'existe pas, dit bien les termes identiques de la contradiction symétrique qui tiraille les deux ontologies. Les consciences de la faction idéaliste et de la faction réaliste sont des concurrents d'un même trône dit Descombes.

Le Réalisme quant à lui se contente de nier la question du fondement en supposant comme acquis, de l'intérieur même de la position réaliste, c'est-à-dire *de l'intuition de l'être en tant qu'être*, l'équivalence des consciences face au perçu-percevant. Toutes les consciences ont une perception grosso modo identique du réel et celles qui ne le sont pas délimitent le partage d'une ligne rouge irrationnelle. Ce qui bien sûr est indémontrable. Que nous dit l'histoire de la psychiatrie en distinguant non pas folie et raison mais folie fonctionnelle et folie non-fonctionnelle sinon que le psychiatre est sain d'esprit puisqu'il définit sa propre conception d'un réel « politiquement correct » ?

Mais pour saisir la nature du problème encore faut-il comprendre le caractère symétrique et inverse de l'aporie à laquelle Idéalisme et Réalisme tentent de donner une forme. Le problème consiste à donner un fondement certain à la raison afin de produire un raisonnement irréfutable. Dans l'ère culturelle anglo-saxonne la solution est bouclée avec un empirisme dont le fondement consiste, par principe, à ne pas poser la question et la tradition à tenir le conséquentialisme comme l'oméga de la philosophie. Pourquoi s'interroger sur des concepts puisque les conséquences dans le réel sont les mêmes ? En revanche, les apories auxquelles mènent Idéalisme et Réalisme masquent la recherche commune de condition de possibilité de la connaissance perçue en termes de contenu : transcendance et immanence sont les fantômes enchaînés de cet enjeu. Or ces contradictions s'effacent si on cherche à comprendre en quoi la limite de la connaissance est scellée par ses propres conditions de possibilité. Mais sans analyse des conditions historiques du basculement de l'animalité à l'humanité, cette compréhension est littéralement impossible. Quel est donc le point de jonction des deux apories auxquels Idéalisme et Réalisme font face de chaque côté de la problématique ? D'un côté l'Idéalisme doit, soit renoncer à toute autre connaissance que celle d'un moi solitaire, soit concéder l'impossibilité de distinguer conscience de soi et conscience d'autrui. De l'autre, le Réalisme affirme le passage du cogito au cogitamus dans la résolution illusoire de l'opposition des consciences perçues et percevantes.

Le caractère symétrique des deux apories souffle une solution qui ne résout pas le problème définitivement mais lui offre une voie de passage au sens ou le but est un chemin : le fonctionnement analogique de la conscience explique la nature même des contradictions insolubles de l'Idéalisme et du Réalisme dont on ne sort qu'en supposant qu'il est l'aporie commune à l'entendement humain.

En effet, l'Idéalisme est avant tout une philosophie dualiste qui pose en ses racines mêmes l'existence d'une transcendance. Quelle que soit la définition de la transcendance celle-ci suppose - Dieu ou mobile éternité - l'existence d'une réalité radicalement extérieure au monde à laquelle on n'a jamais accès. Altérité radicale du Même et de l'Autre. A l'inverse le Réalisme suppose que l'immanence est la seule réalité, la forme ultime du réel à l'exclusion de toute autre forme de réalité lui donnant du sens. Le Même et l'Autre échangent leurs manteaux illusoires ; lorsque les questions de l'irrationalité politique et de l'idéologie se poseront, plus personne n'échappera à la question de la théologie politique et d'une sortie hypothétique de l'histoire par l'apocalypse ou « la fin de l'histoire ». C'est cette permanence du fonctionnement analogique du cerveau qui explique le remodelage de la croyance des religions monothéistes vers des religions séculières sous la pression des forces historiques et en particulier avec la guerre de 14 : « *La mobilisation totale, le combat paroxystique, la mort de masse ont constitué autant d'épreuves initiatiques qui ont bouleversé le champ du croyable et ouvert de nouveaux territoires à l'expérience interne. Le Phénomène (...) est le fait d'une phase bien déterminée du processus de sortie de la religion où la structuration religieuse conserve une emprise suffisamment forte au sein du gouvernement collectif pour demeurer la référence obligée dans l'esprit des acteurs* » écrit Gauchet.

La religion qui sacralise l'ordre terrestre s'est substituée à un ordre terrestre qui fonde une religion séculière en se hissant à hauteur de la transcendance. La description de l'inversion des pôles entre immanence et transcendance dans le processus de justification de l'ordre du monde est ici marquée au sceau d'un remodelage de la raison. Or ces apories conduisent par défaut à l'hypothèse selon laquelle immanence et transcendance sont deux mises en forme possibles de l'analogie. Autrement dit immanence et transcendance ne sont que deux modalités de la pensée humaine qui correspondent à deux rationalités complémentaires à l'intérieur du langage. On comprend pourquoi l'articulation entre animalité et conscience est ici centrale. Un raisonnement par analogie qui fonctionne par un jeu de relation réglé par la dialectique du Même et de l'Autre ne peut que produire des apories symétriques selon le point de départ : Idéalisme ou Réalisme. Et ce qui en explique la nature c'est la forme historique qu'elle prit avec l'avènement de la conscience.

Le passage de l'animalité à l'humanité est donc essentiel car il se produit par un effet de saturation du mimétisme animal qui permet aux propriétés émergentes de la conscience de s'enrouler autour d'un symbolisme en miroir. Le mimétisme crée, au sens de Girard, une rivalité mimétique source de violence. C'est ce mimétisme qui soude les consciences dans une rivalité mimétique puis analogique lorsque le conflit est résolu. Les institutions sont le produit d'un bouc émissaire dont le meurtre ritualisé, réel ou symbolique, permet de focaliser la violence sur une seule victime tout en l'expulsant dans un espace sacré. La quête sublime de Girard des origines des systèmes signifiants pour laquelle le secret de l'homme est dans le religieux, permet de se déprendre des formes symboliques - l'opposition entre idéalisme et réalisme - qui nous engluent. Pourtant distinguant l'imitation humaine et le mimétisme animal, Girard ne semble pas voir dans la rivalité mimétique autre chose que l'expression d'une violence d'appropriation dont l'origine est dans l'imitation mutuelle des antagonismes. L'interdit, le tabou permettent de ritualiser le risque de contamination de la violence. Or tout le problème philosophique réel se concentre sur le basculement de l'animalité à l'humanité dans le processus même de mimétisme au carré qui est la forme par laquelle, de l'intérieur de la dialectique symbolique propre au langage, l'émergence de la conscience s'actualise. Ce ne sont pas seulement les propriétés neurologiques du cerveau qui expliquent la conscience, ce sont les propriétés de la structure analogique qui émergent comme forme symbolique du rapport au monde qui en rendent compte. La conscience est réflexivité et la réflexivité est effet de l'analogie parce que l'analogie est dépassement du mimétisme par saturation de la boucle symbolique *dans* le langage. Le secret du déchiffrement du monde est qu'il n'y a rien à déchiffrer. Le secret est qu'il n'y a pas de secret : nous sommes tourneboulés par la boule de neige qui nous emporte dans nos émotions. Les portes du ciel s'ouvrent dans notre esprit : nous ne cherchons pas des mondes nouveaux mais des miroirs qui activent les potentialités de l'analogie. Les neurones miroirs n'en sont que les chariots de feu.

Autrement dit l'analogie se perçoit pour chacun *par analogie*. C'est la forme analogique du raisonnement qui « résout » - non, mieux explique - les contradictions internes à l'Idéalisme et au Réalisme. C'est aussi le raisonnement par analogie qui explique le principe de régression que produit une argumentation sans fin - au sens où aucun argument n'étant décisif chacun s'enferme dans sa logique - entre Idéalistes et Réalistes comme si l'histoire avait placé les plus intelligents d'un seul côté de la barrière. Nous cherchons une solution à la forme d'un problème déjà résolu - imparfaitement certes, d'où les deux Wittgenstein - par le langage. En ce sens, l'analogie exprime aussi la nature du moi : une subjectivité qui s'enracine dans la part impersonnelle de la conscience. Ultime conséquence : l'analogie n'est pas « un rapport de rapport » abstrait qui git dans le cerveau ; c'est une forme symbolique qui fonctionne avec des perceptions. Les sensations se correspondent entre elles et les cinq sens se réfléchissent dans la forme analogique de la conscience. Sans perceptions, l'analogie tourne à vide et, au seuil de la porte de l'impersonnel, ouvre la voie à la folie. Il n'y a donc d'identité ou de différence que dans la relation analogique que l'espèce humaine entretient avec le monde.

C'est l'analogie qui engendre la relation de l'homme à la connaissance c'est-à-dire la catégorisation du réel. L'analogie est comme une lave volcanique sous-marine qui se cristallise au contact de l'eau dans ses formes culturelles. L'analogie est aussi simulacre à l'intérieur du langage. Elle permet de penser l'être et le non-être par un jeu de différences et de ressemblances, d'identité et de répétition, ce jeu dialectique par lequel le Même et l'Autre sont réglés par la néantisation. Seul l'analogie permet simultanément d'affirmer l'existence du néant et de nier l'existence d'un réel, fut-il celui d'autrui. La conscience est une machine analogique qui néantise un rapport après l'autre : néantisation et création sont le recto et le verso d'une même feuille. C'est aussi la part de ténèbres de l'analogie que les institutions humaines doivent apprendre à contrôler : le mimétisme survit dans l'analogie. Et la forme que prend la survie du mimétisme à l'intérieur du langage est la pulsion identitaire. C'est le débat virtuel entre Hobbes et Rousseau : l'humanité est-elle enracinement ou arrachement à la nature humaine ?

Humaine nature ou nature humaine ? Zoon politikon ou bête sauvage enchaînée par la loi ? Barbarie fondamentale ou rédemption laïque ? Quelle conséquence alors pour une Histoire de la vérité ? Soit on se convainc que le progrès permet de comprendre que le faux est un moment du vrai c'est-à-dire que la conscience analogique fonctionne par une sélection naturelle du balbutiement des solutions. Soit on affirme une perspective relativiste dans laquelle le vrai n'est ni plus ni moins que le moment vrai d'une expérience idiosyncrasique. Une fois énoncées clairement, les deux conceptions s'avèrent plus que compatibles entre elles. A condition de dire que le finalisme de la première peut engendrer un épuisement du réel et son appauvrissement : la réduction du réel à une raison calculatoire produite par la sélection naturelle de la rationalité la plus efficace. Tout en soulignant que l'affirmation du relativisme radical de la seconde peut générer un autisme autodestructeur : l'illusion par exemple que les philosophies du Multiple sont moins susceptibles de barbarie que les ontologies de l'Un. Faut-il être cruel et rappeler la nature des goulags et des laogaïs ? C'est dans ce cadre conceptuel que prendra corps la réalité prochaine qui succédera à ce que nous nommons aujourd'hui totalitarisme et qui n'est que l'une des formes pathologiques de l'analogie : la pulsion identitaire.

L'expulsion progressive de l'analogie du champ de la réalité et son remplacement par l'idée de cause dès le XVIIè siècle ont rendu possible la confusion entre la réalité et son modèle. Elle est le processus central qui explique la phase terminale de la crise économique actuelle. Le raisonnement par analogie n'a pas disparu de la scène intellectuelle. Son principe s'est transformé, modifié sous le coup d'aménagements successifs de la pensée rationnelle. Il faut donc renverser la perspective pour faire de l'analogie la forme spontanée de l'être au monde non comme forme d'une ontologie mais de son contraire : une forme infiniment modelable au fur et à mesure que la culture et la science restructurent l'anthropocène.

Mais la démonstration du remodelage du sacré des religions monothéistes vers des religions séculières n'en serait pas une sans une généalogie de cette forme de quatrième monothéisme que fut la religion du Progrès[62].

---

[62] Sans concept, il ne peut y avoir de pensée qui est alors réduite à de simples idées vagues et générales. Mais sans analogie, pas de concepts : « Chaque concept qui est présent dans notre esprit doit son existence à une immense suite d'analogies élaborées inconsciemment au fil du temps » écrivent Hofstadter et Sanders qui présente l'analogisation comme la faculté humaine à la racine de nos concepts. Chaque sens d'un mot constitue un gouffre sans fond. Il faut distinguer les concepts simples - théière, lettre « A », table et les concepts spécialisés comme *nombre premier* ou *ADN* « pour lesquels il existe un nombre d'exemplaires sans bornes » mais un contenu commun « facile à spécifier sans ambigüité ». Chaque langue construit des catégories de mots par ressemblance entre des réalités communes ou des familles « d'actions » qui réunissent entre elles des relations entre les êtres et les choses au sein de l'éventail de concepts auxquels chaque langue donne accès. L'analogie permet de ranger le réel avec des mots qui définissent les frontières entre des myriades de catégories dans notre esprit. L'analogie est le moteur de la cognition qui catégorise le réel : « les êtres humains nagent de manière ininterrompue dans une mer d'analogies ». L'inférence est l'apport d'une nouvelle information qui s'active, par analogie, dans notre cerveau, qu'elle soit vraie ou fausse. Nietzsche semble avoir vu juste : la vérité est « une armée mobile de métaphores ». C'est contre l'avalanche d'analogies que veut lutter Bachelard pour épurer la science des images et des métaphores qui l'obscurcissent. Il est possible que dans ce cas, le travail scientifique consiste à distinguer les analogies poétiques et les analogies isomorphes qui contiennent toujours déjà le rapport analogique au monde de l'espèce humaine.

CHAPITRE IX
LA RELIGION DU PROGRÈS EST-ELLE UN QUATRIÈME MONOTHÉISME ?

Une généalogie du « projet de la modernité » (Habermas) ne peut se réduire à un collier de perles composé de citations reliées entre elles par des génies éponymes : Descartes, Bacon et Galilée. Car si la modernité inverse la relation de l'homme à la nature par une visée qui consiste à « devenir maître et possesseur de la nature » elle est aussi la forme de l'émancipation de l'homme qui se refuse à recevoir sa loi d'une autorité extérieure. Elle pose donc radicalement la question de l'articulation entre une raison instrumentale sans limites et l'identité de celui qui se donne à lui-même sa propre loi. Les critiques de la modernité ont trouvé dans cette apparente aporie le lieu même de sa formulation. Et le XXe siècle leur a donné de quoi s'alimenter en crimes, tragédies et autres ignominies dont l'espèce humaine est coutumière et censée démontrer les contradictions indépassables entre religion du Progrès et réalité historique. Car la modernité a historiquement pris la forme du progrès, d'une religion du Progrès dont elle fut la garante autant que la marque de fabrique. C'est donc à travers une généalogie de l'idée de Progrès que la question de la légitimité du projet moderne se pose aussi.

Le *Prométhée enchaîné* d'Eschyle suffit à comprendre que le Progrès ne fut pas une invention linéaire qui permettrait, selon Herder, de faire de l'histoire des idées la clé de l'histoire des actes : « *Ils faisaient tout sans recourir à la raison jusqu'au moment où je leur appris la science* ». Le concept de progrès ne s'est pas formé en passant de l'intuition des floraisons antiques à la théorisation des philosophes des Lumières sans s'être chargé positivement de la révolution scientifique du XVIIe siècle qui aurait tout aussi bien pu « demeurer idéologiquement stérile sans les transformations religieuses et philosophiques de la seconde moitié du siècle » (Rouvillois)

Par rapport aux textes religieux, le projet moderne se charge de commandements et d'images qui permettront au Christianisme d'être « une religion de sortie de la religion » (Gauchet).

La première étape de cette mutation est décrite par Cohn dans *Cosmos, chaos et le monde qui vient* : « Jusqu'aux environs de 1500 avant J.C, des peuples aussi divers que les Egyptiens, les Sumériens, les Indo-iraniens et leurs descendants indiens et iraniens, les

Cananéens, les Israélites avant l'Exil, s'accordaient tous sur le fait qu'au commencement, le monde avait été ordonné, mis en marche, par un ou plusieurs dieux, et que ce principe était globalement immuable. »

Cohn montre qu'entre 1500 et 1200 avant J.C, Zoroastre brisa cette vision du monde statique et anxieuse en réinterprétant la version iranienne du mythe du combat. Pour Zoroastre, le monde n'était plus statique et ne devait en aucune manière connaître des troubles perpétuels. Cette espérance millénariste exerça une profonde influence sur certains cercles juifs, comme en témoignent certaines apocalypses et certains écrits trouvés à Qumran.

L'Ancien Testament est ainsi marqué non seulement par l'injonction adressée aux hommes de dominer plantes et animaux (Genèse) comme le Nouveau testament commande, avec Paul (Epitre aux Romains) l'émancipation mais aussi par la vision d'une apocalypse de rédemption (Brague). Stoïcisme et christianisme formuleront l'idée d'une dignité de l'homme au nom de laquelle, le projet moderne attribuera la capacité de protester contre un état de fait où elle est contrariée. L'invention de l'écriture et de l'Etat renforceront progressivement ce processus de territorialisation de la domination. L'homme devient propriétaire non de la création mais de la réalité d'un monde immanent. Le règne de l'homme n'est plus le produit d'une intervention divine : l'humain ne cherche plus à s'élever dans l'échelle des êtres mais à dominer la nature par une maîtrise de soi[63]. L'homme devient selon l'expression de Grégoire de Nysse « fils de ses œuvres ». La maîtrise du corps et de l'esprit s'accompagne d'une volonté de dominer et en premier lieu de dominer sa peur en contrôlant l'espace réel et symbolique qui l'entoure. La modernité est un projet de construction créatrice et non simplement de maitrise de soi comme ce fut le cas pour l'antiquité et les périodes qui suivirent.

Vico exprime l'intuition de la modernité par une formule : « le vrai et le fait sont convertibles (…) Nous démontrerons les vérités géométriques parce que nous les faisons ; si nous pouvions démontrer les vérités physiques nous les ferions. » L'intelligence artificielle est déjà présente dans ce projet prométhéen. La singularité de l'homme n'est plus dans une supériorité accordée par Dieu ou dans une supériorité possédée d'emblée comme dans le paganisme mais une

---

[63] R. BRAGUE, *Le règne de l'homme*, Gallimard, 2015.

supériorité dynamique par laquelle « l'homme prend le contrôle de ce qui n'est pas lui » (Brague).

La « vita activa » s'affirme par rapport à la « vita comtemplativa » (Arendt) dans un processus clairement exposé par Garin, où, dès la Renaissance, « le rapport entre théorie et pratique » remplace celui « entre théorie et poétique ». L'inventivité technique et l'action humaine sur le monde peuvent s'adosser l'une à l'autre. Tant que les deux concepts étaient dissociés « la capacité de transformation de l'homme ne jouait que selon l'axe vertical où s'étagent les créatures rationnelles et laissaient en dehors le rapport à la nature » (Brague). Désormais le projet moderne peut conquérir le monde non par la magie mais par la technique. La puissance de feu de la transformation du monde par l'Homme s'est émancipée d'une soumission à Dieu avant de reprendre les objectifs de la magie (une maîtrise des forces de la nature) par les moyens de la technique. C'est la deuxième étape de l'invention de la religion du Progrès. L'application du savoir scientifique à des fins pratiques sera celle de la théologie blanche de Descartes comme celle de Bacon. Avec les Temps modernes la question de la transformation du monde devient celle de la magie naturelle : le but est la connaissance des causes et l'extension du règne de la domination sapiens. Le savoir est en vue de la puissance dira Hobbes. L'idée d'anthropocène est née. Mais c'est au XVIIIe siècle que l'idée de Progrès se fait religion.

La troisième étape est décisive car le projet moderne puise aussi sa force d'attractivité dans une inversion des principes religieux et en particulier celui de la Chute. Il ne s'agit pas simplement d'une domination de la nature par des moyens techniques en vue d'une amélioration de la condition de l'homme mais d'une inversion de la perte de pouvoir et de souveraineté de l'homme avant la Chute. La doctrine du péché originel fait partie de ces obstacles qui interdisent à l'Idée de Progrès d'insuffler sa force au projet moderne. Les Lumières lui donnent ses lettres de noblesse. Rousseau écrit : « Les premiers mouvements de la nature sont toujours droits ; il n'y a point de perversité dans le cœur humain »[64]. Voltaire souligne alors pourquoi la dignité de l'homme est le contraire de sa déchéance puisque le péché l'a rendu capable de raison. Le pouvoir religieux pourra toujours démontrer que la Chute n'a de sens que par rapport à la Rédemption, l'ordre en sera ainsi définitivement inversé. Le Progrès se moule dans

---

[64] F. ROUVILOIS, *L'invention du Progrès*, CNRS édition, 2010.

la matrice inverse de la Chute : la réalisation d'un Bien dans l'avenir et non plus la Rédemption d'un mal originel. La conquête de la nature n'est plus une possibilité ou un droit mais bien la condition pour être un homme libre. C'est l'homme qui par sa raison oriente le réel par une maitrise de la matière. Le pragmatisme devient le critère du vrai et une application de la raison au logos du monde. Rabaut Saint-Etienne le dira avec toute la Révolution française : « Notre histoire n'est pas un code ».

Pour autant, la critique de la religion du progrès fut contemporaine de son élaboration. Mais c'est au XXe siècle que son processus se radicalisa. Auschwitz et Hiroshima sont les noms dont la critique de la modernité use pour baptiser le siècle de l'ignominie et de la promesse trahie des Lumières. « En se chargeant de significations imaginaires, le futur, forme vide du temps abstrait se donnait comme avenir, à la fois explorable comme un champ de possible et désirable comme un ensemble de promesses. (…) En guise d'autonomie, c'est l'anomie qui s'est installée partout » écrit Taguieff dans *L'effacement de l'avenir*. La décomposition de la religion du Progrès (Cournot) a produit « un présent perpétuel sans passé ni avenir » (Orwell), une sorte de « mauvais infini » (Hegel), « un désespoir de l'absence d'espoir » (Aron). Le diagnostic de Valery sur les civilisations mortelles est usé à force d'être ressassé mais il est encore quelque chose de plus que l'écho de « la destruction de la raison » de Lukács. Les contre-modernes qui critiquent les effets pervers de la modernité sans en remettre en cause les fondements fusionnent alors leurs arguments avec les antimodernes qui eux veulent revenir sur la bifurcation opérée par la révolution moderne. Léo Strauss voit dans la barbarie du XXe siècle la raison du déclin de la religion du Progrès entrée en dystopie alors que Jonas fait de la technique « une puissance d'apocalypse » là où Anders décrit « l'obsolescence de l'homme ». La litanie des concepts qui décryptent un processus de régression spécifique à la modernité est celle d'un progrès vers plus de souffrance (le *1984* d'Orwell) ingrat aux solutions comme aux opportunités de la technique et du processus d'individualisation. Dès le XIXe siècle, le jugement est sans appel, de la « banqueroute de la doctrine du Progrès » de Renouvier à la « banqueroute de la science » de Brunetière. La maladie du Progrès conduit même à « l'impuissance de vivre » (Ehrenberg). Pfaff renouvelle l'avis de décès : « La religion du Progrès est bien morte. Nous voici agnostiques en matière d'avenir ». La formule de Condorcet selon laquelle « Les progrès de la vertu ont toujours accompagné ceux des lumières » n'est plus citée qu'au second degré comme alibi avant de révéler son antithèse pessimiste. Weber ne voyait-il pas venir « une servitude de l'avenir » faite « de techniciens sans âmes » et « de jouisseurs sans cœur » ? Nous ne sommes plus loin des eaux glacées du calcul égoïste de Marx. Le mouvement sans direction fait dire à Ellul que « nous sommes partis à une vitesse sans cesse croissante vers nulle part ». La fatigue d'être soi et le conformisme généralisé « des créatures en quête de structures » (Gould) deviennent la question centrale de la psychologie. La fin des grands récits est aussi la forme de la défaillance de la modernité (Lyotard). Nietzsche avait déjà décrit « la décomposition dans l'incertitude de l'époque moderne ». La sacralisation de l'inachèvement (Taguieff) n'achève ni n'épuise la formulation éternellement recommencée de la dénonciation des erreurs de la religion du Progrès mais surtout de la religion du progrès comme erreur. Taylor décrit « un monde où les horizons de significations reculent » car la quête d'authenticité de l'individualisme planétaire ne conduit qu'à une désinstitutionnalisation (Castel et Théry). Mais la critique est aussi celle d'un métissage qui fait sortir l'humanité de son destin. La religion du Progrès est ravalée à une gnose qui a échoué, une religion séculière, certes, mais dont la destinée est morbide. Lefort résume clairement la vague nauséeuse qui inonde le marché des idées au XXe siècle : « du point de vue politique, le procès de la modernité est le procès de la démocratie ». Le progrès est illusion (Baudelaire), décadence (Spengler) et désespoir (tous les autres). Le retour de Berdiaef est sur toutes les lèvres pour qui le progrès est « une divinisation du futur aux dépens du passé. » Retour de Berdiaef comme de Lapouge : « De tous côtés, ce n'est que chute dans le néant ». Une forme de poursuite de l'impossible à travers l'inutile dirait Tarde. D'ailleurs, la religion du Progrès n'est-elle pas aussi née des hérésies, n'est-elle au fond rien d'autre qu'une eschatologie inversée et sécularisée ?

L'anthologie critique de la religion du Progrès est un atlas des ténèbres, l'histoire d'une conversion du Bien en son contraire, la longue déchéance d'un principe philosophique qui s'est suicidé devant les yeux écarquillés de ses adeptes. Colonisations, violences, crimes de masse, cataclysmes, état de guerre, tortures, destructions environnementales… Qui le conteste ? Qui peut le nier ? Et pourtant ? Qui dira la part de violence et de barbarie propre à l'espèce humaine et irréductible à sa nature ? Qui dira la démocratisation des vices et des vertus ? Qui dira l'avènement d'une idéologie démocratique à laquelle les égos adhèrent par défaut et dont la critique est plus proche du narcissisme des petites différences que du sérieux tragique de l'idéologie ? Qui dira le blocage de la sélection naturelle ? Qui dira les progrès de la médecine ? Le recul de l'âge de la mort ? Qui dira l'insatisfaction due à l'après-coup des rêves réalisés mais épuisés ? Qui dira l'incapacité à assumer sa liberté ? Qui dira la généralisation des secondes chances ? La critique de la religion du Progrès grimée en dystopie est aussi l'idéologie du simplisme qu'elle est censée dénoncer.

Il reste l'insupportable et l'impossible. Auschwitz et Hiroshima. La barbarie et les silences. Mais retournées en leur vérité, ces ignominies signent la nécessité d'une religion civile pour laquelle la vie est sacrée et qui soit elle-même adossée à une religion du Progrès.

La religion du Progrès dont les antimodernes nous disent non seulement qu'elle est en crise mais aussi qu'elle signe l'échec de la modernité ne semble pas avoir accepté sa puissance : elle est une théologie de l'expérience et de l'expérimentation.

C'est tellement vrai que :

1- les critiques de la religion du progrès sont faites dans la langue de la modernité comme grammaire universelle des formes. Les contre-modernes qui se vivent comme des rebelles antimodernes ont réécrit l'histoire de la tradition à l'intérieur d'une société démocratique qui le leur a permis (liberté d'expression, de culte, de circulation et d'entreprise) ;

2- La position des antimodernes suppose comme acquis toutes les avancées de la modernité (libertés fondamentales, individualisme juridique, Droits de l'Homme) ne soulignant que les abus liés à une éducation fragilisée par la désymbolisassion transitoire qui travaille le basculement de sociétés individualistes dans lesquelles persistent comme une peau morte des résidus de tribalisme et de communautarisme ;

3- Critique renouvelée des antimodernes dans une société individualiste où le programme moderne étant réalisé dans ses institutions (droit de vote universel, constitution, séparation des pouvoirs), les véritables progrès passent par le temps long de l'éducation de la culture et de l'innovation ;

4- Sans compter que dans les sociétés holistes, le mouvement rapide du changement, relayé par les moyens de communication accroit la radicalité des tensions durant la période de transition vers la modernité créant des effets miroirs destructeurs dans les relations internationales ;

5- Enfin ce retour du refoulé conduit les antimodernes à attribuer au système les effets de la nature humaine, corps de la doctrine réactionnaire. Ce n'est pas la transcendance qui fondait la stabilité de l'ordre ancien mais sa violence institutionnalisée.

Mais au fond, ces antimodernes tombent sous la coupe de Tocqueville qui dans la seconde partie de ses *Souvenirs* écrit :

« Je hais pour ma part ces systèmes absolus qui font dépendre tous les évènements de l'histoire de grandes causes premières se liant les unes les autres par une chaîne fatale et qui suppriment, pour ainsi dire, les hommes de l'histoire du genre humain. Je les trouve étroits dans leur prétendue grandeur, fausse sous leur air de vérité mathématique. Je crois, n'en déplaise aux écrivains qui ont inventé ces sublimes théories pour nourrir leur vanité et faciliter leur travail, que beaucoup de faits historiques importants ne sauraient être expliqués que par des circonstances accidentelles et que beaucoup d'autres restent inexplicables ; qu'enfin le hasard ou plutôt cet enchevêtrement de causes secondes que nous appelons ainsi faute de savoir les démêler, entre pour beaucoup dans tout ce que nous voyons du théâtre du monde. Mais je crois fermement que le hasard n'y fait rien qui ne soit préparé à l'avance. Les faits antérieurs, la nature des institutions, le tour des esprits, l'état des mœurs sont les matériaux avec lesquels il compose ces impromptus qui nous étonnent et nous effraient. »

Gauchet a raison pour qui la démocratie retourne parfois contre elle-même ses propres principes. C'est d'autant plus vrai que le cycle de l'émancipation s'achève et que s'ouvre celui de la liberté comme forme historique de l'invention de soi. Mais faut-il croire au sérieux de l'intention des antimodernes ?

CHAPITRE X
LES ORIGINES HERMÉNEUTIQUES DE LA SCIENCE MODERNE

Il reste cependant à soulever une question d'histoire liée aux systèmes de pensée. Le processus du raisonnement réduit à un calcul combinatoire pose le problème de la part résiduelle, de la perte, induit par un langage artificiel. Les langues naturelles sont marquées par l'ambivalence, l'ambigüité, les fausses inférences, une part métaphorique que cherche à évacuer, contrôler, modifier la rationalité codifiée. Ces langues sont des langues écrites qui ont un support matériel. Peut-on identifier un point de basculement identique de la langue orale ancrée dans le son vers l'écriture puis de l'écrit vers l'algorithme ? Autrement dit c'est la formation de l'esprit moderne qui doit ici être analysée : « *Comment l'écriture du calcul combinatoire via les algorithmes a-t-il restructuré la conscience humaine ?* »

L'exploration à l'ère électronique crée une sensation de simultanéité dans le temps et l'espace, ce que Walter Ong nomme l'oralité secondaire, celle de la radio, de la télévision ou de l'internet par opposition à l'oralité primaire des civilisations vierges de toute écriture.[65] Ong écrit à propos du fonctionnement de la mnémotechnique c'est-à-dire des méthodes de mémorisation : « Le nouveau moyen de stocker du savoir ne consistait plus en formules mnémotechniques mais en textes écrits, ce qui, libérant l'esprit, le disposait à d'autres réflexions plus originales, plus abstraites ». Aussi, l'exemple de l'Iliade illustre-t-il le processus par lequel, à l'époque de Platon (autour du IVe siècle avant J.C), il y eut une intériorisation de l'écriture par les Grecs, des siècles après l'invention de l'alphabet grec lui-même (autour de 730 avant J.C). Le passage entre pensée magique et pensée scientifique, prélogique et logique, pensée sauvage et pensée domestiquée semble donc relever d'une intériorisation de l'abstraction par l'alphabet. Hovelock attribue celle-ci à l'introduction, dans l'alphabet grec, de voyelles qui complètent l'alphabet antérieur composé de consonnes et semi-voyelles. « En introduisant les voyelles, les Grecs ont atteint un niveau inédit de codage visuel abstrait et analytique de l'insaisissable monde du son » ajoute Ong. Sans écriture, les mots n'ont pas de présence visuelle : le savoir

---

[65] W.J ONG, *Oralité et écriture*, Les Belles lettres, 2014. Cf pour l'opinion contraire selon laquelle l'écriture est première, J. DERRIDA, *La voix et le phénomène*, PUF.

conceptuel disparait non parce qu'il n'est pas formulé mais parce qu'il n'est pas répété. L'écriture personnellement intériorisée affecte les mécanismes de la pensée en rendant possible l'élaboration de l'enchainement de causes complexes. Avec l'écriture, la répétition de la causalité devient catégorie. Mais comment le devient-elle ?

La culture de l'écrit produit une oralité plus consciente d'elle-même qui permit les examens rétrospectifs et les rectifications[66]. L'imprimerie, les dictionnaires, les index, le développement du Ramisme renforceront le processus. Mais c'est avec l'invention des arts de la mémoire que s'organise peut-être, à la jonction de la Renaissance et du XVIIe siècle, une évolution majeure pour ce qui deviendra la raison calculatoire.

Les Grecs inventèrent un art de la mémoire qui incorpore l'écrit à l'oral ; une écriture intérieure naît alors et qui permet de se représenter les lieux et les images mentalement. Simonide de Céos en décrit les formes, qui deviennent une doctrine au Moyen-âge avant de passer chez les penseurs occultistes de la Renaissance. Bacon, Descartes et Leibniz s'en emparent tout en éliminant la dimension occulte pour ne conserver que la méthode qui permet de nouer art de la mémoire et logique combinatoire. Former l'image d'un lieu et y déposer des choses qui en conservent leur ordre « naturel » est le principe même de l'art de la mémoire : « il convient de mettre dans les lieux, les images de la même façon qu'il faut mettre sur les feuilles de papier les lettres de l'alphabet. » La mémorisation mnémotechnique est par exemple utilisée par Quintilien qui se représente une cathédrale où il entrepose mentalement ses idées. Elle permet de réciter de très longs discours à condition d'en suivre les règles. La ressemblance des sons fait ici écho, à l'oral, à la ressemblance des images : les lieux décrits mentalement suscitent des associations qui, dans l'esprit, prennent la forme d'alphabets visuels. Cet art de la mémoire passe par Rome où il est transmis avant d'innerver la tradition occidentale[67]. La rhétorique de l'Antiquité et du Moyen-âge offre un exemple de cet art oral qui n'est rien d'autre qu'une restructuration de la conscience par l'écriture qui réinscrit la trace écrite à l'intérieur de l'espace mental. Pierre de Ravenne, auteur d'un traité sur cette mémoire artificielle disait

---

[66] J. GOODY, *La raison graphique*, Editions de minuit.

[67] *De Oratore* de Ciceron; *De institutione oratoria* de Quintilien ; *Rhetorica ad herennium*; *De bono* d'Albert le grand ; *Summa theologiae* de saint Thomas d'Aquin.

disposer de cent mille lieux pour conserver ses connaissances : « j'ai placé sur dix-neuf lettres de l'alphabet vingt mille passages du droit canon ». Les calculateurs prodiges ne font-ils pas autre chose que mémoriser le résultat de millions de calculs avec les mêmes techniques ?

L'art de la mémoire permet donc de prendre conscience des images, de les lier à un ordre précis avant de les relier les unes aux autres en assurant le passage du semblable au semblable. Ce processus de mise en forme de l'analogie (ressemblance entre les choses et leurs rapports) va se dénouer car le curseur qui identifie *les choses semblables* va se déplacer vers *les causes semblables* par la libération d'une nouvelle catégorie de pensée : la structure du monde ne sera plus dans le discours ou en dieu mais dans la répétition des causes elles-mêmes. Cette répétition est rendue possible par une modification de la relation entre art de la mémoire et art de la combinatoire.

C'est ainsi au XVIe siècle que se joue le processus de maturation qui conduit en réalité à une modification de la dynamique interne qui jette les bases de la méthode scientifique. Cette évolution est centrale pour l'avènement de la raison calculatoire. Car de Raymond Lulle, qui introduit le mouvement dans les arts de la mémoire par une classification systématique des éléments du réel, à Pierre de la Ramée qui engage une refonte de l'éducation par une rationalisation de ces mêmes arts jusqu'à Giordano Bruno, les arts de la mémoire structurent deux traditions : celle de l'art de la mémoire scolastique modelée par la pensée chrétienne et celle de la *Clavis universalis*. C'est chez Lulle que l'art de la mémoire se mêle à l'art de la combinatoire. En effet, le Lullisme fait reposer le système de compréhension du monde sur des notations par lettres qui se déplacent sur des figures géométriques et permettent la mémorisation à partir de diagrammes. L'art de la combinatoire associe l'art de la mémoire. Il s'agit encore pour un temps de lire l'alphabet que le créateur a gravé dans la nature. Une combinaison de signes. C'est la première étape d'un double mouvement de désacralisation des lettres et de sécularisation apparente des chiffres. L'Œuvre de Giordano Bruno apparaît ainsi comme le chainon manquant d'une recomposition des modes de raisonnement à l'intérieur des arts de la mémoire. Comme l'écrit Yates : « Pour G. Bruno, les formes astrales qui gouvernent le monde extérieur agissent dans l'intériorité et on peut les reproduire ou les capturer pour faire agir une mémoire magico-mécanique. (…) on peut inventer un système qui projette à l'intérieur de l'Homme le système astrologique et qui reflète les permutations et les combinaisons des rapports véritables entre planètes. » Bruno est celui qui est à la jointure du pré-moderne et du moderne. Depuis Aristote, penser et spéculer avec les images est un art noble. Le corps est toujours la moitié possible d'un atlas universel dit Foucault. Alors que depuis Paracelse et les alchimistes, on recherche les correspondances entre le macrocosme (les Cieux) et le microcosme (le corps humain), Bruno, lui, ouvre la voie à une nouvelle combinaison entre art de la mémoire et art de la combinatoire. Les images de l'art de la mémoire de Bruno fonctionnent encore sur le mouvement combinatoire de Lulle. « Le système de notation mathématique doit beaucoup à l'art de la mémoire qui à travers ses symboles représente les quantités et leurs relations. Les règles de la mémoire trouvent leur justification dans le postulat clairement admis, d'une totale correspondance entre les symboles et les *res*, les ombres et les idées, entre les sceaux et les raisons qui président aux articulations du monde. »[68] L'originalité de l'art de la mémoire chez Lulle est de s'attacher la méthode combinatoire qui travaille à l'intérieur de l'espace mental. Progressivement les relations entre le microcosme et le macrocosme ne sont plus réglés par des correspondances analogiques mais par des combinaisons infinies.

La *clavis universalis* désigne alors la méthode qui permet de définir l'essence de la réalité grâce à des classifications ordonnées qui représentent l'harmonie du cosmos. C'est la croyance que le monde peut être décrit à l'aide d'une combinaison de signes. C'est au sein de la *clavis universalis* que se noue la question de la méthode et celle de la classification systématique.

Le XVIe siècle est en effet à la recherche d'une syntaxe universelle à travers une encyclopédie. Or, c'est l'épuisement de ces combinaisons, à travers le programme d'une encyclopédie complète des sciences qui conduit au renversement fondamental qui aura lieu entre la Renaissance et le XVIIe siècle. Le modèle de compréhension du monde mystico-magique - Bruno veut introduire des pouvoirs cosmiques dans la psyché - devient potentiellement techno-scientifique. Comment ? L'épuisement des formes des arts de la mémoire qui combinent des images à l'infini dans l'espoir de trouver un levier pour agir sur le monde produit un renversement dans lequel

---

[68] P. ROSSI, *Clavis universalis*, Million, 1983.

c'est l'art de la mémoire qui fonctionne à l'intérieur d'un art de la combinatoire et non l'inverse.

Paracelse, les alchimistes, Ramée, Lulle, produisent des constructions nécessairement confuses. La clarté d'une méthode rationnelle sort ici de la fantaisie et de la confusion. L'homme met du temps à expérimenter toutes les mauvaises solutions avant d'en faire jaillir une qui fasse système par la stabilisation de la signification et du sens des mots. Les concepts proviennent souvent de constellations d'idées et non de leurs successions. Il faut recomposer leur généalogie à partir d'univers mentaux complexes et partiels. Barthes a raison pour qui il faut prendre une distance envers les citations pour confronter des formules à la logique d'un argumentaire qui a la forme d'une toile d'araignée[69]. Au fond, une science est une langue bien faite. Lulle et Bruno taillent les dernières brèches qui ouvriront la voie à une méthode rationnelle par épuisement d'un art de la mémoire dans lequel la combinatoire produit toutes les variantes, à l'infini, de l'association exprimée mentalement des choses entre elles. Ce n'est pas que l'art de la mémoire prépare par tâtonnement la méthode scientifique, c'est qu'elle en est issue : « ce serait à partir d'images des choses qui ne seraient pas sans liens entre elles, (qu'il faudrait) s'appliquer à ajouter des nouvelles images communes à toutes » écrit Descartes. L'art de la combinatoire organise la mémoire en rendant possible l'enchaînement de causes. L'art de la combinatoire permet d'interpréter le monde sans jamais autonomiser une variable. Elle s'enroule autour d'un doute sur la nature du critère réellement déterminant. La marée occultiste se retire, les analogies entre microcosme et macrocosme sont désormais inutiles. Elles perdureront dans l'astrologie et la tarologie. Leibniz qui travaille à son calcul universel recourt à des combinaisons signifiantes de signes qui n'est rien d'autre qu'une mathématisation du rapport entre les signes mémorisés et qui fonctionne à l'intérieur d'un art de la combinatoire.

---

[69] La pensée est « scotome » dit Lacan. Elle se voit se voir, par les vertus de l'analogie mais elle est aussi découpage, spatialisation du temps. Il faut identifier les frontières de cette scotomisation. Le risque d'une confusion entre rationalité et modélisation c'est de disséquer des choses déjà mortes. Le réel est toujours gros de potentialités qui ne sont pas exprimées. « (...) ceux qui ne savent pas changer de méthode lorsque le temps l'exige prospèrent sans doute tant que leur marche s'accorde avec celle de la fortune, mais ils se perdent dès que celle-ci vient à changer » écrit Machiavel. Autrement dit « l'instabilité du temps donne la mesure de l'analyse. » (Maffesoli). C'est le cas pour une dialectique qui pense pouvoir maitriser la négativité en identifiant les moments d'un réel délivré de ses limites.

Les *characteristica* sont les symboles mathématiques dont la combinaison logique engendrera le calcul infinitésimal. La forme moderne de la logique formelle est accouchée par de la *mathesis universelle* comme par les exigences de la déduction mathématique.

Entre la renaissance et le XVIIe siècle, il n'y a pas une œuvre ou un auteur qui « invente » la catégorie de cause au sens moderne. Celle-ci naît littéralement dans le renversement d'un art de la combinatoire qui travaille à l'intérieur des arts de la mémoire à un art de la mémoire qui travaille à l'intérieur d'une combinatoire et rend ainsi possible de longs enchaînements de causes et d'effets. Alors que la formule d'une combinatoire travaillant à l'intérieur des techniques de mémorisation ne produit que des analogies superflues en grossissant à l'infini la quantité de liens entre les choses concrètes et les images qui les représentent, le travail de la mémoire fonctionnant à l'intérieur de l'art de la combinatoire permet à des symboles, mathématiques en particulier, de multiplier entre eux la mémorisation des opérations de logique. L'objet monde et les objets du monde prennent sens dans la relation qu'ils entretiennent entre eux. Le monde s'objective progressivement et la raison devient aussi un principe d'individuation.

Mais s'il n'y a pas un auteur éponyme ni un cercle de penseur qui symbolise ce mouvement, il y a, à la jointure du XVe et du XVIe siècle, un moment Cajetan qui illustre le processus de maturation qui se cristallisa alors. Le mouvement par lequel la science et l'autorité des faits se sont unifiés l'un l'autre est le produit d'un déplacement mental, c'est-à-dire d'une recomposition des termes de l'analogie. La construction logique des possibles de la scolastique qui exigeait l'imitation des Anciens dans les lettres sacrées ouvre la voie à la sphère humaniste qui recherche le sens des choses sans plus de référence surnaturelle. On passe de l'analogie des noms sacrés à l'analogie des noms. Ce n'est plus le principe divin de la composition de l'UN et du MULTIPLE qui est dévoilé mais un principe naturel. C'est sur lui que le positivisme s'arrimera.

Le savoir ne progresse plus alors par l'identification des noms divins et intelligibles de Dieu. Le prédicat premier par lequel le monde apparaît n'est plus fondé sur l'analogie de noms sacrés avec un Dieu inaccessible. Il est remplacé par le mouvement analogique lui-même qui désormais fonde le contenu des catégories et leurs relations par la fixation et la transformation de la notion de similitude qui réglait auparavant les termes de l'analogie dans la scolastique en lui substituant l'identité de relation. La similitude analogique qui rendait possible la compréhension du monde par le passage d'un terme de l'analogie à l'autre - du connu vers l'inconnu - est remplacé par une ressemblance analogique qui substitue l'expérience du monde à Dieu. La dialectique apparait ainsi comme le résultat de ce retournement cognitif : le mouvement de la pensée n'est plus à l'extérieur des termes de l'analogie entre ce que l'on connait et ce que l'on ne connait pas ; il est le mouvement propre qui travaille à l'intérieur de l'analogie afin de confronter le réel au double intériorisé que permet la perception analogique du monde. Au cœur de l'analogie le sujet connaissant entretient un rapport constant à la nature. Autrement dit, au fur et à mesure que les sciences se spécialisent, la constante du rapport du sujet au monde est incluse dans les termes de l'analogie comme un irréductible, un implicite qui remplace la stabilité ontologique de Dieu. D'une part, la pensée devient le mouvement dialectique de confrontation entre les termes de l'analogie et le réel alors que d'autre part le réel ne peut plus se définir que comme étant ce qui justement n'a pas de double c'est-à-dire qui n'a pas de représentation totalisable. Le réel est. Et il est sans double. La dialectique devient l'outil de la connaissance du monde. L'herméneutique poursuit son travail à l'intérieur de la relation analogique en incluant inévitablement le monde dans le tissu symbolique de la relation spécifique que le monde humain impose au monde extérieur. Il n'y a plus d'origine. Désormais, il n'y a que des fondements. Et la pensée réflexive rencontrera des difficultés à accepter ce fondement analogique comme absence de fondement, seul signe pourtant de la liberté. Ce n'est plus la relation au divin qui structure le monde c'est le monde en tant que relation qui jaillit de ce nouvel espace mental. L'analogie est le tissu séminal du monde humain émancipé de l'usage primitif de l'analogie dans son expression magique puis théologique. C'est ici la naissance cognitive d'un rationalisme analogique. La théologie blanche de Descartes qui en est la métaphore fera, un temps, cohabiter les deux versions de l'analogie des noms sacrés et de l'analogie de la symétrie des relations entre les noms et les choses dans le monde.

Le savoir ne peut donc pas n'être que déductif : l'être et la pensée se déterminent ensemble. L'analogie des noms de Cajetan y pourvoit ponctuellement avant que, comme la peau morte d'un serpent, le mouvement de l'histoire ne le dissolve dans un vent de sable : le nom n'aura plus d'autre essence que d'être le signe d'un capteur de l'intellect. Il n'est qu'une relation : le connaitre c'est connaitre le signifié c'est-à-dire les termes de cette relation. Abstraire dit Cajetan c'est ne pas penser ensemble ce qui doit l'être. Or la rupture avec les temps anciens interviendra justement avec le fil des générations lorsque cette abstraction - contesté dans sa nature par Cajetan - deviendra la forme même de la création et de la fantasia. La forme analogique de la pensée est la limite par laquelle la réflexivité recompose le réel par un acte de pensée qui s'émancipe des sens. Il faut cependant en tirer une conclusion sur les limites de la pensée elle-même : la similitude est une unité transcendantale de l'analogie. Car c'est la limite de notre pensée qui forme la possibilité même de la pensée. La notion de ressemblance nous enferme en nous libérant : la similitude des émotions et sensations éprouvées est alors perçue de manière analogique et rend possible l'expression de l'abstraction. Plusieurs émotions semblables perçues de manière répétitive dans un espace mental analogique produisent de l'abstraction. La répétition d'émotions similaires cristallise l'abstraction. C'est cette abstraction qui se glisse entre les termes de l'analogie qui permet une recomposition de la totalité du monde. Immanence et transcendance sont ainsi les deux formes possibles intérieures à l'analogie lorsqu'elle a achevé de recomposer les termes de sa structure.

Il reste cependant à distinguer les deux formes de la totalité qui se succèdent alors. Avant la mutation de l'analogie l'UN est défini par ce qui est extérieur au monde connu et lui permet donc d'exister comme Totalité. Un Dieu extérieur au monde comme dans la Tradition juive en est l'expression exacte. Après cette transformation, l'UN existe aussi dans l'explicitation du caractère infini de la relation analogique au monde. La cohabitation existentielle et politique de ces deux définitions de la totalité restera l'horizon de la philosophie occidentale pendant les siècles qui suivront. La persistance de ces deux options métaphysiques n'est rien d'autre que la forme possible du monde à l'intérieur des termes de l'analogie : l'idée d'une extériorité de Dieu simule la réalité de la Totalité du monde à l'intérieur de la représentation analogique comme l'idée d'infini simule l'existence d'une transcendance à l'intérieur de la forme analogique. Désormais c'est de l'accroissement du nombre d'individus maitrisant le pouvoir de création analogique par la culture et l'éducation, en régime démocratique, que dépend l'évolution réelle de l'émancipation de l'humain comme forme de transformation de sa propre histoire. La prochaine ligne de frontière opposera ceux pour qui l'ontologie est une illusion nécessaire et ceux pour qui le réel est infiniment malléable. Aussi le moment Cajetan n'a été qu'une étape du processus de mutation et de recombinaison des termes de l'analogie.

La catégorie de cause ne nait donc pas en rupture avec celle d'analogie mais par une série de réaménagements qui permet la distinction entre analogie poétique et analogie isomorphe c'est-à-dire mathématique. La question reste posée de savoir si cette rationalité a encore pour objet les mots ou si la méthodologie à l'œuvre peut accéder aux phénomènes : la raison doit supposer « une absence d'image au fondement de toutes les images »[70]. On peut résumer ce basculement en disant qu'il s'agit là d'une apparente sécularisation des chiffres (la logique occulte d'une passerelle entre chiffre et lettre donnant accès à une vérité divine n'est plus la dynamique interne de la pensée) et une désacralisation des lettres (le nom de Dieu ne porte plus le sacré). Le nombre va bientôt remplacer le mythe, « l'universalité du calcul » (Horkheimer) joue contre « l'intensification de la vie des nerfs » (Simmel). L'idée de combinatoire alliée à celle d'art de la mémoire devient une force efficiente. Le gommage du qualitatif fonde alors une « ambigüité inévitable dans l'acte de connaitre ». Ce basculement est le lieu de l'enracinement dynamique de ce qui deviendra la modernité là où le savoir ne se fige pas en simple accumulation de connaissance. Désormais le savoir se scinde en deux : « deux systèmes d'écriture, l'un analytique, l'autre analogique, l'un économique simplifié, l'autre riche de multiples possibles » selon Sfez. Mais il faudra, avant l'avènement de cette modernité que l'idée d'un progrès illimité émerge corollaire « d'un temps homogène et vide » (Benjamin).

Le positivisme du XIXe siècle ne fera que reprendre la distinction entre cause première (Dieu) et cause seconde (naturelle) en remplaçant le contenu divin par un renvoi à un état perpétuel d'inachèvement de la science. La relation entre Physique et Biologie étant à cet égard essentiel : l'auto-organisation du vivant renvoie à des principes qui butent sur la mobile éternité chère à Aristote. Les « hallucinés de l'arrière-monde » dénoncés par Nietzsche ne se sont pas tous comptés.

Et c'est ainsi que la machine devient une part psychologique de soi. Car ce processus par lequel l'art de la mémoire et l'art de la

---

[70] G. LUKACS, *L'âme et les formes,* Gallimard, 1974.

combinatoire se recomposèrent ouvrit la voie à une raison calculatoire que seuls les progrès techniques perfectionnèrent. La naissance d'une méthodologie rationnelle est le propre d'une modification des contraintes internes à la pensée humaine et non de l'invention par des génies éponymes d'une catégorie de pensée.

Dans *Comment la réalité et la vérité furent inventées*, Jorion écrit : « Aux temps modernes, l'existence d'une réalité plus "solide" que celle du monde sensible de l'Existence-empirique réussit son ascension au rang de mythe dominant, un mythe non-théologique sans doute mais néanmoins dogmatique : celui de la Réalité-objective. »

Jorion estime que les penseurs de l'Antiquité et du Moyen Age étaient conscients que leurs modélisations du monde « à l'aide de l'outil mathématique étaient mises en scène dans la discussion.[71] » C'est ici que se jouèrent à la fois une sécularisation des lettres et le réinvestissement, dans cette « scolastique moderne », de la dimension divine des chiffres.

Ce remodelage de la rationalité est ce qui imposa progressivement, au gré des innovations techniques, *une dissolution du modèle de compréhension du monde sur le réel lui-même*. Sa transformation à une origine identifiable : la géométrie grecque.

---

[71] P. JORION, *Comment le réalité et la vérité furent inventées*, Gallimard, 2009.

CHAPITRE XI
L'ORIGINE DE LA GÉOMÉTRIE

La question des fondements de la géométrie est l'une des plus controversées de la philosophie des sciences. Elle est l'étape ultime d'un cheminement qui nous a conduit à une généalogie d'une rationalité perçue comme modèle théorique. La définition même de la géométrie est complexe puisqu'elle est communément analysée comme la science des figures de l'espace, ce qui d'ailleurs oblige à intégrer des questions non géométriques dans la problématique de ses fondements. Alors même que la philosophie s'était dégagée de la théologie, la géométrie et l'algèbre n'étaient en rien dissociées, si bien que dans son ouvrage intitulé *la Géométrie* Descartes traite d'équations algébriques. La délimitation du domaine comme de la périphérie de la géométrie par rapport aux mathématiques reste complexe dans la mesure où il existe des domaines mixtes qui ne peuvent être traités que par la combinaison de la géométrie et des mathématiques. C'est notamment le cas pour le calcul des courbes et des surfaces comme pour celui du volume d'une pyramide à partir duquel nous forgerons notre paradigme. Dans cette perspective, la trigonométrie reste exemplaire de cette situation mixte où le calcul nécessite de faire appel à des critères abstraits tout en conservant une référence concrète à l'espace et aux figures.

Dès lors, on peut comprendre les vraies raisons de l'incertitude qui a pesé, tout au long de l'histoire de la géométrie, sur sa nature et sur ses rapports avec les autres domaines de la mathématique. On comprend mieux également pourquoi, très tôt, elle s'est sentie menacée dans son autonomie par le développement de l'algèbre et de l'analyse, et pourquoi, finalement, en dépit du constant effort d'unification qui marque son histoire, notamment avec Euclide, Apollonios, René Descartes, Gérard Desargues, Jean-Victor Poncelet, Michel Chasles, elle était condamnée à disparaître comme discipline autonome, pour ne plus être qu'une « illustration » des structures abstraites de la mathématique moderne.

ORIGINE

La géométrie classique se rencontre en Egypte mais elle est essentiellement liée aux travaux sur les propriétés du triangle et du cercle. C'est avec Thalès, Pythagore et Hippocrate qu'elle se développe en Grèce même s'il faut attendre la fin du IVe siècle avant J.C pour qu'Euclide réalise la première synthèse avec *Les Eléments*. Volonté de fonder la géométrie au sens épistémologique du terme en lui donnant une assise : « Ces énoncés se répartissent en trois catégories : des définitions (point, ligne droite,), des vérités considérées comme évidentes, et, de ce fait, n'appelant pas de démonstration, des demandes ou postulats, vérités non évidentes par elles-mêmes, que l'on ne sait pas démontrer, mais dont on a besoin. » La plus importante et la plus célèbre de ces demandes est le postulat des parallèles qui affirme – à la formulation près – que, par un point situé hors d'une droite, on peut mener une droite et une seule qui ne la rencontre pas, cette droite étant dite parallèle.

Une autre demande de grande portée, que l'on trouve seulement dans le corps de l'ouvrage, est le postulat dit d'Archimède, qualifié aujourd'hui de postulat de continuité : Deux points A et B étant donnés sur une droite, si, à partir de A, l'on met à la suite des segments de même longueur, on dépassera le point B après une série finie de telles opérations, si petite que soit cette longueur. Il existe en réalité une certaine hésitation chez Euclide et ses successeurs quant à la nature exacte de ces « demandes ». Les uns estiment qu'elles sont suffisamment évidentes pour n'avoir pas à être démontrées. D'autres, au contraire, pensent que l'on doit pouvoir les démontrer et que la géométrie ne sera vraiment satisfaisante que lorsque l'on y sera parvenu. C'est cette dernière opinion qui l'emporta, donnant lieu aux tentatives infructueuses de démonstration qui occupèrent tant de géomètres jusqu'à la naissance des géométries non euclidiennes : « En dehors du postulat des parallèles, la géométrie euclidienne a été longtemps considérée comme le modèle même d'une connaissance vraie et rigoureuse. Aujourd'hui, ses fondements se révèlent, à bien des égards, très peu assurés. Les définitions d'Euclide ne sont pas de vraies définitions, mais plutôt des descriptions d'intuitions. »[72]

MÉTAMORPHOSE D'UNE PROBLÉMATIQUE

Lorsque d'Alembert n'était pas occupé à mettre au point son orgue à cochons qui amusait tant Diderot et qui consistait à ajuster l'intensité des hurlements des bestiaux reliés par la queue aux notes de musiques censées les imiter, il rédigeait, au château, ses *Essais sur les éléments de philosophie* à propos de la question des parallèles. Mais c'est

---

[72] « Géométrie », *Encyclopédie universalis*, 1989.

seulement à la fin du XIXe siècle que la question des parallèles prendra une véritable acuité. En 1899, Hilbert *publie Les principes fondamentaux de la géométrie* dans lesquels il arrache les axiomes à toute intuition sensible. Il revient alors à Gustave Choquet de montrer qu'il est possible d'exposer la géométrie euclidienne sous une forme rigoureuse. C'est ainsi qu'une représentation moderne en est donnée par Georges Bouligand : il est possible de désigner les axiomes qu'utilise une proposition donnée sans faire appel à l'ensemble des axiomes. La voie est ouverte à la géométrie non euclidienne.

Il faut alors revenir à la question des fondements de la géométrie par son histoire :

« Jusqu'au début du XVIIIe siècle, le problème posé par le postulat des parallèles fut envisagé dans la même perspective : le postulat n'est pas une évidence première, mais une vérité qu'on doit pouvoir démontrer. »

Il faut saisir que la question de l'expulsion de toute référence sensible est à l'origine de la définition d'une géométrie pure qui fonde simultanément son autorité et son autonomie. La querelle des parallèles est exemplaire parce qu'elle tient la communauté scientifique sur la brèche et lui fait affronter l'épreuve du réel sensible comme forme de l'épreuve du feu de l'intelligible. Les études de Lambert en 1787 puis celles de Gauss en 1820 annoncent la rupture fondamentale de l'histoire des origines de la géométrie : *« La géométrie ne doit pas être mise au même rang que l'arithmétique dont la vérité est purement a priori, mais plutôt au même rang que la mécanique. »*[73]

Lobatchevski renchérit entre 1826 et 1856 et parvient en 1834 à une conclusion encore plus explicite :

« La vérité à établir – le postulat des parallèles – n'est pas impliquée dans les notions antérieures ; pour la démontrer, il faut recourir à des expériences, par exemple aux observations astronomiques. » (LOBATCHEVSKI)[74]

Dès lors, ni l'analyse de Bolyai dans *La science absolue de l'espace*, ni l'acceptation de l'hypothèse de l'angle obtus par Riemann ne suffiront à tenir l'axiomatique euclidienne :

---

[73] *Ibidem.*
[74] LOBATCHEVSKI, o.c.

« Toutefois, ces vues nouvelles ne firent qu'assez lentement leur chemin. Il restait d'ailleurs à s'assurer qu'en poursuivant le développement des deux géométries non euclidiennes, on n'y rencontrerait pas de contradiction, ce qui ne fut réalisé de façon pleinement satisfaisante qu'à la fin du XIXe siècle grâce aux travaux de Klein. »[75]

La solution présentée pour fonder la géométrie tout en préservant la possibilité de l'existence d'une géométrie non euclidienne tient à un argument : les droites étant infinies, il n'est pas possible de démontrer qu'elles sont parallèles. En ce sens, le caractère abstrait d'une des propriétés de la droite interdit une démonstration sans pour autant qu'il soit nécessaire de faire référence à l'intuition sensible pour justifier le fondement théorique de la géométrie.

Or nous voudrions montrer, à travers l'exemple du calcul du volume d'une pyramide par Thalès, que le problème n'est pas la question du caractère infini des droites mais bien de l'impossibilité d'intégrer le raisonnement par analogie à une axiomatique dans la mesure même où il est constitutif de notre rapport au monde.

AXIOMATIQUE ET ANALOGIE

Dans sa *Vie, doctrine et sentence des philosophes illustres*, Diogène Laerce rapporte : « *Hiéronyme dit que Thalès mesura les pyramides d'après leur ombre, ayant observé le temps où notre propre ombre égale notre hauteur* », thèse que Plutarque développe : « *... il a aimé ta façon de mesurer la pyramide... en plaçant seulement ton bâton à la limite de l'ombre portée par la pyramide, le rayon de soleil tangent engendrant deux triangles, tu as montré que le rapport de la première ombre à la seconde était aussi celui de la pyramide et du bâton.* » (LAERCE)[76] Comment la géométrie vint-elle aux Grecs ? Thalès en Egypte fait fusionner le principe actif du logos et le principe mimétique de l'image propre aux hiéroglyphes. Comment calculer le volume d'une pyramide ? Le schéma permet de comparer un triangle formé par une pyramide et son ombre et un second constitué par un corps quelconque et son ombre. Analogie mieux que proportion. Ce n'est pas un récit mythologique qui découvre l'origine de la géométrie mais bien la mythologie de l'absence d'origine qui se découvre par

---

[75] « Géométrie », *Encyclopédie universalis*, o.c.
[76] D. LAERCE o.c.

son propre mouvement. Deux triangles permettent d'établir un rapport de rapport entre deux volumes dont la liaison homothétique rend compte d'une relation calculable. Origine de la géométrie mais aussi fondement géo-métrique du monde. L'analogie c'est-à-dire le rapport de rapport se substitue à l'axiome pour rendre raison et rendre possible le calcul.

Quelle est l'invention des Grecs, le miracle grec ? L'analogie est la forme du logos qui permet des équivalences, source de la raison calculante : elle résout la question du repos et du mouvement et enchâsse le rapport de l'homme au monde dans une axiomatique qui ne fait pas référence à l'intuition sensible sans pour autant avoir besoin de se fonder mathématiquement. Serres le dit autrement : « *Le logos-rapport engendre le logos-discours par enchaînement du logos-parole : voici la grande invention des Grecs passant, glissant d'une région à une autre ; arithmétique quand deux ou plusieurs fractions s'égalisent ; géométrique par le théorème de Thalès.* » (SERRES)[77] C'est cette forme de l'analogie qui permet d'affirmer comme chez Husserl que : « *Les productions peuvent se propager dans leur similarité de personnes à communautés de personnes et, dans l'enchaînement de compréhension de ces répétitions, l'évidence pénètre en tant que la même dans la conscience de l'autre.* » (HUSSERL)[78]

L'analogie est à la fois ce qui rend possible le calcul du volume, science des figures dans l'espace, mais aussi ce qui en permet la répétition dans l'esprit de chaque géomètre. Elle est le fondement mimétique réinjecté dans la relation symbolique de l'homme au monde, un irrationnel nécessaire, une rationalité en acte qui se fonde par la validation pragmatique de son efficacité répétitive.

Comte le rappelle Michel Serres : « *Aristarque de Samos estimait la distance relative du soleil et de la lune à la Terre en prenant des mesures sur un triangle construit le plus exactement possible, de façon à être semblable au triangle rectangle formé par les trois astres, à l'instant où la lune se trouve en quadrature, et où en conséquence, il suffisait pour définir le triangle d'observer l'angle à la terre.* »

Analogie encore.

---

[77] M. SERRES Les *origines de la géométrie*, Champs Flammarion, 1995.
[78] E. HUSSERL *L'origine de la géométrie*, Puf, 1965.

L'invention, le miracle grec s'identifie ici aux fondements de la géométrie : une analogie qui se substitue à l'axiomatique tout en la rendant possible en un second temps. L'analogie remplace l'illusoire centralité spatiale du monde par un rapport de rapport abstrait qui n'est rien d'autre que la forme du logos. Rien de biologique, ni même de schéma pré-construit dans l'entendement pour en rendre raison. L'analogie est la forme spontanée de l'être au monde, qui n'explique rien par elle-même, ne présuppose rien mais rend possible la construction d'un rapport raisonné au monde qui ne tient que par la force de son inertie. Comment se construit la représentation mentale de la localisation concrète de notre cerveau si ce n'est par une analogie ? A l'autre bout du raisonnement, la conscience de la mort.

CHAPITRE XII
RETOUR AU PROBLÈME DE MOLYNEUX

Le problème de Molyneux est historiquement la voie d'accès à une redistribution des systèmes philosophiques, un problème exemplaire qui pose la question de l'immédiat dans la perception et des modèles optiques comme physiques qu'il touche par ricochet. Locke, Leibniz, Diderot s'y sont confrontés. Il est la réactualisation dans un cadre moderne du problème posé par les origines de la géométrie d'une dissociation du modèle et de la réalité et donc du rôle central de l'analogie. L'analyse présentée ici n'est pas une proposition de solution du problème de Molyneux mais une tentative d'explicitation des raisons pour lesquelles les explications proposées semblent toujours insuffisantes. Le problème de Molyneux est conçu en ces termes : « *Supposez un aveugle de naissance auquel on ait appris à distinguer par l'attouchement un cube et un globe du même métal, et à peu près de la même grosseur, de sorte que lorsqu'il touche l'un ou l'autre, il puisse dire quel est le cube, et quel est le globe. Supposez que, le cube et le globe étant posés sur une table, cet aveugle vienne à jouir de la vue : on demande, si en les voyant sans les toucher, il pourrait les discerner, et dire quel est le globe et quel est le cube.* »

Le problème pose une série de questions : les figures sont-elles des objets immédiats de la vue ? L'œil en s'ouvrant à la lumière voit-il du premier coup ? La figure visible et la figure tangible d'un corps sont-elles une et une seule figure ? La question est donc autant celle d'une solution logique et raisonnable au problème que celle de la limite dans la comparaison entre la vue et le toucher. On connaît la solution négative donnée par Molyneux : « *Quoique l'aveugle ait appris par expérience de quelle manière le globe et le cube affectent son attouchement, il ne sait pas encore que ce qui affecte son attouchement de telle ou telle manière, doive frapper ses yeux, ni que l'angle avancé d'un cube, qui presse sa main d'une manière inégale, doive paraître à ses yeux tel qu'il paraît dans le cube.* »[79]

Dans le troisième chapitre de son *Essai sur l'entendement humain*, Locke ne réfute pas Molyneux, en partie parce que dans sa propre théorie les notions d'étendue et de figure ne s'acquièrent que par la

---

[79] J. LOCKE *Essai sur l'entendement humain*, Livre III, Paris, Flammarion

vue et le toucher. Il se borne donc à soutenir que l'aveugle-né ne discernera pas à première vue le cube. C'est par l'apprentissage que chacun peut associer la vue au toucher – pour un non-aveugle s'entend- au point que cette association continuelle est familière autant que nécessaire. Mais un aveugle devenu voyant pourrait parfaitement considérer que, puisque nous ne touchons aux substances externes que par des sensations et des perceptions, c'est chaque perception qui est une chose différente. Il remettrait ainsi en cause le partage entre vue et toucher. Aussi Boullier donne-t-il une solution raisonnable : au moyen des couleurs, l'aveugle-né réfléchit et retrouve les propriétés des figures déjà communiquées par le toucher[80].

LEIBNIZ ET L'ANALOGIE

« On peut définir l'expression comme une théorie générale des rapports ou de l'analogie. "Mes énonciations sont universelles, écrit Leibniz, et conservent l'analogie" (à Des Bosses). L'analogie, tout à fait contraire à une certaine idée de la méthode comme ligne droite, semble bien être la clef de l'art général d'inventer, de l'ordre de toutes choses multipliées que cherchait Leibniz ; elle établit, en effet, des rapports de rapports, des modalités spécifiques de liens entre des éléments qui semblent au premier regard ou discontinus ou semblables : elle serait alors le moyen de vérifier la continuité – par le calcul infinitésimal, par exemple – et le principe des indiscernables. Or, l'analogie est un cas particulier, dans le cadre de l'expression : "Une chose en exprime une autre. L'expression est commune à toutes les formes, et c'est un genre dont la perception naturelle, le *sentiment animal et la connaissance intellectuelle sont des espèces" Dès lors, tout se ramène au principe d'identité, à condition de le prolonger par la fonction projection.* »[81]

La solution proposée par Leibniz reprend l'hypothèse d'un raisonnement permettant à l'aveugle-né de reconnaître les figures mais seulement progressivement. Les principes de la raison aidés des connaissances que le toucher fait acquérir pourront permettre à l'aveugle-né de discerner les deux corps. L'argument technique repose pour Leibniz sur une analogie à l'intérieur de laquelle travaille un jeu de ressemblances et de différences : il n'y a pas de points distingués sur le globe tout en étant uni et sans angles, au lieu que dans le cube il

---

[80] M. BOULLIER *Essai sur l'âme des bêtes*, Paris, p.87.
[81] « Leibniz », *Encyclopédie Universalis*, o .c.

y a huit points distingués les uns des autres[82]. La solution de Leibniz pose deux problèmes : 1) la distinction entre globe et cube se fait par la perception analogique entre deux modalités de perceptions (avant et après avoir recouvré la vue) 2) par combinaison entre deux sens (toucher et vue) recouvre la perception première de l'aveugle par un glissement progressif des sensations qui remplace l'habitude ancienne par une habitude nouvelle avec une acuité plus grande.

Comment Diderot répond-il au problème ? La difficulté ici c'est que la solution au problème de Molyneux se trouve dans l'expérience. Il faut citer ce passage important qui en rend compte dans l'*Encyclopédie* : « *L'auteur de la lettre sur les aveugles, fondé sur l'expérience de Cheselden, croit avec raison que l'aveugle né verra d'abord tout confusément, & que bien loin de distinguer d'abord le globe du cube, il ne verra pas même distinctement deux figures différentes : il croit pourtant qu'à la longue, & sans le secours du toucher, il parviendra à voir distinctement les deux.* »[83]

L'argument de Diderot est donc le suivant : un œil animé pourra s'instruire et s'expérimenter lui-même. Comme pour Condillac, le savoir n'est pas celui de Dieu mais celui de la nature. Mieux, ce savoir sur le monde, dont le problème de Molyneux est le ressort, n'est pas l'œuvre du sujet mais l'effet de ses pratiques. C'est alors que l'on peut poser la question de la différence qualitative des cinq sens, problème qui se structure aussi à travers la question de savoir quels sont les sens qui servent de truchement aux autres. La réponse négative de Molyneux et de Locke néglige le fait que l'on pose à l'aveugle-né une question dans une langue qu'il n'entend pas. Une science est toujours une langue bien faite. C'est par une routinisation et l'habitude progressive prise par l'aveugle-né que le problème trouve sa solution. Mais il met en relief la modalité privilégiée d'accès au réel par les sens : l'affinement de nos perceptions se fait par la substitution d'un sens par un autre, vue, toucher, ouïe, goût, odorat.

RETOUR AUX LUMIÈRES

Il faut alors se souvenir de ce que les rédacteurs de l'Encyclopédie de Diderot et d'Alembert écrivaient à propos de l'analogie :

---

[82] LEIBNIZ *Nouveaux essais sur l'entendement humain*, Livre III, Flammarion.
[83] « Aveugle », *Encyclopédie de Diderot et d'Alembert*, o.c.

« *ANALOGIE, en Mathématique, est la même chose que proportion, ou égalité de rapport. On se sert de ce mot en Médecine pour signifier la connaissance de l'usage des parties, de leur structure & de leur liaison, eu égard à leurs fonctions : elle donne de grandes vues dans les maladies ; soit pour en expliquer la cause & l'action, soit pour déterminer les remèdes qui y sont nécessaires.* »[84]

Le problème de Molyneux souligne que la traduction d'une information d'un sens à l'autre est impossible sans analogie - entre figures visible et tangible par exemple. On peut même en prolonger les conséquences : la métaphysique naît lorsque l'un des cinq sens ne peut plus se substituer à un autre dans l'opération de saisie du réel. L'analogie est la forme même de l'abstraction.

Le discours scientifique repose donc sur une illusion nécessaire qui consiste à expliquer que, le savoir absolu n'étant pas possible, il n'y a pas de difficulté majeure à transformer une étape du raisonnement en un fondement. Le montage scientifique consiste donc à laisser penser que le manque, le défaut, l'absence, l'insuffisance de l'écriture par laquelle on décrit le monde ne sont en rien un problème puisque, quoi qu'il en soit, on n'atteint jamais au réel ou au savoir absolu. La raison en est peut-être qu'il est difficile de faire de la philosophie sans avoir recours au concept d'infini, concept qui fonctionne lui-même comme une machine analogique.

L'hypothèse de l'analogie comme forme spontanée de l'être au monde se heurte à deux difficultés majeures, qui sont aussi celles de la philosophie pérenne et sans lesquelles une absence de tentative de propositions de solutions en minerait à jamais la crédibilité : le problème de la relation du corps et de l'esprit et la question de la transcendance qui lui est liée.

Il ne s'agit ici en aucun cas de proposer une solution définitive, ni même d'opposer un argument ultime contre un autre pour prendre fait et cause en faveur du dualisme ontologique ou du monisme matérialiste, pas plus que d'asséner des formules définitives sur la question de la divinité ou du statut de l'immanence : argument ontologique contre opium du peuple.

On cherchera plutôt à décrire la manière, les procédés et les processus, qui ont rendu possibles - à partir de l'analogie - des philosophies du monde radicalement opposées. En effet, on souligne rarement qu'il est hautement improbable qu'un partage du bon grain

---

[84] « Analogie », *Encyclopédie de Diderot et d'Alembert*, o.c.

et de l'ivraie se produise, de sorte qu'en fin de parcours le voile soit levé sur les arguments pertinents des uns et fallacieux des autres, après que l'esprit humain a découvert la rationalité ultime qui le déterminait, en amont de ses sources matérielles ou spirituelles, selon le camp où l'on se situe sur cette ligne de partage des eaux de la rationalité. On se doit de faire ici l'hypothèse que l'analogie est plurimodale, c'est-à-dire qu'elle est informée par sa propre structure et par le mouvement même qui produit une représentation du réel ou une rematérialisation du monde. Plus simplement, l'analogie peut servir à une herméneutique pour élaborer un ensemble de savoirs tissant les liens entre le connu et l'inconnaissable mais elle peut aussi bien être le socle d'une rationalité purement formelle et pour tout dire analytique. L'absence de fondement et la substitution à cette absence de fondement d'une forme qui n'est rien d'autre que la mise en relation de l'espèce humaine et du monde devrait permettre d'éclairer, d'une part le fait que l'abstraction chez l'*Homo sapiens* prend la forme analogique, d'autre part que l'analogie ne dit rien d'autre sur le monde que la nécessité d'élaborer ce lien minimal pour penser. La question est donc moins de savoir « qu'est-ce que penser ? » que de définir le comment de la pensée.

Aristote notait déjà que le mimétisme était le propre de l'homme. On a tenté de souligner que la problématique quant à une éventuelle essence de l'homme se trouvait plutôt dans la question suivante : le mimétisme est-il le propre de l'homme ou bien l'analogie est-elle tout ce que nous pouvons dire de certain du fonctionnement de la « machine » humaine ? De fait, il n'y a pas de solution pertinente autre, sur la question de la conscience de la mort, que le postulat d'un raisonnement par analogie qui en soude simultanément l'abstraction et la sensation. L'analogie est aussi marquée par ce sceau du manque, si propre au savoir. Une pétition de principe pourrait, à l'autre bout de l'humanité, nous permettre de faire l'hypothèse qu'il n'y aura pas d'humanité cybernétique sans création artificielle d'une machine de Turing capable de raisonner par analogie, c'est-à-dire d'opérer le basculement de la sensation dans la raison et inversement, pour simuler une boucle féconde entre sens et rationalité. Entre interrogation indécidable et pétition de principe, il reste une question essentielle : si l'analogie est la forme universelle de l'être au monde, quel est son mode de fonctionnement et surtout peut-on localiser le *topos*, le lieu de son déploiement, sans faire appel à ce qui relèverait d'une structure cérébrale ou d'une entité transcendantale ? En postulant que l'analogie est la forme de l'abstraction intersubjective, on résoudrait peut-être le vieux problème de l'esprit d'autrui comme la question de savoir comment dialoguer à plus de deux. Le fait qu'un autre individu soit le sujet d'états mentaux n'est *« ni inféré déductivement à partir du comportement de l'individu ni inductivement, par analogie, avec sa propre expérience. »* (CHURCHLAND)[85]

Cependant la résolution de la problématique passe peut-être par un dépassement de l'opposition entre Dieu et la matière, par une autonomie de la pensée prenant la forme de l'analogie. Les problématiques développées dans le cadre de la philosophie de l'esprit nous serviront de corset, pour présenter un concept d'analogie capable d'être une alternative au monisme matérialiste et au dualisme ontologique. Bref, il ne s'agit pas de remplacer une ontologie par une autre mais d'expliquer pourquoi le caractère indécidable de la nature de la relation entre corps et esprit est lié à la forme phénoménologique de l'analogie.

Au XIXe siècle, la psychologie avait été dominée par l'introspection et en particulier par le béhaviorisme de Watson qui définissait l'esprit comme un comportement et la science qui l'étudie comme l'analyse expérimentale d'un contenu empirique portant exclusivement sur le comportement observable de l'homme.

Mais très vite, au début du XXe siècle, l'argument selon lequel les stimuli physiques ne peuvent déterminer à eux seuls la perception, puisqu'aux mêmes stimuli peuvent correspondre deux perceptions, porte. Il conduit à une remise en cause de l'intentionnalité et de l'existence dans la boîte noire du cerveau d'états mentaux comme le désir ou la croyance. L'opposition entre béhaviorisme et réductionnisme oppose donc idéalistes et réalistes : les concepts mentaux correspondent-ils à des états mentaux ou à des structures ?

C'est Sellars qui pose le plus clairement la question : *« En quel sens et dans quelle mesure l'image manifeste de l'homme-dans-le-monde survit-elle quand, en vue de former un champ intellectuel unifié, on cherche à l'unir à l'image de l'homme conçu par renvoi aux objets postulés par la théorie scientifique ? »* (SELLARS)[86]. Sellars répond à la question du lien entre l'image manifeste (l'image que l'homme s'est forgée de lui-même depuis la nuit des temps) et l'image

---

[85] P. CHURCHLAND « Eliminative materialism and the propositional attitude », *The Journal of Philosophy*, LXXVIII.
[86] W. SELLARS Sciences, *perception and realty*, Londres et New York, 1963.

scientifique (le paradoxe de l'homme faisant l'expérience de lui-même) : *« (...) dans le cas des sensations, l'analogie porte sur la qualité elle-même. Ainsi on conçoit une "sensation bleue et triangulaire" comme analogue à la surface (vue de face) bleue et triangulaire d'un objet physique qui, lorsqu'on l'observe à la lumière en est la cause. Cela soulève un point crucial : peut-on, dans le cadre de la neurologie, définir des états suffisamment analogues par leur caractère intrinsèque aux sensations pour rendre une identification plausible ? »* (SELLARS) [87] Le problème est donc autant de déterminer le statut des choses physiques ou abstraites que de savoir si les croyances ou états mentaux sont aussi réels que les électrons : *« Il faut ou bien défendre les croyances au même titre que les virus, ou bien les bannir avec les fées. »* (DENNET)[88]

L'une des possibilités consisterait à considérer que cette identification est du même type que le mode de communication entre cerveau droit et cerveau gauche. Cependant, la thèse fonctionnaliste selon laquelle les états mentaux correspondent à des fonctions devient dominante dès les années 1970. Le modèle béhavioriste et le paradigme réductionniste sont dépassés. Davidson éclaire la question du renouvellement de la problématique dans le cadre fonctionnaliste : *« D'un côté on a des théories qui affirment et d'autres qui nient l'existence de lois psychophysiques, d'un autre côté, on a des théories qui disent que les évènements mentaux sont identiques à des évènements physiques, et d'autres qui le nient. »* Il y a donc quatre sortes de théories : le monisme nomologique, qui affirme qu'il y a des lois de corrélations et que les évènements corrélés sont identiques (les matérialistes), le dualisme nomologique qui comprend différentes formes de parallélisme et d'interactionnisme, le dualisme anomal qui combine le dualisme ontologique et l'absence de lois reliant le mental et le physique (le cartésianisme) ,puis le monisme anomal pour lequel tous les évènements ne sont pas mentaux lors que tous les évènements sont physiques[89].

De l'identité entre un phénomène physique et un évènement mental se déduit une relation ontologique entre les évènements par opposition au réductionnisme qui postule une relation sémantique entre des vocabulaires. H_2O ne correspond au vocabulaire « eau » qu'à la

---

[87] Ibidem.
[88] D.C. DENNET « Real patterns », *Journal of Philosophy*, vol LXXXVIII.
[89] DAVIDSON D. *Essays on action and events*, Oxford University Press, 1980.

condition qu'il existe une loi permettant que les deux descriptions dénotent la même substance.

Mais la question de la relation entre état mental et état cérébral prend une nouvelle forme avec le débat interne au fonctionnalisme. Pour Putnam, les évènements mentaux ne peuvent être décrits sans faire appel à un autre énoncé psychologique. Par conséquent, la pensée peut se réduire à une autre forme de fonctionnalisme : le computionnalisme dans lequel les états cérébraux sont des calculs faits d'inputs et d'outputs. Ainsi, contre les béhavioristes, Putnam ne pense pas que le sens des termes composant les énoncés d'identité dépende des relations causales objectives liant ces termes à la propriété qu'ils dénotent. Bref, les significations ne sont pas dans la tête : l'état psychologique du locuteur ne détermine pas l'extension du mot[90]. Dans *Douleur de fou, douleur de martien*[91] Lewis reprend la thèse de Putnam et fait l'hypothèse que la douleur n'est rien d'autre qu'un type d'état occupant une place entre les stimulations sensorielles et les manifestations comportementales. Fodor approuve la thèse de Putnam et Lewis à condition de souligner que tout état mental est constitué d'une représentation dont les propriétés sémantiques épuisent celles de l'état mental[92]. On ne peut donc rendre compte de la croyance que si l'on peut rendre raison de la fixation de la croyance.

D'une certaine manière, la conscience ne semble au centre de la pensée que parce qu'elle se prend elle-même pour objet : les états mentaux sont conscients parce qu'ils portent sur eux-mêmes[93]. Mais c'est Levine qui sonne le glas : « *Les états psychiques conscients se distinguent des objets externes en ceci que la distinction entre ce qu'ils sont en réalité et la façon dont ils nous apparaissent ne s'applique pas.* » *(LEVINE)*[94]

La thèse du fonctionnalisme repose donc sur l'idée que tous les concepts mentaux ou psychologiques dénotent des fonctions complétées par la thèse computationnelle pour laquelle les fonctions de haut niveau remplies par les évènements cérébraux sont de nature

---

[90] H. PUTNAM *"Meaning of Meaning, Mind language and Realty"*, o.c.
[91] D. LEWIS *"Mad Pain and martian Pain "*, Reading in Philosophy psychologie, Methuen, Block édition.
[92] J.A FODOR *"Why there still has to be a language of Thought "*, Psychosemantics, MIT Press, 1988.
[93] ROSENTHAL « *Deux concepts de conscience, Philosophical studies, vol.49*.
[94] J. LEVINE *"Omettre l'effet que cela fait"*, o,c.

computationnelle : *« L'esprit doit être considéré comme une machine qui manipule des symboles formels. »* *(SMOLENSKY)*[95]

Cette théorie sera prolongée par l'argument connexionniste : les unités de calcul représentent l'activité des neurones et des colonnes de neurones ou modules cérébraux. Il ne reste plus alors qu'à donner à certains neurones la fonction d'encoder les états réels du monde.

L'ensemble des arguments se caractérise par une vraie subtilité des jeux de la raison mais par une incapacité à sortir de la polémique sous-jacente concernant la transcendance. Car au-delà de la question de la relation entre le corps et l'esprit, c'est la question de la transcendance qui est posée. Il est donc possible de soutenir que la raison principale de cette situation du développement des sciences de l'esprit réside dans l'illusion de l'identification d'un contenu pour les idéalistes comme de la recherche du « lieu d'où ça pense » pour les matérialistes. Mais si comme nous en faisons l'hypothèse l'analogie est la forme phénoménologique de l'intentionnalité, alors les positions matérialiste et idéaliste ne sont que le recto et le verso d'une même aporie. La pensée est la forme d'abstraction qui noue la possibilité de la transcendance et de l'immanence comme deux hypothèses équiprobables à l'intérieur du langage.

Une réflexion sur la nature du savoir est alors nécessaire : d'où vient-il ? En quoi consiste-t-il ? Comment est-il représenté dans l'esprit ? Comment les représentations s'articulent-elles entre elles ? Rationalistes qui voient l'esprit comme un ensemble d'expériences organisé sur la base de schèmes préexistants ou empiristes pour qui les processus mentaux reflètent les informations du réel s'opposent dans des arguments sans fin adossés au principe de régression. Aussi le problème posé par les sciences cognitives est-il devenu central. Celles-ci naissent en septembre 1948 lorsque, sur le campus du California Institute of Technology, la fondation Hixon réunit des scientifiques autour du thème « Les mécanismes cérébraux dans le comportement » pour poser la question suivante : comment le système nerveux contrôle-t-il le comportement ? Durant tout le XIXe siècle, c'est la théorie des localisations cérébrales qui à travers un tableau clinique des capacités et des incapacités apportait de nombreuses suggestions sur l'organisation possible de l'esprit, de l'aire de Broca aux délires phrénologiques du docteur Gall. Dans les années 20 et 30

---

[95] SMOLENSKY Le traitement approprié du connexionnisme, Cambridge University Press, 1988.

du siècle suivant, le courant béhavioriste s'organise autour de la volonté de combattre l'introspection comme forme privilégiée de l'accès à l'esprit et pose le principe que l'esprit est le reflet passif de l'environnement sur le cerveau. Mais les tentatives pour exprimer la fonction cérébrale en utilisant les concepts d'« arc réflexe » ou de « chaînes neuronales » échouent car elles supposent un système nerveux statique (le béhaviorisme croit à l'inscription dans le système nerveux d'associations apprises). Ainsi, elles ne rendent pas compte des types d'erreurs dits *lapsus linguae*, comportement verbal reposant sur une anticipation de mot qui vient à l'esprit plus tard dans la séquence. Après la guerre, les recherches de Turing permirent de faire émerger de nouveaux modèles de compréhension du fonctionnement du cerveau. La machine de Turing pouvait effectuer tout calcul exprimé en code binaire. Développée par Von Neumann, elle n'avait plus à être reprogrammée lorsqu'on ajouta un programme lui-même emmagasiné dans un ordinateur. McCulloch et Pitts démontraient alors que le cerveau humain pouvait être pensé selon les mêmes principes logiques que ceux qui avaient permis de construire ces machines. Werner écrit : *« Le système nerveux central n'apparaît plus comme un organe autosuffisant recevant des messages des organes des sens et les transmettant aux muscles. Certaines de ses activités les plus caractéristiques s'expliquent au contraire comme des processus circulaires (...) le fonctionnement du système nerveux est un tout intégré. »* Nous sommes dans la première moitié du XXe siècle et les tensions et insuffisances de la discipline contribuent à l'apparition de théories buissonnantes en même temps que la question des connexions entre sciences se pose : Chomsky établit dans *Les trois modèles de langage* que la théorie de l'information de Shannon - l'information est l'information ; elle n'est pas matière ou énergie - ne peut s'appliquer au langage naturel. Le problème se pose très vite en termes d'analogie entre l'ordinateur et la pensée humaine. C'est dans les années 50 que la métaphore de l'informatique se structure : les états corporels du cerveau humain sont comparés au *hardware* de l'ordinateur et les modèles de la pensée c'est-à-dire ces états mentaux sont assimilés au *software* soit les opérations logiques ; le cerveau est comparable au fonctionnement d'un calculateur électronique séquentiel numérique. En 1960 l'ouvrage de Miller, Pribam et Galanter *Plans and the structure of Behavior* sonne le glas de l'arc réflexe et du béhaviorisme. Le programme de recherche des sciences cognitives est désormais clair : découvrir les capacités de représentation et de calcul de l'esprit et leur représentation structurale et fonctionnelle dans le cerveau. Contre le béhaviorisme est affirmée l'hypothèse d'un niveau d'analyse du cerveau qui est un niveau de « représentation ». A la fin des années 60, il semble évident que de nombreux problèmes humains peuvent difficilement s'exprimer dans des termes de logique symbolique. C'est à partir de ce nœud théorique que la question du statut du raisonnement par analogie s'invite au cœur de la question du mode de fonctionnement du cerveau. Dans le cadre des recherches de Minsky, au MIT, Evans met au point un programme de résolution des analogies de type visuel. Le protocole consistait à utiliser un programme pour lui faire repérer des paires de figures qui avaient certaines relations les unes avec les autres en lui demandant de choisir parmi plusieurs possibilités un ensemble de figures qui complétaient l'analogie visuelle. En indiquant « A est B », le programme devait choisir la seule image indiquant la relation existante entre C et D. Comme l'écrit Gardner : *« On doit remarquer que le programme ne résout pas l'analogie visuelle en utilisant des mécanismes perceptifs intuitifs mais en convertissant la description dans une forme symbolique du type qui serait employé dans un problème d'analogie numérique. Le programme accomplit l'analogie en décrivant A et B en tant que figures, puis en caractérisant les différences entre les descriptions »*. L'expérience d'Evans est essentielle car l'analogie est au cœur des états mentaux du cerveau puisqu'elle sert de matrice au mouvement dialectique de saisie des ressemblances et différences sans lesquelles l'appréhension du réel est impossible. Sans préjuger des inventions à venir dans le domaine de l'intelligence artificielle, il semble cependant que l'on puisse dire que non seulement l'ordinateur ne fait ici que saisir les propriétés syntaxiques de la relation analogique mais que le couplage avec les sens - dont est dépourvu le programme – dénature la tentative même de démontrer que le fonctionnement analogique du cerveau est reproductible. Même au niveau de l'information, les agents communiquent autant par des transmissions d'expressions symboliques que par des mécanismes d'excitation et d'inhibition. C'est sur ce couplage que l'analogie fonctionne.

Disposer d'un modèle qui puisse résoudre les problèmes humains en imitant les étapes mentales pour formuler la matrice du sens commun passe par la reproduction analogique mais celle-ci ne semble pas avoir l'élasticité du raisonnement par analogie – y compris dans sa physiologie naïve – lorsqu'il est spontanément utilisé par un être humain en particulier lorsque cela produit des résultats faux. Il est difficile de dépasser le stade de programme qui « comprendrait » le sens des mots au-delà de la technique du mot clé déclenchant un programme. Mais il y a une autre difficulté : la compréhension du programme nécessite un humain doté d'une compréhension sensitive du raisonnement par analogie. Comment résoudre pour l'intelligence artificielle la question de Dennet dite « du pistolet fumant » : qu'est-ce qui permettrait à un programme d'ignorer un aspect inattendu d'une situation ? Comme l'a montré Dreyfus, le développement de l'intelligence artificielle, après ses premiers succès, s'est bloqué parce qu'il n'y avait aucun moyen de s'attaquer aux différences fondamentales entre l'être humain et la machine. Le Percetron, la machine de Frank Rosenblatt qui était composée de quatre cents cellules photoélectriques représentant des neurones rétiniens, censé imiter le cerveau a été un échec. Searle éclaire d'ailleurs le problème en montrant que le simulateur de cerveau : *« S'il imite la structure de la séquence des activations neuronales dans les synapses, n'aura pas simulé ce qui compte dans le cerveau à savoir ses propriétés causales, sa capacité à générer des états intentionnels. Que les propriétés formelles ne soient pas suffisantes pour rendre compte des propriétés causales est montré par l'exemple des tuyaux à eau : on peut avoir toutes les propriétés formelles dissociées des propriétés neurobiologiques et causales pertinentes. »* La question reste donc de savoir si l'intentionnalité repose sur les propriétés matérielles du cerceau ou sur ses fonctions symboliques. Notre hypothèse c'est que l'analogie articule, mieux, est la forme que prend le couplage entre support matériel et propriétés symboliques. Les sujets fonctionnent par comparaison plutôt que par recherche simultanée (Sternberg) en fonction d'une loi de symétrie dans l'espace (Hochberg) ou d'associations riches dans le temps (Bower) grâce à une architecture analogique de la pensée. Qu'est-ce qui est incontestablement fourni à l'esprit qui sert de pierre de touche infaillible à l'inférence ? De quelles manières les représentations internes du sujet représentent le réel ? La forme même de la relation au monde est une limite qui nous enchâsse dans le réel : le rapport analogique sépare ce qu'il relie par sa forme même. L'analogie n'est rien d'autre qu'une banale propriété émergente, la forme spontanée de l'être au monde qui naît comme sphère autonome dans le cerveau par saturation du fonctionnement mimétique animal. Le cerveau ne réagit plus à des stimuli mais à des relations entre stimuli. C'est le couplage mimétisme-analogie qui rend possible l'accroissement de l'efficacité du bricolage de la sphère humaine. La structure de l'esprit humain est toujours la même car elle est une forme abstraite générée par saturation qui fait jaillir le sens par mise en équivalence des sens c'est-à-dire d'émotions. La localisation de la trace mnémonique est équipotentielle au sens de Lashley c'est-à-dire que toute zone fonctionnelle peut prendre en charge un comportement spécifique. C'est par exemple le cas du double sens d'un jeu de mots en gardant à l'esprit une signification latente jusqu'à la fin de l'énonciation de la plaisanterie qui n'est activée qu'à la fin. L'intersection entre le corps et l'esprit n'est pas la glande pinéale : c'est le langage. Le langage porte la marque de l'analogie : il permet d'établir des rapports entre les choses : *« Ce n'est rien moins que la mort de la signification qu'il faudrait attendre d'une réflexion qui viderait la pensée de tout contenu, et que pourrions-nous attendre d'une méthode d'analyse qui a la présomption de vouloir montrer que la signification pourrait émerger mystérieusement de la concaténation mécanique d'éléments dénués de sens ? »*

Ce qui s'efface, c'est la vision classique du cerveau : *« On supposait que le processeur était rationnel, et dirigeait son attention sur la nature logique des stratégies de résolution de problèmes. On présumait que l'esprit occidental mûr était celui qui était capable d'abstraire le savoir des idiosyncrasies de l'expérience individuelle quotidienne et ce que faisant il utilisait les lois aristotéliciennes de la logique. »* Les métaphores étaient censées appartenir aux êtres inférieurs comme les femmes, les primitifs ou les non humains.

Le premier moteur d'Aristote nous hante encore.

CHAPITRE XIII
LE PREMIER MOTEUR

L'analogie comme fondement sans origine de la conscience est présente comme problème dans l'un des passages les plus commentés de l'histoire de la philosophie et comme de l'un des moments les plus importants pour la métaphysique : « *L'être en acte, identique spécifiquement, mais non numériquement, à un être de la même espèce existant en puissance, est antérieur à cet être en puissance. Je précise : sans doute, à tel homme déterminé qui est déjà en acte, au froment, au sujet voyant, sont respectivement antérieures selon le temps, la matière, la semence, la faculté de voir, toutes choses qui ne sont homme.* »[96]

La thèse d'Aristote de l'antériorité de l'acte sur la puissance est le moment fondateur de la métaphysique non seulement parce qu'elle fonde la distinction entre logique et ontologie mais aussi parce qu'elle postule l'antériorité de la connaissance de l'acte sur la connaissance de la puissance.

L'évolution de la philosophie des sciences dans la deuxième partie du XXe siècle mettra ce questionnement au cœur de l'alternative entre origine(s) de la science et fondation épistémologique de celle-ci, en particulier avec l'empirisme et la question centrale de l'accès à la réalité.

DE L'EMPIRISME

Dans ses *Deux dogmes de l'empirisme*, Quine écrit : « *L'empirisme contemporain a été largement conditionné par deux dogmes. L'un consiste à croire en un clivage fondamental entre vérités analytiques, ou fondées sur les significations indépendamment des questions de fait, et les vérités synthétiques, fondées sur les faits. L'autre est le réductionnisme : il consiste à croire que chaque énoncé doué de signification équivaut à une construction logique à partir de termes qui renvoient à l'expérience immédiate.* »[97]

Pour Quine, les vérités ne peuvent être ni logiques, ni fondées sur des conventions linguistiques. Sa conception pragmatique consiste à considérer que l'activité scientifique suppose l'invention de « posits » c'est-à-dire d'objets physiques qui facilitent nos interactions avec les

---

[96] ARISTOTE, *Métaphysique*, Paris, Vrin.
[97] W.V.A. QUINE *Du point de vue logique*, Paris, Vrin, 2004.

expériences sensorielles (Hume semble avoir échoué dans sa tentative d'identifier les corps aux impressions). D'une certaine manière, le chercheur qui est aussi sujet humain pose l'existence de corps ou d'entités physiques à partir desquels il construit une physique. Liberté est donnée, compte tenu de la limitation des conditions de l'expérience, de choisir des énoncés que l'on va réévaluer. La conséquence pour la philosophie des sciences est simple : il ne s'agit plus de rechercher les origines de la science ou des sciences, de fonder la connaissance dans l'expérience ou les structures de l'esprit mais d'analyser notre mode d'accès à ces connaissances. La science devient avant tout un processus garanti par l'accord intersubjectif à l'intérieur de la communauté scientifique à chaque phase d'observation. Il est donc impossible pour Quine de faire dériver la science du monde extérieur à partir de preuves sensorielles : les étapes inférentielles qui vont des sens aux systèmes scientifiques sont insuffisantes. Prolongeant Quine, Putnam en vient à établir un lien spécifique entre référence, correspondance et vérité. En effet pour l'auteur de *Raison, Vérité et Histoire* : « *L'essence de la relation entre le langage et la réalité est que le langage et la pensée correspondent asymptotiquement à la réalité au moins dans une certaine mesure. Une théorie de la référence est une théorie de la correspondance en question.* » (PUTNAM)[98]

Pour Putnam, l'expérience humaine n'est qu'une partie de la réalité et la réalité n'est ni la partie ni le tout de l'expérience humaine. De plus, il creuse le sillon de l'analogie en élaborant une théorie dans laquelle, comme chez Pierce, un concept est la somme de ses conséquences pratiques mais où la science est l'ensemble des rapports sur des sensations sur lesquels on fait des hypothèses. Le scientifique n'est ici rien d'autre qu'un thérapeute qui propose la meilleure des thérapies : une théorie sensée sur le monde. Mais cette dernière prend alors la forme de l'analogie : un réseau de relations signifiantes et d'analogies disparues tisse le monde.

L'EXPLICATION ULTIME

C'est Bouveresse qui répond le plus clairement aux objections de Quine et Putnam à travers sa critique de Popper. Il pose la question de savoir si peuvent exister des propositions vraies en un sens qui n'est

---

[98] H. PUTNAM « Langage et réalité », *Philosophical papers*, Cambridge, HUP, 1975.

pas celui de la correspondance avec les faits et centre son argumentation sur la possibilité ou non d'établir une connexion logique entre le problème de la signification et celui de la vérité par le biais des définitions. Pour lui, il y a deux façons d'être victime du mythe de l'explication ultime : croire que cette explication existe ou penser que, puisqu'elle n'existe pas, tout est mythologique dans le discours de la science. Au contraire, il insiste sur le fait que l'une des caractéristiques de la rationalité est la recherche de la vérité comme norme[99].

Il serait illusoire de croire que ce débat fertile, auquel N. Cartwright donna une nouvelle dimension avec son texte intitulé Les lois de la physique énoncent-elles les faits ?[100], soit philosophiquement décidable. En ce sens, la position de consensus minimal entre réalistes et anti réalistes proposé par Fine à propos de l'attitude ontologique naturelle clôt symboliquement le débat : réalistes et antiréalistes acceptent les résultats des investigations scientifiques comme vrais mais en les mettant sur le même plan que des vérités plus ordinaires.[101] Ce qui l'est plus en revanche, c'est le dépassement de la question par la problématique technique. Dans Est-ce qu'on voit à travers un microscope ? Hacking[102] rappelle que la science dépend autant du génie technique que du génie créatif. Alors que les théories pensent le monde, l'expérimentation et la technologie qui en découlent le changent, même si une masse importante d'opérations non-théorisées entre en force dans le complexe techno-scientifique. Canguilhem le dit autrement :

« Les philosophes et les biologistes mécanistes ont pris la machine comme donnée ou, s'ils en ont étudié la construction, ont résolu le problème en invoquant le calcul humain. Ils n'ont vu dans la machine que des théorèmes solidifiés. »[103]

Les styles de raisonnement s'organisent de plus en plus autour d'outils de mesure, en particulier depuis le XVIIe siècle et l'utilisation du microscope :

« L'objet technique concret se rapproche du mode d'existence des objets naturels, il tend vers la cohérence interne, vers la fermeture du

---

[99] J. BOUVERESSE « Essentialisme, réduction et explication ultime », *Revue internationale de philosophie*, N° 117-118, 1976.
[100] N. CARTWIGT *Les lois physiques énoncent-elles des faits ?* Blackwell, 1980.
[101] A. FINE *L'attitude ontologique naturelle*, UCP, 1984.
[102] I. HACHING *Est-ce qu'on voit à travers un microscope ?* Blackwell, 1981.
[103] G. CANGUILHEM *La connaissance de la vie*, Vrin, Paris, 1980.

système des causes et des effets qui s'exercent circulairement à l'intérieur de son enceinte, et de plus il incorpore une partie du monde naturel qui intervient comme condition de fonctionnement, et fait partie ainsi des causes et des effets. Cet objet en évoluant perd son caractère d'artificialité. »[104]

C'est avec la capacité du chercheur à élaborer une coordination entre l'œil et la main que se déploie le potentiel de manipulation. Le problème n'est plus de savoir si le réel est un atome ou un agrégat composé à l'échelle de nos sens. La technique devient apparemment la meilleure preuve de la réalité des entités physiques. Si la magie conserve la mémoire du mimétisme en tentant d'agir sur les forces de la nature, la technique, elle, semble être, à l'autre pôle, l'oubli de l'analogique, c'est-à-dire d'une relation de l'homme à la nature médiatisée par le symbolique, en tant que nœud langagier de la finitude.

---

[104] G. SIMONDON *Du mode d'existence des objets techniques*, o.c.

CHAPITRE XIV
LA NATURE DE LA RÉALITÉ

La question fondamentale devient alors de déterminer la nature ultime de la réalité. Le débat en physique apparait ici comme le lieu de la confrontation entre la réalité et le modèle qui permet de la saisir c'est-à-dire de la confrontation du système cognitif analogique face à la nature de la réalité physique du monde. La logique qui préside à cette perspective épistémologique peut s'exposer à travers un raisonnement simple : la rupture intervenue au XVIIe siècle et qui a fait évoluer le régime de rationalité en Occident n'a pas éliminé le raisonnement par analogie au profit du système de causalité, mais elle l'a recyclé dans une tension mobilisatrice et fertile entre causalité et répétition. Mais ici encore on pourrait, malgré la persistance des lignes de ruptures repérées, souligner que l'usage du raisonnement par analogie n'est pas lié au fonctionnement de la science elle-même mais à ses dérives idéologiques. Dans cette hypothèse, c'est l'incapacité des chercheurs à tracer une ligne de démarcation entre science et idéologie qui disqualifierait le rôle supposé de l'analogie au cœur du processus de la rationalité occidentale. C'est oublier que la science est un processus et que le problème est aussi de savoir si elle se réduit à l'accumulation des connaissances. Les paradigmes scientifiques ne masquent-ils pas que ce à quoi nous nous référons en tant qu'objet constitué (électron, matière, peau, Adn) n'est pas toujours le même objet dont nous parlons à différentes époques du savoir scientifique ?

Il s'agira ainsi ici de faire travailler l'hypothèse de l'analogie comme forme de substitution aux fondements de la connaissance dans une physique, une métaphysique et une anthropologie : « *Les analogies fondatrices doivent rester cachées de même que l'emprise du style de pensée sur le monde doit rester secret. Ne nous laissons pas prendre à l'idée que ces analogies seraient fondées sur des ressemblances contingentes. Leurs propriétés mathématiques sont la base de riches constructions. En utilisant des analogies formelles à même d'ancrer la structure abstraite des conventions dans une structure abstraite appliquée à la nature, les institutions parviennent à surmonter les difficultés* »[105].

---

[105] DOUGLAS M. *Comment pensent les institutions ?* La découverte, 2004.

Mais le travail de l'analogie ne se réduit pas à une synchronisation momentanée d'un état donné du savoir : « Ce que nous appelons la réalité objective, c'est, en dernière analyse, ce qui est commun à plusieurs êtres pensants, et pourrait être commun à tous ; cette partie commune [...], ce ne peut être que l'harmonie exprimée par des lois mathématiques » écrit Poincaré. Mais la question de la réalité ou de l'accès au réel peut-elle se formuler ainsi ? En effet dès le XIXe siècle, de nombreux concepts sur le fondement desquels les philosophes pensaient construire et représenter le monde se dissolvent sous les coups successifs et contradictoires de la logique mathématique, de la psychologie de l'inconscient comme de la théorie de la relativité. Le grand livre de la nature écrit en langage mathématique et que les scientifiques pensaient pouvoir décrire avec un degré de rationalité s'estompant au fur et à mesure que, dans la chaîne du réel, on s'écarterait de la physique et de l'étude de la matière pour se perdre dans les contrées symboliques de la patte humaine, devient incertain. Le tableau devient plus flou comme si on ne pouvait plus déterminer la position de la connaissance et sa vitesse de déplacement dans le champ bigarré de la recherche scientifique.

QU'EST-CE QUE LE RÉEL ?

C'est Duhem qui ouvre le feu avec sa *Théorie physique*. La question à l'origine de sa réflexion est simple : la théorie physique nous fait-elle connaître la réalité ? Sa position repose sur l'idée que l'expérience et l'observation sont le donné toujours-déjà conceptualisé. Pour dire les choses simplement, une expérience de physique est différente de la simple constatation d'un fait. Il n'est jamais réellement possible d'atteindre à la certitude des énoncés observationnels car les observations dépendent de la crédibilité qu'inspire l'ensemble des théories qui lui donne sens. Pour Duhem, une expérience ne peut jamais porter contre une hypothèse isolée car, entre le fait pratique et la théorie, il y a un travail de symbolisation qui filtre la réalité, un double mouvement par lequel on remplace le langage de l'observation par le langage des nombres puis, afin de rendre constatable le résultat, la traduction d'une valeur numérique en une donnée formulée dans le langage de l'expérience :

« A son point de départ comme à son point d'arrivée, le développement mathématique d'une théorie physique ne peut se

souder aux faits observables que par une traduction. » (DUHEM)[106]
La conséquence de cela, c'est qu'une infinité de faits théoriques peuvent être pris pour l'interprétation d'un même fait pratique : *« Un fait pratique ne se traduit donc pas par un fait théorique unique, mais par une sorte de faisceau qui comprend une infinité de faits théoriques différents. »* (DUHEM)[107]

Vertige de la rationalité. Duhem estime que la théorie physique représente des propriétés physiques simples par des symboles qui ont avec celles-ci des relations de signes à choses signifiées. Ainsi, seules les théories permettent de relier des abstractions entre elles en correspondance avec les faits réellement observés. Chez lui le recours à l'analogie se place dans l'inconscient du mot correspondance. La théorie fabrique de l'expérience : une théorie nouvelle est un nouveau monde vu par un œil aiguisé qui prend en compte la force de l'expérience. Il n'y a pas d'expérience cruciale qui invaliderait une théorie. L'argument central de Duhem est le suivant : on ne possède jamais toutes les hypothèses possibles sur le réel : *« Il y a une inutilité physique absolue, irrémédiable, de certaines déductions mathématiques. »* (DUHEM)[108]

Il s'agit donc d'avoir une représentation mathématique de l'à-peu-près, d'où le principe qui, selon lui, doit régir la comparaison entre expérience et théorie : un sens commun rendu plus attentif. Mais on peut toujours soupçonner Duhem d'avoir placé la part d'incertitude sur la description du réel pour préserver ses propres croyances, en combinant rationalité scientifique et pensée religieuse. La position de Meyerson évite cet écueil.

ONTOLOGIE ?

Dès *Identité et réalité*, Meyerson s'oppose à l'idée que la science doit se limiter à découvrir des régularités et à formuler des lois. La recherche des causes lui apparaît comme l'objet, mieux, la marque de la science. L'effet préexiste dans la cause ; il y a même identité entre les deux. L'ontologie est soudée à la science et ne peut en être séparée. Meyerson martèle son concept premier : *« Notre intellect scientifique réclame impérieusement une réalité ontologique et si la*

---

[106] P. DUHEM *Théorie Physique, son objet, sa structure*, Paris, Vrin, 1989.
[107] Ibidem.
[108] Ibidem.

science ne permet pas d'en créer de nouvelle, elle sera impuissante à détruire l'ancienne. » (MEYERSON)[109]

Si l'ontologie n'existait pas, il faudrait l'inventer :

« Ainsi une théorie physique, comme il est facile de s'en rendre compte par un examen de l'ensemble de l'évolution des sciences, ne disparaît-elle jamais que chassée par une théorie nouvelle ; le réel scientifique qui meurt renaît forcément en un réel nouveau. » (MEYERSON)[110] Meyerson fonde d'ailleurs la possibilité de cette nouvelle ontologie sur la fixation dans le temps et l'espace de la comparaison entre elles des sensations, ce qui présuppose leur réduction préalable à des causes objectives. En langage kantien, cela s'appelle les analogies de l'expérience.

Mais l'analogie est autrement présente dans la pensée de Meyerson : *« On a quelquefois affecté de voir dans l'atomisme de la science contemporaine une sorte d'accident. Si on le méconnaît, on est amené à nier toute analogie entre les théories atomiques des modernes et des anciens. Or cette analogie est flagrante. »* (MEYERSON)[111]

Dans l'histoire d'une recherche des traces fossilisées dans la pensée de l'analogie, Meyerson est une pierre angulaire. Cette question est d'ailleurs reprise par Poincaré dans L'évolution des Lois : nous ne pouvons rien savoir du passé qu'à la condition que les lois n'aient pas changé ; si on ne l'admet pas, la question de l'immuabilité des lois est insoluble : *« Admettons pour un instant que les lois physiques aient subi des variations dans le cours des âges, et demandons-nous si nous aurions un moyen de nous en apercevoir. Si l'on veut croire à une évolution des lois, elle ne peut sans contredit être que très lente car pendant le peu d'années où l'on a pensé, les lois de la nature n'ont pu subir que des changements insignifiants. Les lois d'autrefois étaient-elles celles d'aujourd'hui, les lois de demain seront-elles les mêmes ? »* (POINCARE)[112]

Poincaré opère une analogie fondatrice qui rend possible le concept de loi en comparant deux rapports au temps - passé préhistorique et futur sans humanité - avec l'aujourd'hui de la science, pour neutraliser l'aporie qui pourrait détruire l'idée même de cause : la contradiction entre des lois acceptées à titre provisoire et la théorie immuable dont

---

[109] E. MEYERSON *Identité et réalité*, Paris, Fayard, 1995.
[110] Ibidem
[111] Ibidem
[112] H. POINCARE *Dernières pensées*, Paris, Flammarion, 1913.

elles ne sont que des cas limites. L'analogie sert à Poincaré de mise en équivalence des deux termes d'une aporie. Elle lui est aussi utile dans son analyse pour décrire l'origine des intuitions scientifiques[113] : « *Si deux organismes sont identiques ou simplement analogues cette analogie ne peut être due au hasard. Nous serons sûr qu'il a préexisté un germe analogue* »

LA QUESTION DES DONNÉES SENSIBLES

Cette mise en relation des différents objets de la réalité prend la forme de la relation des Sense-data ou données sensibles au réel chez Russel. Pour l'auteur des *Principes de mathématiques*, la véritable question n'est pas celle des différents degrés d'être mais celle des différences de mise en relation d'une pluralité de termes. Ce que Russel nomme des Sense-data est des entités physiques et non mentales. Il parcourt le chemin qui va de la chose du sens commun à la matière de la physique à travers une question fondamentale : les objets existent-ils lorsque nous n'en avons plus conscience ? Les choses physiques sont les séries d'apparences dont la matière obéit aux lois de la physique. La méthode de Russel consiste à faire la chasse à « l'inutile ménagerie des monstres métaphysiques » en utilisant un principe qui consiste à substituer partout où cela est possible des constructions logiques aux entités inférées. Mais la difficulté d'aller au-delà d'une construction de la réalité à partir de Sense-data, c'est-à-dire d'apparences appartenant à des perspectives différentes et corrélées aux autres pour former une chose unique dans l'univers physique, se noue dans le présupposé qui est au cœur de son analyse : « *Les entités inférées que je m'autorise à moi-même sont les Sense-data des autres, en faveur desquels plaident les preuves apportées par témoignages, et qui reposent en définitive sur un argument par analogie en faveur des esprits autres que le mien.* » (RUSSEL)[114]

Il semblerait que l'analogie fasse systématiquement retour y compris chez ceux qui ont cherché à substituer la logique à tout processus d'inférence. Tout se passe comme si la rationalité ne pouvait éviter de fonder son propre mouvement sur un rapport de rapport dont le penseur, philosophe ou scientifique a du mal à se

---

[113] Ibidem.
[114] B. RUSSEL « La relation des sense-data à la physique », *Revue Scientia*, Bologne, 1914.

départir. Russel le dit : l'esprit est la mise en corrélation avec la perspective à laquelle appartiennent nos Sense-data, c'est-à-dire la position de notre esprit dans l'espace.

La problématique devenue insoluble, mieux aporétique, on passe de la question de l'expression de l'essence du réel, la question disparaît du champ de réflexion, à la focalisation de l'attention sur ce que Schlick[115] nomme le tournant de la philosophie : est connaissable tout ce qui peut être exprimé. La forme exemplaire de cette évolution tient dans le programme de Carnap selon lequel la philosophie doit être remplacée par la logique c'est-à-dire par l'analyse logique des concepts et des propositions des sciences : « *Quelle est la cause première du monde ? Quelle est l'essence du néant ? Pourquoi y a-t-il quelque chose plutôt que rien ? Mais ce sont là des pseudo-problèmes sans aucune valeur scientifique.* » (CARNAP)[116]

Conçue comme une mathématique du langage, la Logique de la science repose sur le rejet de toute métaphysique. Les véritables propositions disent quelque chose sur l'état du monde mais n'ont qu'une signification empirique. L'objet de la science est la science elle-même en tant que structure ordonnée de proposition. Ces propositions de la logique de la science sont des propositions de la syntaxe de la logique de la science logique du langage. Carnap conteste ainsi la confusion des philosophes qui attribuent à des objets extra-linguistiques des propriétés qui devraient être attribuées aux désignations linguistiques de ces objets :

« Nous distinguerons trois types de propositions :

1) Les véritables propositions d'objets

2) les pseudo-propositions d'objets

3) les propositions syntaxiques. »

L'analyse de Carnap, d'une cohérence logique absolue, évacue pourtant le fait que l'activité philosophique ne vise pas à produire des propositions mais à clarifier des concepts. Dans cette mise en cohérence de la réalité avec elle-même, Carnap néglige peut-être aussi ce qui est au cœur de cette mathématisation du réel par le langage et son fondement mathématique :

$$A = A \text{ et } B \ddagger C$$

---

[115] M. SCHILCK, *Erkenntnis 1*, Vienna circle foundation, Amsterdam, 1931.
[116] R. CARNAP *La tâche logique de la science*, Vienne, Gerold and Co, 1934.

Autant dire que le jeu de différence et de ressemblance entre A, B et C, principe d'identité et principe du tiers exclu sont les deux propositions formalisées à l'extrême du raisonnement par analogie dont l'origine semble faire l'objet d'un refoulement méthodique. Or sans analogie, la forme sujet-prédicat et la logique sont des formes vides. Lorsque Reichenbach[117] élaborera sa distinction entre contexte de la découverte et contexte de justification, il soulèvera la question centrale de toute épistémologie lorsqu'elle prend en considération la question de l'accès au réel autrement que comme une surface à percer : la construction de l'épistémologie pour ne pas être arbitraire doit permettre à la pensée d'activer le postulat des correspondances. Dans son article sur La vérifiabilité Waismann décrira ce que nous avions nommé la structure chiasmatique du savoir sous la forme d'une ultime analogie où la pensée se renverse sur elle-même : *« L'incomplétude de nos vérifications est ancrée dans l'incomplétude de la définition des termes impliqués, et l'incomplétude de la définition dans celle de la description empirique. »* (WAISMANN)[118]

L'impossibilité de trouver un fondement au monde naturel est liée à la forme d'appréhension du monde par l'homme : l'analogie est cette forme spontanée de l'être au monde qui organise de l'intérieur et selon nos choix épistémologiques, la transcendance comme l'immanence extra-linguistique. La tension doit toujours être maintenue entre le réel et sa représentation car elle est la condition minimale de toute science, c'est-à-dire d'une mise en relation du réel dont la représentation est découpée dans le langage.

Les indiscernables ne nous disent rien sur les limites de la connaissance parce que le savoir est fait de notre manque. Il se nourrit d'une mise en équation des apories fondamentales propres à l'être humain et en organise la tension féconde sous une forme analogique.

---

[117] H. REICHENBACH Les *trois tâches de l'épistémologie*, U.P.C, 1938.
[118] F. WAISMANN « Verifiability » in *Essays in logic and Language*, Oxford.

CHAPITRE XV
CRITIQUE DE LA RAISON ANALOGIQUE

L'analogie a été présentée comme cette forme de l'être au monde qui permet de mettre en musique les apories fondamentales propres à l'espèce humaine. Elle est cette forme d'universalité creuse qui ne résonne que de ses propres échos aporétiques.

Avec Bacon, la modernité inaugurait une efficacité opératoire que l'auteur du *Novum organum* énonçait de la manière suivante : « *Science et puissance humaines aboutissent au même car l'ignorance de la cause prive de l'effet. On ne triomphe de la nature qu'en lui obéissant, et ce qui vaut comme cause, vaut comme règle dans l'opération* ». Se rendre maître et possesseur de la nature sera d'autant plus efficient que, comme le rappelle Dominique Jannicaut dans *La puissance du rationnel* « *La théorie mathématique potentialise, du fait même qu'elle investit a priori une nature envisagée de manière opératoire.* » Cependant, la question de la rationalité semble de plus en plus faire retour.

Deux thèses incompatibles s'affrontent. Il y a d'un côté ceux pour qui « *entre 1250 et 1350, un tournant fut pris, moins dans la théorie que dans les applications concrètes. Quelqu'un en Europe fabriqua la première horloge mécanique et le premier canon, instruments qui obligeaient les Européens à penser en termes d'espace et de temps quantifiés. Les cartes marines, la peinture en perspective et la comptabilité en double... Roger Bacon mesura l'angle d'un arc-en-ciel, Giotto peignit en ayant la géométrie à l'esprit.* » (CROSBY)[119]. De l'autre, il y a ceux pour qui le réel est irréductible au rationnel et pour qui « *depuis Laplace on s'attendait à ce que la microstructure de la matière se révèle être la répétition de la macrostructure de l'univers, et par là champ d'application de la dynamique de Newton. Appliquer le procédé identique en direction du monde souterrain semblait être la réalisation d'un principe universel unifié. L'analogie est le réalisme de la métaphore.* » (BLUMENBERG)[120]

Dès lors apparaît moins une opposition entre idéalisme et matérialisme, discours normatif et positiviste qu'un mouvement scientifique qui combine analogie et rationalité, et dont Gabriel Tarde donne une description :

---
[119] A.W CROSBY *La mesure de la réalité*, édition Allia, Paris, 2003.
[120] H. BLUMMENBERG o.c.

« Comment s'est opérée l'élaboration lente de ces sensations en notions et en lois ? Je dis que c'est d'abord, à mesure qu'on y a découvert plus de similitudes ou qu'après avoir cru y voir des similitudes superficielles, apparentes et décevantes, on y a aperçu des similitudes plus réelles, plus profondes. (...) on a passé de similitudes et de répétition de masses complexes et confuses, à des similitudes et à des répétitions de détails, plus difficiles à saisir, mais plus précises. » (TARDE)[121]

En ce sens Hacking a raison de montrer que la catégorisation entre les espèces en sciences naturelles et dans les sciences de l'homme n'a pas le même sens : dans le second cas, la « nature » des espèces peut être modifiée par sa catégorisation : c'est notamment le cas à l'aurore de la paléontologie humaine lorsque la classification renvoie certains peuples à la sphère animale. Encore faut-il comprendre que ce processus est à proprement parler lié au mode d'évolution des connaissances. L'analogie qui dénoue un rapport au monde pour arracher l'humanité à la Bible et au créationnisme fixiste renoue avec ce même créationnisme en se combinant avec l'ancienne classification de la typologie des espèces. Le racisme biologique qui veut exclure certaines tribus primitives ou certaines ethnies de la sphère humaine est rendu possible par la même *épistémè* - pour parler comme Foucault- que celle qui valide l'universalité du genre humain. On ne devient sujet connaissant que par l'interaction avec d'autres sujets car le partage d'une même humanité se fait sur une absence de fondement ultime, signe et gage de la liberté humaine, que remplace l'analogie comme dépassement du mimétisme animal et capacité de saisir le monde non par des régularités mais par des ressemblances c'est-à-dire par des relations de similitudes que la communauté de savants valide ou dénie par accord des esprits sur une hypothèse probante. C'est la possibilité de la connaissance qui rend impossible un fondement ultime. L'analogie est la source d'engendrement et de transformation de la pensée humaine. La question de la préhistoire est donc essentielle puisqu'elle démontre que l'épistémologie est liée aux capacités de l'individu générique représentatif de l'espèce humaine *Homo sapiens sapiens* et que l'universalité du genre humain est liée à l'universalité du mode de rapport au monde. Ce n'est ni la « pseudo-race » ni le symbolique qui nous sépare ou nous rattache c'est l'analogie qui se structure comme dépassement du fonctionnement

---

[121] G. TARDE *Les lois sociales*, Les empêcheurs de penser en rond, 1989.

mimétique de l'animal et rend possible une grande pluralité de rapports au monde. On comprend pourquoi la science ne peut pas être le résultat d'une dérivation logique des données des sens. C'est pourquoi la connaissance n'est ni subjective, ni métaphysique, ni théologique : mais elle peut le devenir. Si vouloir que l'esprit se connaisse lui-même c'est vouloir mordre ses propres dents alors croquons le fruit défendu de l'analogie. En ce sens on peut se rallier à une conception qualifiée par Fagot-Largeaut de « phénoménologie empirique ». Il reste une question liée à l'intentionnalité : comment une entité mentale peut-elle posséder intrinsèquement la propriété de renvoyer à autre chose qu'à elle-même ? C'est la forme même de l'analogie qui produit cette intentionnalité car il y a bien un effet miroir dans la relation analogique au monde, « la distinction entre la part de la constitution du monde extérieur et la configuration en miroir qui la réfléchit », dit Cournot, – effet miroir qui a troublé nombre de philosophes qui l'ont analysé en termes de propriété de la nature au lieu de le penser en termes de conséquence des conditions de validité de la connaissance. L'analogie explique aussi pourquoi, dans l'étude de la psychologie naïve, il est si difficile de rendre compte de la simplicité des tâches et de la systématicité des erreurs : au quotidien l'analogie fonctionne par routinisation d'essai-erreur dont la mécanique plaquée sur du vivant dans l'expression du rire est la meilleure formulation. Si nous voyons inégaux des segments égaux (illusion de Müller-Lyer), ou des cercles égaux (illusion de Titchener) des segments décalés (illusion de Poggendorff) ou non-alignés des cercles qui sont sur la même droite (illusion de Helmholtz), nous le devons au caractère proliférant de l'analogie qui a l'induction généralisante dans ses « gènes ». Fixation des croyances et saisie du monde par le sujet se font par la coordination analogique des représentations. En ce qui concerne la genèse de ce processus chez l'enfant, il semble que celui-ci ne détienne au départ que des stimuli sensori-moteurs et que les premières étapes de la conceptualisation (Moi et Non-Moi) se fassent à partir de ce que Quine nomme les quantificateurs du type « le même que », passant ainsi par l'usage spontané de l'analogie à des réglages lui permettant de transformer progressivement un savoir implicite et opératoire en un savoir explicite et réflexif. Ainsi on peut démontrer que les nombres sont représentés analogiquement chez le très jeune humain. Il établit une correspondance biunivoque entre les objets à compter et les termes d'une suite. La question se pose alors de la distinction entre chose et personne pour les enfants. Chez l'autiste, par exemple, on peut faire l'hypothèse d'une incapacité à entrer en relation avec autrui par impossibilité de constituer des méta-représentations en raison d'une saturation des erreurs d'attribution de propriété entre Moi et Non-Moi que produit l'analogie et qui se règle par ajustement social. L'autisme pourrait être considéré comme l'envers du passage réussi du mimétisme à l'analogie. Pour attribuer à autrui un esprit, des croyances et des désirs, il faut remplir la coquille analogique par des contenus, ce que l'autiste ne fait pas. Il est comme hypnotisé par le fonctionnement anarchique mais auto-organisateur de l'analogie. Le fonctionnement analogique se retourne comme un ourlet par réduction des termes. L'apprentissage au lieu de se faire par découverte des régularités se « fait » par le maintien d'une identité à soi. A l'autre bout de la chaîne, on peut dire que la folie est prolifération de l'analogie à l'infini : l'analogie remplit l'esprit jusqu'à écraser tout espace de respiration. Si l'analogie est bien la condition de possibilité du savoir on comprend pourquoi progressivement le statut de la logique classique a été contesté, la capacité de l'homme à appliquer les règles logiques prises en défaut et le raisonnement inductif remplacé par le raisonnement incertain. L'évolution de la connaissance elle-même agit comme un révélateur des conditions de possibilité de la connaissance. Ce n'est pas l'homme qui agit comme la nature lorsqu'il réalise des opérations analogues, c'est le mode de relation au monde de l'*Homo sapiens sapiens* qui pense qui fait fonctionner le jeu des similitudes dans la représentation de la nature. La question centrale biaisée par le débat sans fin entre matérialistes et idéalistes est celle du passage de la notion de ressemblance à celle d'identité naturelle au sein de la machinerie analogique. L'oscillation entre mécanisme et organicisme, réductionnisme et holisme, causalité accidentelle et harmonie préétablie n'est qu'une variation sur un même thème de l'insoluble question du système hypothético-déductif. Ce *no man's land* épistémologique n'a aucune raison d'être. La forme même du savoir produit l'image en creux d'un ordre interne à atteindre. L'analogie est l'invariant de notre schème conceptuel qui rend possibles le matérialisme et le transcendantalisme comme position équiprobable à l'intérieur du langage. Elle rend compte des lois *ceteris paribus* : la recherche de lois ou de régularité par induction généralisante n'a pas le même sens lorsque l'un des termes de l'analogie (A/B) est la constante du rapport de l'homme à la nature que lorsque ce terme évolue au sein de la relation de l'homme à l'homme. L'analogie fonctionne par individualisation de rapports de similitude : *« Selon Hume, nous savons juger que des situations sont semblables et ainsi nous savons les rapprocher. C'est à l'aide de ces rapprochements que nous cernons des régularités de successions ou de concomitance. A ces régularités, nous ne devrions pas donner le nom de lois mais d'habitudes »,* écrit Largeault. La forme analogique du savoir oblige à dire que la cause n'est pas la chose en soi mais un rapport. C'est ce qui explique que bien que nos théories soient des constructions mentales nos concepts puissent désigner des relations réelles rendant compte d'enchaînements temporels dans une nature qui est le théâtre de causalités que l'on saisit par approximations successives. *« Je tire par ressemblance avec les choses dont j'ai fait l'expérience d'autres et d'autres images »,* dit saint Augustin. Ce mode de raisonnement par analogie où la mémoire mobilise des analogues et fonctionne à l'enchaînement d'inférences explique que deux personnes ayant décidé de se régler sur la conduite de l'autre, rien ne peut se prescrire d'assurer. La pensée n'est pas mécaniquement produite par l'activité neuronale, c'est son double, une propriété émergente, qui s'encapsule par un phénomène de saturation. Enfin l'analogie est la forme par laquelle le sujet a accès à ses propres pensées par la réflexivité. L'absence de fondement est liée à la nature même des conditions de possibilités de la connaissance. L'analogie est la forme même du nœud cognitif qui explique la réflexivité comme la possibilité de penser en son sein immanence et transcendance sous la forme d'une opposition structurante. Et si l'on devait montrer en quoi l'analogie a participé au mouvement scientifique et s'est affirmée par la puissance du rationnel, il faudrait passer par les arts de la mémoire. L'art de la mémoire peut être résumé par la formule de Cicéron : *« Nous utilisons les lieux comme de la cire et les images comme des lettres »* ; autant dire qu'un lieu réel dont on se souvient suscite dans l'esprit des associations avec des choses. Présent dans l'*Ad Herennium*, l'art de la mémoire systématise l'analogie ; l'âme pense par image mentale car la mémoire peut transformer en image une abstraction. On se représente une grande bâtisse dans laquelle on range des images. Il s'agit de mémoriser des signes sténographiques dans des lieux sous la forme d'un alphabet visuel. Les images en elles-mêmes rappellent la mémoire des « choses » et les inscriptions qu'on y mémorise constituent une mémoire « pour les mots ». Les calculateurs prodiges qui mémorisent des résultats par millions ne fonctionnent pas autrement. Mais le livre imprimé va tuer ces constructions de mémoire et rendre inutile l'habitude d'une antiquité immémoriale de revêtir une chose d'une image. L'art de la mémoire s'effondre comme un château de cartes. Au XVIIe siècle, l'humanisme marginalise le théâtre de la mémoire qui est récupéré par l'hermétisme. Au moment où le raisonnement par analogie semble éliminé de la scène par le principe de causalité, il est réintroduit par l'herméneutique. Westfall écrit qu'il y a *« une similitude entre l'ancienne tradition herméneutique et les nouveaux philosophes du XVIIe siècle »*. Dobbs renchérit en estimant que « c'est le mariage de la tradition hermétique et de la philosophie mécanique qui a eu pour fruit la science moderne ». Mais il faut encore démonter le mécanisme au cœur duquel l'analogie s'est une fois de plus métamorphosée. Les restes de la philosophie de Ficin et de Pic de la Mirandole ajoutés aux influences de la cabale juive amalgamée dans une tradition hermético-cabalistique perdurent alors de façons marginales depuis la Renaissance. Mais ils sont peut-être aussi à l'origine d'une interprétation moderne selon laquelle la nature est écrite en langage mathématique. Si comme chez Lulle les noms divins sont des causes premières, alors le livre de la nature est une route menant à Dieu puisque la géométrie de la structure élémentaire du monde de la nature se combine avec la structure divine du monde. Si le principe hermétique du reflet de l'univers dans l'esprit humain permet de saisir le monde en l'unifiant avec des images significatives, alors l'art de la mémoire permet, par combinaison d'images et de mots, de décrire le réel au-delà des apparences et ce sous la forme de symboles. Ces symboles peuvent être ésotériques ou mathématiques. C'est alors que peut naître la modernité : *« L'univers est écrit en langage mathématique et ses caractères sont des triangles et autres figures géométriques, sans le moyen desquels il est humainement impossible d'en comprendre un mot. Sans eux c'est une errance vaine dans un labyrinthe obscur »*. Mieux, l'art de la mémoire permet de combiner des symboles pour tenter d'épuiser le réel au point qu'un renversement de perspective s'impose : ce n'est pas la causalité qui projette la puissance du rationnel et la force explicative du système hypothético-déductif, c'est l'herméneutique qui en anticipe les limites. La rationalisation de la causalité du nom divin ne suffira pas à découvrir la cause première car la combinaison de symboles mathématiques ou herméneutiques est impuissante à épuiser le tout du réel. Lorsque l'esprit scientifique passe du pourquoi au comment et renonce à la causalité unique, elle entérine ce principe. *« Le passage d'Aristote à Galilée n'est pas celui du dogmatisme théorique à l'évidence empirique, mais celui de l'évidence empirique du sens commun à l'autorité de l'évidence mathématique ».* L'analogie enchâssée dans l'art de la mémoire redécoupe les représentations du monde au point d'accoucher d'une rationalité au carré. L'art de la mémoire a permis d'inventer un système qui projette à l'intérieur de l'homme le système astrologique qui reflète les changements et permutations comme les combinaisons variables entre les planètes et la psyché humaine. Mais elle permet aussi par un renversement interne de projeter la causalité du nom divin dans la nature. Penser et spéculer en image grâce à l'art de la mémoire rendent possible l'activation de la causalité détachée de son origine divine. Créer des images c'est remplir un système. Or si les possibilités sont infinies, il faut toutes les tenter. La combinatoire seule permet de trouver des symboles qui représentent des quantités et leurs relations. Leibniz qui disait s'être inspiré de la *Dissertatio de arte combinatoria* pour le calcul infinitésimal en conviendrait peut-être. La recherche d'image pour les choses est l'Adn du symbolisme mathématique. Intégrer par exemple vingt-quatre théâtres de la mémoire dans un zodiaque c'est, comme le dit Yates, une folie et la quête d'une méthode. L'art magico-religieux par épuisement de ses combinaisons fait éclore la rationalité moderne. L'échec de Lulle ou Bruno à fabriquer des images qui auraient les pouvoirs du cosmos, pour les introduire dans la psyché, sonne l'heure du grand mouvement de réversibilité qui accouchera de la causalité du nom de Dieu à la causalité naturelle. Les images qui étaient censées posséder une animation magique en contact avec le cosmos s'unifient en diagramme et transforment le monde en livre. Il faudra désormais lire ce livre. Ce n'est plus la mémoire qui a un code c'est le monde. L'épuisement de la combinatoire ésotérique en produit le déplacement. Dès lors, le principe des causes et des effets peut s'autonomiser. Autrement dit l'idée chrétienne de l'homme comme image de Dieu enferme la théologie dans des causalités vaines régies par des analogies. Mais la mise en correspondance de Dieu, du Monde et de l'Homme ouvre la voie à une circularité des échanges de propriétés des uns et des autres jusqu'à ce que, comme dans une roulette, la boule symbolique de la combinatoire déverrouille l'harmonie préétablie de l'univers. Il s'agit d'une inversion des clés herméneutiques qui produit un passage aux limites : la raison ne pouvant s'autofonder cache la forme de son émancipation. Alors la correspondance mathématique entre microcosme et macrocosme (l'homme et Dieu) se déplace et rend possible l'expression d'une causalité dans la nature. Newton révolutionne la mécanique en introduisant des forces d'attraction et de répulsion qui venaient de la tradition hermétique et de l'alchimie. Descartes y joue un rôle central : il préserve la transcendance mais prépare le terrain du matérialisme et branche la substance corporelle sur les causes premières ; l'animal machine signifie que l'homme serait une machine s'il n'avait pas d'âme. Dans l'ambivalence de la formule, s'articule le possible du matérialisme ; le finalisme est évacué non sous la forme d'une induction à partir de l'expérience mais sous la forme de l'a priori. Descartes ruine le cosmos fini et la chaîne de l'être avec un monde voulu par un Dieu mathématicien. Il restera à Laplace à élaguer les copeaux en se passant de l'hypothèse divine.

« Lorsque la raison pourra marcher sans les béquilles de l'analogie ésotérique, par accumulation de ses succès, elle perdra le système de correspondance qui l'avait rendue possible comme un serpent sa peau durant sa mue. » Il restera alors à éclairer la question de l'opposition entre idéalisme et réalisme : *« Le réalisme conduit toujours à l'idéalisme puisqu'il doit postuler ce qui constitue le principe de ce dernier : la conscience de soi. (...) L'idéalisme dogmatique est ainsi contraint de faire appel, pour se fonder lui-même, au principe adverse (...), de là le caractère antinomique de l'opposition du réalisme et de l'idéalisme : thèse et antithèse recourent chacune, pour se justifier, au principe adverse qu'elles entendent réfuter. »* écrit Ferry.

Comment la conscience saisit-elle non son illusion mais sa virtualité ? La proposition est la suivante : l'affirmation de l'existence du monde et d'autrui est la forme même de la conscience de soi dans un nœud analogique. L'intersubjectivité n'est pas un dérivé du câblage phénoménologique, elle en est la forme même. La conscience est réciprocité c'est-à-dire qu'elle ne peut se concevoir que comme étant en relation avec une autre. La conscience de soi est commune aux consciences non comme inclusion d'un schème biologique inscrit dans les neurones ou comme forme anthropologique symbolique universalisable mais en tant que relation causale qui est toujours rapport de rapport et non rapport de causalité. L'activité de la pensée n'est ni purement matérielle car dans ce cas elle ne serait que le reflet du monde ni purement formelle car elle est toujours conscience de quelque chose et possède un objet de réflexion. Ce sont les relations d'objets que la conscience met en rapport qui prennent une forme analogique parce que ce n'est pas la chose en soi qui produit la conscience mais la forme de la conscience de soi qui rend possible l'activité du sujet : « *Ainsi la sensibilité fournit les différentielles pour une conscience déterminée ; l'imagination en tire un objet fini déterminé de l'intuition ; l'entendement extrait du rapport de ces diverses différentielles que sont les objets le rapport des objets sensibles qui en proviennent.* », écrit Maimonide. La problématique classique kantienne du passage entre un degré O de conscience et un degré N d'apparition de la conscience claire par une infinité d'états de conscience est ici reformulée. On doit en tirer la conclusion suivante : matérialisme et idéalisme sont deux formes équiprobables à l'intérieur du langage en tant que rationalisation possible de l'aporie que constitue une conscience de soi dont la forme est analogique, le principe de régression n'étant que la conséquence de la forme de l'étant, d'où la dynamique de quête philosophique de l'argument déterminant qui discréditerait la thèse adverse et les ambivalences de deux théories de la connaissance comme forme de la même aporie. On comprend pourquoi le matérialisme renvoie, dans le temps, à la découverte d'une causalité à venir de toute forme d'explication insuffisante ou inadéquate mais aussi en quoi les spiritualistes renvoient l'indétermination des causes premières à la finitude de l'homme. Chacun en son bateau explique l'indissoluble du subjectif et de l'objectif.

Il reste à décrire comment l'analogie naît en tant que principe sans fondement à la découverte de la connaissance du monde. Elle est peut-être une propriété émergente qui naît par saturation du comportement mimétique animal. Le câblage entre un mode de compréhension analogique qui permet la représentation du monde et un mode de comportement mimétique qui reste noué à l'information sensitive est peut-être la solution à des problèmes qui n'en sont pas. Réalisme et idéalisme ne sont que des versions de la machinerie analogique. Il serait d'ailleurs étonnant que, par une sorte de sélection naturelle des idées, il se révèle un jour que les matérialistes ou les idéalistes aient une fois pour toutes définitivement tort ou raison. Quiconque cherche donc un fondement à la raison est acculé à un trilemme : la tautologie qui fonde A sur B en utilisant subrepticement B pour établir A, la décision de mettre fin au principe de régression par un principe infondé, cause première pour les matérialistes, *causa sui* pour les idéalistes ou pire accepter le principe de régression en tentant de fonder le fondement. Si ces tentatives échouent, c'est que la forme même de la connaissance n'est pas l'établissement de causes mais de rapports de causalité entre des termes. Si l'on cherche un fondement, il faut le chercher du côté des conditions de possibilités de la connaissance. Il y a un fondement ultime de la rationalité qui est pragmatico-transcendantal : c'est la communauté de sujets des savants qui valide par ses procédures et méthodes des hypothèses mais celle-ci se fait en remontant aux présupposés c'est-à-dire aux conditions de possibilités de la connaissance. L'analogie permet d'établir un rapport de rapport qui se substitue à la quête du fondement. Nous construisons des concepts ce qui n'enlève rien au caractère naturel du réel.

Il s'agit alors d'affirmer que toute pensée créatrice dans les arts ou la science est invariablement métaphorique. Kleist résumait le problème lorsqu'il disait que le monde se sépare en deux catégories : ceux qui s'y connaissent en métaphores et ceux qui s'y connaissent en formules. La fabrication d'une image rationnelle de l'homme aux XIXe et XXe siècles en est peut-être l'illustration. Mais la vertu d'une image n'est-elle pas d'être déformante ? L'apocalypse viennoise en révèle peut-être la potentielle ambiguïté.

CHAPITRE XVI
LA « JOYEUSE APOCALYPSE »

L'articulation logique entre modernité et raison instrumentale a la double figure de Janus : c'est celle du rapport politique entre modernité et identité. L'analyse généalogique qui permet de remonter de la méthode à l'essence pose la question de l'identification de ce qui est historiquement premier par rapport à ce qui est axiologiquement premier [122] : « doit-on fonder sa vie sur sa propre souveraineté où sur celle des autres en tant que principe de réciprocité ? » Raison calculatoire et individualisme constituaient le nœud gordien de la Modernité. Sur le problème de la modernité et de la construction d'un monde dont la particule élémentaire est l'individu[123], la modernité viennoise a longtemps été un paradigme indépassable. La *Vienne 1900* n'a pas encore livré tous ses secrets.

L'INVENTION DE LA TRADITION

En 1531 le Thesaurus linguae d'Henri Estienne définit l'adjectif latin *modernus*, né au Ve siècle, comme « le temps présent ou à peine passé, ou tout près d'advenir. » Absent du latin classique, il désigne une période de transition entre l'Antiquité et l'avancée des Barbares. Au Moyen-âge, la modernité s'oppose à l'époque de l'Ancien Testament. « Au XIVe siècle la réforme religieuse dans les pays rhénans prend le nom de *devotio moderna*. »[124] Mais c'est au XVIIe siècle, avec la « querelle des Anciens et des Modernes » [125] que la question moderne prend forme. Le XVIIIe siècle, siècle des Lumières et du progrès en sera le creuset structurant. Après la Révolution

---

[122] « (…) lorsqu'on ne peut déterminer, dans une analyse, lequel des deux termes engendre l'autre, et qu'on est réduit à les faire se réfléchir ou se produire réciproquement, c'est le signe sûr qu'il faut changer les termes du problème » écrit Baudrillard.
[123] A. JOUFROY, dans *De l'individualisme révolutionnaire* écrit : « Il n'y a personne de plus malheureux et de plus dupe que celui qui confond l'individualité avec l'exception. »
[124] C. CHARLES, *Discordance des temps*, Armand Colin, 2012
[125] Le 27 janvier 1687, Charles Perrault lit *Le siècle de Louis le Grand* à l'Académie française. Le débat est lancé : Perrault rejette la supériorité des auteurs anciens sur les modernes. La querelle des Anciens et des Modernes est précédée par la querelle du Cid en 1636-37 et se clôt lorsque, devenus eux-mêmes classiques, les Modernes sont critiqués par Hugo et Stendhal avec leurs propres arguments.

française, Michelet écrit que « l'allure du temps a changé ». L'histoire semble alors avoir plus changé en cent ans qu'en trente siècles entre Cyrus et Louis XIV ce qui fait dire à Daniel Halevy que l'histoire désormais « a la rapidité d'un cri[126] ». Murray nous a donné un XIXe siècle à travers les âges qui dit cependant la diachronicité du concept de modernité. « La réalité historique, mélange d'évènements naturels et de décisions relativement libres, ne se laisse pas décomposer en éléments reproductibles dont les rapports réciproques peuvent être établis définitivement » dit Siegfried Kracauer. C'est dire si le siècle de l'histoire tente de faire fi des manipulations d'une « poignée d'abstractions » pour réactiver le passé à partir d'un présent immanent. « La puissance magique de la chronologie » (Burckhardt) conserve un temps encore les liens artificiels entre des unités de temporalité fabriquées, aux commandes de l'idéologie. Mais déjà, l'air du temps est « aux agrégats de tendances, d'aspirations et d'activités indépendantes les unes des autres » et non plus à la chronologie lisse et factice que le siècle suivant tentera de réunifier dans « un moment totalitaire »[127].

C'est aussi la raison pour laquelle les racines de la modernité sont enceintes de significations qui font elles-mêmes partie de la modernité. La « symphonie héroïque du Progrès » (Durand) ne suffit plus depuis longtemps à en épuiser toutes les dimensions. L'hédonisme cultivé n'est plus une réponse à la crise qui consiste à être hors de soi. L'irradiation par la simplicité des choses réelles est un autre *adequatio ad intellectum*. A l'ère des masses, la sagesse du « kairos » grec est désormais hantée par la passivité minérale d'un ennui sans fécondité. Le simulacre des masques et des identités sans référent ultime se joue des demi-croyances auxquelles on fait encore semblant d'adhérer à demi-mot. L'identité moderne est un fantôme s'essayant à des jeux cruels. Debord l'a dit à sa manière dans la parousie du post-modern : « L'origine du spectacle est la perte de l'unité du monde ». On pourrait ajouter que c'est aussi la perte de l'identité vivant à l'ombre des ontologies. « Tout esprit profond a besoin d'un masque » dit Nietzsche.

---

[126] D.HALEVY, *Essai sur l'accélération de l'histoire*, Fallois, 2001.
[127] Avec le cycle de *L'avènement de la démocratie*, Gauchet a parfaitement décrit le processus totalitaire comme réactivation des forces de l'Un à l'intérieur d'un système devenu démocratique en décrivant la métamorphose des centres de la culture religieuse (Berlin, Rome, Moscou) comme le cœur du réacteur nucléaire totalitaire.

Le concept de modernité est donc toujours un moyen de tracer une ligne de démarcation entre deux temporalités supposées hétérogènes, de mettre en forme la dernière rupture en date qui fera sens pour ses contemporains. Mais la modernité est toujours un temps sorti de ses gongs car aucun historien ne peut jamais écrire l'histoire d'un point de vue d'un temps où victimes et bourreaux sont déjà morts depuis longtemps. Même s'il y a toujours plus de morts que de vivants nous ne serons jamais *simultanément* contemporains des morts et de ceux qui ne sont pas encore nés. Une génération moderne n'est donc rien d'autre que l'ensemble de ceux qui respirent au même moment. La modernité est l'impossible mémoire de l'avenir. Au point d'ailleurs qu'il faut définir simultanément les principes de l'invention de la tradition et ceux de la tradition de la modernité comme deux reflets de cette même aporie.

« L'invention de la tradition est essentiellement un processus de formalisation et de ritualisation caractérisé par la référence au passé. (…) Il est clair que beaucoup d'institutions politiques, de mouvements idéologiques étaient tellement sans précédent que même la continuité historique a dû être inventée en créant un passé ancien au-delà de la continuité historique effective, soit semi-fictive (Boadicée, Vercingétorix, Henri le chérusque) soit par contrefaçon (Ossian)» écrit Hobsbawm[128]. Ce qui nait après c'est la tradition de la modernité.

La compréhension des relations entre les idées et les formes nouvelles et anciennes est tout entière dans le mouvement qui lie une invention de la tradition et la naissance d'une tradition de la modernité. C'est ensemble que se joue cet avènement dans un cycle qui percole de 1880 à 1914. La Vienne 1900 est le laboratoire « d'un homme qui est au bout de la pensée (et qui a besoin) d'une autre forme de dépense énergétique humaine » écrit Abel Gance.

LA TRADITION DE LA MODERNITÉ

Nietzsche voyait dans le monde à venir la naissance d'une temporalité inédite, en rupture avec la chronologie magique et qui confondrait l'actuel et l'inactuel dans la répétition de cycles temporels. Un éternel retour. En écho involontaire, Louis II de Bavière écrit dans son journal qu'il faut croire à « la destruction

---

[128] E. HOBSBAWN, T. RANGER, *L'invention de la tradition*, Edition Amsterdam, 2006.

allégorique du Mal ». Elisabeth d'Autriche pense-t-elle à son cousin lorsqu'elle note :

> *« Une sagesse tellement irritée*
> *De la honte qu'elle voit sur terre*
> *Qu'elle s'est sagement décidée*
> *A devenir folle elle-même »* ?

Les bouleversements qui font dire à Sissi « Je suis une mouette d'aucun pays » ou « Mon cœur est une tombe vide » affectent la coexistence hasardeuse d'un kaléidoscope de langages, d'identités, de cultures, de génies et d'hommes sans qualités dans une Autriche-Hongrie dont la centralité de marbre et d'acier de l'Empereur François-Joseph n'est peut-être qu'illusion. Babel de la modernité, la Vienne 1900 voit le génie désabusé côtoyer une lucidité discrète et désespérée. La mélancolie qui s'empare des âmes et des corps flirte avec l'idée que « La folie est plus vraie que la vie » (Sissi). La mélancolie, maladie du néant, au siècle du nihilisme donne l'illusion d'une omniscience tant que le réel ne frappe pas à la porte.

Cioran disait que la Vienne de Sissi était un modèle de catastrophe mais sa « joyeuse apocalypse » avait déjà été prophétisée[129].

Quelles furent donc les mutations communes aux nations européennes après 1848 et celles qui furent spécifiques à l'Autriche-Hongrie ? Magris éclaire le mythe en soulignant que c'est : « La transposition de la mentalité bureaucratique au plan des sentiments. (…) Trois aspects du mythe : supranationalité, hiérarchie et hédonisme ».

Le malaise dans la civilisation autrichienne allait accoucher, du positivisme et du millénarisme, de la psychanalyse avec Freud, de la Sécession avec Klimt, des écrivains comme Hofmannsthal, Musil, Schnitzler et Altenberg, des peintres comme Kokoschka et Schiele, Makart et Romako, des penseurs qui à eux seuls constituent la moitié du dictionnaire précieux des intellectuels du XXe siècle : Mach, Gombrich, Wittgenstein, Kraus mais aussi des musiciens (Schönberg) ou des architectes (Wagner). D'autres encore écrivains, artistes, peintres ou politiques. Les noms de Loos, Herzl, Adler, Lueger, Moser, Hoffmann et Broch les accompagnent dans une épiphanie saturée d'angoisse et sécularisée par l'absorption du moi de gens qui

---

[129] Milan Kundera écrit : « Le destin de l'Europe centrale apparaît comme l'anticipation du destin de l'Europe en général, et sa culture prend d'emblée une énorme actualité ».

vivent au bord de la vie, en bordure d'eux-mêmes comme « les personnages de Joseph Roth (vivaient) à la périphérie de l'Empire ». Kraus disait que la civilisation viennoise était une « station météorologique pour la fin du monde ». L'Empire des Habsbourg n'a pas pu, n'a pas su, entre Napoléon et l'ascension de la Prusse jouer le rôle de géant qui aurait pu être le sien dans la Mitteleuropa. Mais avec des si on mettrait Vienne en bouteille. L'Empereur et son armée se considéraient comme le « Saint Empire Romain de la nation germanique » sans en avoir les moyens. En 1859, l'Empire perdit ses provinces (Lombardie et Toscane), puis en 1866 la bataille de Sadowa eut raison de Venise et de la Vénétie. En 1871, l'Allemagne était unifiée sous la souveraineté prussienne. On comprend que Broch ait vu dans la loge vide réservée à l'Empereur - au cas où - la forme même du théâtre baroque qui faisait de la centralité de l'Empire, une perpétuelle absence. Un vide garant du pouvoir.

Dans *L'esprit viennois*, Johnston écrit qu'« Entre 1867 et 1914, l'empire des Habsbourg présenta l'anomalie d'un Etat dynastique dont l'enlisement par l'absence de projet n'avait d'égal que le manque de nom ». Grande puissance entre 1620 et 1720, résistant à la réforme protestante comme aux Turcs ottomans, il fut l'empire qui, dès le XVIIIe siècle, associait bureaucratisation et catholicisme réformé sous le règne de Marie-Thérèse (1740-1780) puis de Joseph II (1780-1790). L'empire bureaucrate se développa sous François-Joseph au point que l'irrésolution de la question des nationalités dans un Etat multinational se fit religion avec dogmes et rituels. C'est là l'origine d'une immolation de la pensée par le politique.

Pouvait-il en être autrement ? L'échec du libéralisme autrichien des années 1848 était gros de son accession au pouvoir vingt ans plus tard : une monarchie constitutionnelle qui se gouverne dans un partage avec l'aristocratie et la bureaucratie impériale. Mais sans base sociale réelle, les libéraux allaient être contestés par la montée des partis de masse : pangermanistes antisémites, parti chrétien-social, socialistes et ménageries nationalistes en tout genre. La stratégie qui visait à neutraliser le problème des nationalités au sein de l'Empire en écartant les menaces extrémistes grâce au suffrage restreint ne pouvait guère tenir. De plus, la bourgeoisie avait échoué à détruire l'aristocratie et elle ne put se fondre dans ses rangs autrement qu'à travers un mécénat qui visait à s'approprier ses valeurs en les renouvelant. Le pouvoir impérial était un lieu géométriquement vide que toutes les factions politiques voulaient conquérir pour revendiquer le principe d'intégration qui pourrait cimenter l'empire[130]. L'échec politique ouvrit une fenêtre à une esthétique. Or dans les années 1820, l'Autriche fait encore figure de belle endormie dans le domaine culturel. Ce n'est qu'après les journées de 1830 que se développe un bouillonnement culturel fruit de l'expression des identités nationales et métissées. Après 1848 « Tout se passe donc comme si à Vienne, l'art pour l'art, cet art le moins politique dans ses aspirations affirmées et avouées, était le mieux placé à remplir une fonction politique. La recherche des formes esthétiquement parfaites devrait évoquer la recherche de l'harmonie entre les peuples qui composaient la monarchie » écrit Pollak dans *Vienne 1900*. Hofmannsthal explique ainsi que les passions nées de l'échec politique conduisent à la formation d'un esprit du temps formé dans la forge d'une inquiétante étrangeté : « il faut prendre congé du monde avant qu'il ne s'effondre. Beaucoup le savent déjà et un sentiment indicible rend beaucoup de gens poètes ». L'impulsion sacrée donnée du dehors n'est plus politique ; elle doit devenir artistique et esthétique. Les artistes tentent de recoller les morceaux du mythe habsbourgeois dans la conscience intime que la condition du renouvellement artistique de celui-ci est la croyance consciente à une illusion nécessaire. Ce mythe si bien décrit par Magris à l'époque Biedermeir est tout droit sorti du cerveau de Grillparzer.

Mais l'idéologie supranationale qui devait réunir les peuples se désagrège. Il faut alors retrouver un sentiment océanique dans une cérémonie esthétique où la foi politique est commuée en acte de foi artistique et qui échapperait à la paralysie en canalisant les forces les plus irrationnelles. La dépolitisation radicale de l'Empire laissait la voie libre à un art qui comblerait le vide de la synthèse des nationalités « austro-hongroises ». « La modernité naît comme mythe de la fin du mythe » dit Carchia. Mais un mythe unificateur est ce qu'il y a de plus difficile à forger car il faut recréer la vérité d'un sens commun cristallisé dans une communauté par une énergie créatrice qui s'incarne dans une base sociale. Briser le sarcophage Biedermeier était le désir profond de chaque artiste dont l'œuvre se devait de réunir et de synthétiser toutes les caractéristiques d'une époque. La modernité viennoise en crise était celle d'une absence de centralité du noyau de référence commun à une communauté d'hommes, subsumé

---

[130] « Schoenerer, la tribu germanique, Lueger, l'ordre catholique médiéval, Herzl, le royaume d'Israël avant la diaspora » écrit Schorske.

par une seule catégorie dans la réalité : l'Empereur. C'est ici que la modernité viennoise s'identifie à la crise de la modernité elle-même : autonomie et identité individuelle deviennent le lieu du « banc d'essai pour la fin du monde » (Krauss). L'adhésion par défaut à cette course à l'abîme est la traduction de la crise moderne : l'individu autonome est seul devant son échiquier et ne peut assumer sa solitude. La dynamique de la modernité où chaque personne porterait en elle l'homme universel se heurte à la double contrainte d'une désintégration d'un individu qui se cherche lui-même et dont la loi qu'il s'impose à lui-même est source de souffrance. Chaque individu doit plonger ses racines dans « son propre sol » (Lou Salomé) alors que le pouvoir de désintégration sociale de l'individualisme n'est pas encore compensé par des institutions et un système éducatif qui en prend en charge les conséquences psychologiques. La psychanalyse freudienne va y puiser sa matière : la subjectivité qui s'épanouit dans la modernité viennoise remodèle l'interaction dynamique entre l'individuel et le collectif. Le sujet se découvre comme simple individu s'identifiant à soi-même par une opération narrative. L'identité n'est plus garantie par un ordre transcendant mais par un principe de responsabilité qui fait de chacun de nous le garant d'un moi qui n'est soi-même qu'à la condition d'assumer la continuité de son identité dans le temps. L'idéal de la formation d'un homme libre et responsable, celui de la *Bildung* de Goethe vacille. Le sujet classique n'est plus celui à qui l'ordre assigne une place dans le cosmos. Il devient « un moi sauvable » (Bahr) à condition de se penser comme un noyau dur : narcissisme, culte du moi et parousie du vide disent la même nécessité : se réapproprier le langage et sa fonction narrative pour se débarrasser des vérités préfabriquées.

Contrairement à ce que déclare Weininger - « le moi n'est rien d'autre qu'une salle d'attente des sensations » - ce sont les analogies qui permettent aux individus d'organiser leurs sensations en idées abstraites qui n'ont de réalité que si elles sont incarnées et vécues.

Le rationalisme sceptique n'a pas fait de Vienne le centre vide, l'anneau de Clarisse des valeurs européennes. Il a simplement révélé la crise simultanée de l'individualisme et de la modernité en identifiant, par tâtonnements et explosions créatrices, la nature réelle du problème : les analogies cristallisées dans les mythes, les religions et la science doivent être l'objet d'une réappropriation individuelle par la culture et l'éducation. La création est une nécessité de l'âme et non un choix optionnel de la spécialisation instrumentale de la modernité technique. Sans création, invention de soi et incorporation de ses propres limites par une théologie de l'expérience, pas d'identité moderne possible. Faute de quoi, le suicide, la folie et la schizophrénie de l'ère technique deviennent la réponse à l'affirmation de Hume : « (…) aussi longtemps que je suis sans conscience de moi-même, l'on peut dire à bon droit que je n'existe pas ». Chandos écrit « J'ai alors l'impression que mon corps est constitué uniquement de caractères chiffrés avec quoi je peux tout ouvrir ». C'est par le moyen du langage que l'on peut montrer les limites du langage à condition de renoncer à « un moi permanent » (Mauthner). Mais devant l'intuition d'une âme apparemment impersonnelle la logique de la masse est de s'identifier au folklore de l'âme du groupe. Le *Niels Lyhne* de Jacobsen sent que le « temps est l'essence du nihilisme » (Magris) et que la vie de l'homme est faite du « manque de sa vie » (Michelstaeder).

La Vienne 1900 est un appel à la condamnation à mort d'un moi superficiel qui hésite à prononcer la sanction parce que ce qui s'y substitue semble une cosmogonie encore trop fragile. Le décor en carton-pâte que le théâtre moderne fait apparaitre suscite l'angoisse d'une dépersonnalisation irréversible. « Ma pensée m'apparait dissociée de moi-même » dit Zeno. L'impossible choix à ce moment de la crise moderne donne aux œuvres les plus puissantes du génie viennois une connotation schizophrène, fruit de cette indécision. La fringale de ne pas être génère l'enfantement interminable d'une identité éternellement différée de peur de se perdre en son miroir. Le dieu à venir ressemble à un chaos qui scie la branche sur laquelle il est assis. L'identité individuelle s'efface par mimétisme collectif : l'ouverture au monde est compensée par un repli angoissant face aux perspectives de la culture qui devra remplacer l'univers symbolique classique.

La Vienne fin de siècle et les provinces de la Mitteleuropa apparaissent comme le berceau d'une modernité qui désarticule irréversiblement les montages symboliques et institutionnels du vieux monde sans trouver la voie de la reconstruction, non par faiblesse mais parce qu'elle en prépare artistiquement les conditions de possibilité. Le changement de perspective à 360 degrés accompli par la modernité ouvre la voie à la religion du sang de la guerre de 14 comme échec du « nihilisme thérapeutique »[131]. C'est peut-être le véritable sens de « La joyeuse apocalypse » de Broch. Zeri offre une autre perspective à propos du destin des empires :

« Lorsqu'un empire multinational traverse ainsi une crise qui menace son intégrité, il se produit à brève échéance, une violente réaction. (…) » Zeri poursuit : le processus de restructuration suppose inévitablement un bouc émissaire : les Grecs et les Arméniens dans l'Empire turc, les juifs dans l'Empire allemand. On observe que ce bouc émissaire jouait un rôle prédominant dans le commerce et la culture. »

La situation géopolitique mais aussi politique et culturelle de la double Monarchie en un siècle des bouleversements techniques et sociaux n'est-elle pas le lieu idéal pour l'expression d'un sujet chaotique qui ne peut plus être le centre hiérarchique de la pensée, de l'être et du corps social dès lors que s'actualise l'individualisme des sociétés modernes ? Par un phénomène de compensation classique dans l'histoire, les Habsbourg réaffirmèrent la grandeur de Vienne. Bettelheim le dit clairement : « Le déclin politique et, pour finir, l'anéantissement de l'ancien Empire des Habsbourg contraignit l'élite culturelle viennoise à découvrir un domaine très différent et nouveau : celui de la vie intérieure de l'homme, celui de l'inconscient, des processus mentaux jusque-là ignorés ». Ne disait-on pas de Klimt qu'il était le peintre de l'inconscient ?

La modernité viennoise ne fut donc pas seulement celle d'une avant-garde qui innovait en récapitulant, bercée par une dynamique qui consiste à créer son propre contrat. Elle inventa la tradition de la modernité. Le mouvement de contestation de la tradition n'est rien sans la projection d'une fondation, un *Ver sacrum* pour reprendre le thème de la Sécession de Klimt. Et pourtant ces tentatives sont contemporaines de l'antisémitisme et de l'institutionnalisation politique du nationalisme grand-allemand. De sa tombe à Zurich, à côté de celle de Joyce, Canetti rappelle que le dernier sursaut de la culture classique s'organise avec l'avènement de la culture de masse. La violence moderne en politique « accède au pouvoir, elle se défait

---

[131] La « danse de mort des principes » de Schoenberg, le « remaniement de soi » de Kahut, le sentiment de glisser hors du monde (Hofmannsthal) constitue une « sorte de révolte œdipienne collective » (Schorske) dont l'objectif condamnait chacun de ses auteurs à « recréer son propre univers » (Kokoschka).

des oripeaux de la modernité en art, qui lui avait servi à avancer masquée » écrit Jean Clair[132].

L'époque libérale contre laquelle une nouvelle génération se rebelle est celle d'une société perçue comme prétentieuse et hypocrite. Le monde de la *Bildung* est celui de la *Ringtrasse,* construite entre 1860 et 1890, symbole d'une Vienne conservatrice pour laquelle l'architecture est un art qui ne doit pas pénétrer la vie. Pas plus que dans la peinture ou dans la littérature. Lorsque *La Jurisprudence, La Philosophie* et *La Médecine*, les tableaux de Klimt peints sur commande officielle du ministère de l'Instruction, sont refusés par la Faculté, ce sont deux visons de l'art qui s'opposent : celle de la Sécession pour qui les instincts ont une dimension mythique et celle de la société viennoise conservatrice par nature qui n'entend pas promouvoir une parabole qui la critique[133].

Mais sur fond d'austro-marxisme et de pangermanisme, d'antisémitisme et de sionisme, c'est la question de l'individu et du moi qui devient centrale. En 1886, Mach dans un ouvrage intitulé *Analyse des sensations* décrit un moi illusoire fait d'un agrégat de sensations transitives. Pour Mach, la science est ce que l'on peut atteindre grâce à toutes les relations et les différents modes de relations entre eux. Contre le trompe-l'œil phénoménologique, le moi est donc le sentiment d'identités de relations né de la transition entre deux sensations quasi identiques qui font écho l'une l'autre. Autrement dit, des sensations réglées par des analogies. En 1908, il écrira à Hermann Bahr : « Quand je dis le moi est insauvable, je veux dire par là qu'il réside dans la perception par l'homme de toutes les choses, de toutes les manifestations, que ce moi se dissout dans tout ce qu'on peut ressentir, entendre, voir, toucher. Tout est éphémère, un monde sans substance qui n'est constitué que de couleurs, contours et sons. La réalité est en mouvement perpétuel, en reflets changeants à la manière d'un caméléon. C'est dans ce jeu de phénomènes que se cristallise ce que nous appelons "moi". De l'instant de notre naissance à notre mort, il se transforme sans cesse ». Autrement dit l'affirmation

---

[132] « C'est dans l'acte de cruauté, et particulièrement dans l'acte arbitraire de tuer, que le sentiment personnel de puissance de l'être primitif se manifeste ». Karl Hauer, *Die Frackel*. C'est dans cet érotisme de la cruauté, produit d'un nietzschéisme mal compris mêlé à l'anarchiste que se joue la proximité avec l'extrémisme pour des barbares raffinés.
[133] En mars 1900, 87 professeurs de l'Université de Vienne signent une pétition contre la décoration de Klimt pour l'*aula magna* de l'Université.

d'un moi illusoire embrase une modernité incandescente. Ulrich, le personnage central de *L'homme sans qualités* de Musil sera l'incarnation de ce moi : sa stratégie - l'Action parallèle- consistera à dévoiler au monde l'absurdité des conventions incrustées dans la chaîne de relations conventionnelles qui ne sont rien d'autre que des sensations fugitives. Qui dira comment la Société de psychanalyse, avec Freud, se constituera comme groupe de thérapie pour faire face à la dissolution de ce moi ? Hans Sachs a rendu compte de l'articulation entre le bain de culture viennois, la culture esthétique du sentiment et l'absence de classe moyenne intellectuelle : « La majorité des gens s'intéressaient très peu à la vie intellectuelle. (…) Sur fond de paresse intellectuelle - ou peut-être grâce à elle - de temps à autre, dans des cercles restreints, dans des esprits solitaires, la lumière de l'intelligence et l'amour du savoir resplendissaient. La conscience d'être donnait à ces non-conformistes une énergie extraordinaire et ils abordaient les problèmes avec ferveur (…) ». C'est pourquoi la quête d'un nouveau langage était censée répondre à « une raison perpétuellement inquiète » (Hofmannsthal) qui détruisait l'intimité avec la Nature. L'urgence était à une langue picturale, architecturale, politique, littéraire qui décrirait le monde secret de l'instinct. Mais les formes prises pour exprimer une individualité non-interchangeable sont paradoxales. Ainsi Adolf Loos écrit-il : « L'homme moderne intelligent doit garder un masque devant les autres hommes (…) seuls les esprits bornés ressentent le besoin de crier à la face du monde ce qu'ils sont et en quoi ils sont particuliers. »

L'architecture devient une géométrie qui contient des réalités psychiques, le dessin un mode d'expression du jamais vu, la peinture un moyen d'exposer les pulsions, la psychanalyse une bibliothèque de la conscience pour rationaliser l'irrationnel en devenant créateur, interprète et critique de sa propre création : soi. Traduire intégralement ses angoisses profondes plutôt que les laisser se nécroser en détresse muette. Schönberg qui réussit si bien à dépersonnaliser sa souffrance par la musique et Kokoschka à l'identifier : « il m'arrive que je crie dans la couverture de mon lit que je presse simplement pour faire quelque chose de réel. (…) J'étais impitoyable parce que je manquais de ce que je ne pouvais tirer de moi-même. » Kraus le « débourreur de crânes » qui lance « Un être ne peut sauver le monde. Il ne peut que constater par son œuvre que celui-ci sombre dans le néant » affirmait-il seulement la fin de toute théocratie ou de toute réalité légitime alternative au nom de l'autonomie individuelle ? L'invasion de l'irrationnel dans la psyché des individus n'est-elle qu'une réalité seconde comme le décrit von Doderer dans *Les démons* ? L'univers mental des hommes brossé par Hermann Broch dans *Les somnambules* n'est-il qu'une illustration d'un inconscient qui s'est emparé de l'humanité afin de lui permettre de voir la simultanéité des diverses transcendances à l'œuvre dans l'Histoire ? Peut-être faut-il se contenter de la réponse de Werner Hofmann : « La façade se nourrit de ce quelle dissimule »[134] avant de se résoudre à ce que, selon l'expression de Manès Sperber, « la vieille Autriche meurt une autre fois dans les cafés de l'exil et dans les hôtels lépreux, et cette fois pour toujours. »

---

[134] « La distinction imaginaire-réel est vide de sens (...) Imaginaire et réalité dans leurs mutuelles fécondation et dans leur instabilité permanente sont les conditions de possibilités de l'existence » M. Maffesoli.

CONCLUSION
L'ANARCHO-CAPITALISME EST-IL NOTRE DERNIÈRE UTOPIE ?

Le problème de la crise déclenchée par les Subprimes est par conséquent politique et se déploie en deux temps : celui de l'urgence « Y-a-t-il un centre de pouvoir en mesure d'arrêter la crise systémique toujours en cours ? » ; et celui du moyen terme « Comment empêcher la tentation d'une sortie du cadre Républicain tout en rendant supportables les conséquences de la crise ? »

Quinze ans après son déclenchement, la réponse se trouve dans l'articulation d'un discours politique qui rende possible l'adhésion des classes moyennes occidentales à la mise en œuvre d'une reformulation des principes de l'ingénierie financière et du partage des richesses. Il s'agit d'un remodelage rationnel de la hiérarchie des salaires en rapport avec une hiérarchie crédible des valeurs républicaines. L'essentiel est d'éviter que des aventures politiques douteuses, jouant de l'inconscient collectif français et du génie national pour la guerre civile, n'instrumentalisent la crise au profit de mouvements extrémistes. Mais la réponse à long terme sera peut-être donnée par une mutation du capitalisme lui-même. L'anarcho-capitalisme qui émerge en est peut-être l'incarnation redoutable venue de l'intérieur du système. N'importe quel « cygne noir » pourra alors servir de catalyseur.

L'anarcho-capitalisme est une philosophie politique inspirée par le libéralisme, pour laquelle l'existence de l'Etat est inefficace, illégitime et inutile car il identifie la propriété à la liberté[135].

On peut estimer que pour « *les anarcho-capitalistes, seules les interactions entre adultes consentants sont légitimes. Toute atteinte à la personne et à la propriété perpétrée sans consentement constitue dès lors une agression, et toute forme d'organisation coercitive est illégitime, y compris l'État et ses multiples succédanés. Pour les anarcho-capitalistes, un État, comme toute autre organisation, ne saurait avoir de légitimité qu'auprès de ceux qui l'ont individuellement et volontairement accepté* ».

---

[135] « Anarcho-capitalismo », article publié dans l'encyclopédie wikipédia (version espagnole), 2021.

Le courant anarcho-capitaliste ne se confond ni avec la révolution conservatrice des années 80 de Reagan et Thatcher pour lesquels « l'Etat n'est pas la solution mais le problème » ni avec la tradition anarchiste qui dénonce la propriété comme l'origine de tous les maux. En effet, les anarcho-capitalistes ne reconnaissent comme légitime qu'une institution garantissant la propriété. Toute atteinte au droit est donc atteinte à la propriété.

Ainsi la crise des démocraties occidentales ouvre la voie des mouvements autrefois minoritaires que les potentialités de la technologie actualisent. En effet, on peut voir l'ubérisation du monde comme l'expression même d'une société dans laquelle chacun devient un chef d'entreprise non pas simplement dans le monde professionnel mais comme entrepreneur de sa propre vie. C'est cette mutation qu'il faut analyser.

Les anarcho-capitalistes dérivent leurs thèses de l'analyse de la société élaborée par John Locke : l'homme est l'unique propriétaire de sa personne et de son corps, et il jouit d'un droit de propriété exclusif.

Mais, une fois exposée l'idée de propriété par le travail, il faut encore expliquer comment l'homme est le propriétaire de sa personne ? Dans son *Essai sur l'entendement humain*, Locke définit ainsi la personne : « *C'est, je pense, un être pensant et intelligent doué de raison et de réflexion, et qui peut se considérer soi-même comme une même chose pensante en différents temps et lieux. Ce qui provient uniquement de cette conscience qui est inséparable de la pensée, et qui lui est essentiel à ce qu'il me semble : car il est impossible à quelqu'un de percevoir sans aussi percevoir qu'il perçoit.* »

C'est à partir de cette base conceptuelle que pensent les anarcho-capitalistes. La liberté et la propriété étant indissociables, il faut convenir de la nature de l'organisation sociale qui en découle : « *Aussi il faut souligner que la conséquence de ces divergences est que la première approche ne permet pas l'application de n'importe quel contrat, mais seulement de ceux qui sont des échanges de titres de propriété valables. Ainsi, l'esclavage contractuel est impossible dans cette interprétation, car le libre arbitre humain est inaliénable et inséparable du corps de l'individu.* »

Il faut donc comprendre la nature du système politique élaboré par les anarcho-capitalistes. Dans *Libéralisme*, Salin écrit : « *Il y a donc un renversement de perspective à effectuer. Au lieu de considérer que l'État est la norme de toute société, il convient de reconnaître que l'individu, relié aux autres individus, est la seule et unique norme.* » L'échec du marché-autorégulé lors de la crise de 2008 ne les a pas tourmentés plus que de raison. Et pour cause, les anarcho-capitalistes ont leur Eden, un paradis nommé Californie. C'est en Californie qu'il faut étudier les prémices d'une société fondée sur l'ordre spontané voulu par les anarcho-capitalistes.

La Silicon Valley a développé dès l'origine une organisation territoriale dont la structure résulte d'une tradition propre et qui n'a rien à envier à sa sœur hollywoodienne. C'est le monde réel et mythique d'une nation de « startuppers » et de collaboratifs créatifs nés au temps de TINA (There is no alternative) dès 1989 avec une Bible silliconienne diffusée à coup de conférences TED, de *think tank,* de slides, d'incubateurs et de pépinières d'entreprises organisant le maillage spécifique à la *net economy* des années 90. Mais les exercices de futurologies qui ont promu l'âge de l'accès que toutes les jeunesses du monde se sont appropriés n'ont rien d'anecdotique car ils sont le fondement en même temps que le produit d'une vision du monde qui fait de la technologie comme solution à tous les problèmes l'idéologie dominante de cette nation start-up californienne. L'alliance d'une technologie de pointe, de la recherche techno-scientifique, et de « l'administration optimisée des choses » chère à Saint-Simon a fusionné avec une idéologie anarcho-capitaliste qui donnait du sens à une activité économique qui en était singulièrement dénuée. Mais pour comprendre comment les révolutions technologiques des années 90 ont fertilisé l'idéologie anarcho-capitaliste, il faut revenir à l'histoire de l'élan utopique brisé de la contre-culture américaine.

Jimi Hendrix, Janis Joplin, Otis Redding inauguraient en 1967 un *Summer of love* qui devait mettre fin à la société américaine des années 50, celle d'Eisenhower, fondée sur le gris froid de la famille, du travail et de la consommation de masse. L'aspiration au dérèglement de tous les sens de Rimbaud déferlait sur la bannière immaculée de l'Oncle Sam. Mais très vite, la contre-culture américaine, née symboliquement à Woodstock allait exploser. Les livres d'Allen Ginsberg et de Jack Kerouac qui dénonçaient la société étriquée de l'*American Way of life,* les théories de la nouvelle gauche de Mills, la critique de Marcuse dans *L'homme unidimensionnel* qui prônait la négation intégrale du système capitaliste allaient mourir de leur belle mort non sans avoir irrigué toute la société jusque et y compris chez ceux qui en dénonçaient les dérapages au nom du puritanisme de la majorité morale. Le LSD de Timothy Leary censé permettre une extension de la conscience en agissant comme un programme informatique sur le cerveau, l'usage des Acids test, ces spectacles multimédias conçus pour produire des effets hallucinatoires décrits par Tom Wolfe dans *The Electric Kool* se mêlaient alors aux drogues dures promues par une scène musicale rebelle et désenchantée. Les combats sociaux et ethniques, qui aux USA sont souvent les mêmes, se vivent alors dans le rêve illusoire d'une émancipation radicale. C'est le temps du Velvert underground. On lit Goffman et Becker. On relit Emerson et son apologie de l'autosuffisance. Contre-culture et militantisme fusionnent. Mais l'élan utopique des années 60 prend fin le jour où, lors du festival d'Altamont, près de San Francisco, un membre des Hell's Angels poignarde un spectateur. C'est la fin de l'innocence. L'expérience d'une émancipation radicale de l'homme s'est terminée dans une sordide parade de junkies et de braqueurs illettrés. Hendrix va mourir d'une surdose de barbituriques à 27 ans. Il pourra alimenter la légende des rock stars mortes dans leur 27e année.

Le président de l'université de Berkeley, Clark Kerr décida alors que la fête était finie. Au cœur de la rébellion on démonte le décor en carton-pâte. Il faudra désormais privilégier une formation universitaire qui devra fournir au complexe militaro-industriel établi dans la région des cerveaux hautement qualifiés.

Le souffle utopique est retombé mais ceux qui l'ont côtoyé de près décident de le réactiver sous des formes non plus collectives mais individuelles. Plus pragmatiques, plus individualistes et à l'ombre de la Silicon Valley. C'est ici que le logiciel californien naît. La culture du risque, celle du primat de la technologie et de l'excellence universitaire. Steward Brand le dit à sa manière : « *l'ordinateur doit être un LSD d'un nouveau genre.* » McLuhan précise : « *les médias abolissent la dimension spatiale ; par l'électronique nous retrouvons les relations de personnes sans fonctions de pouvoir* ». Il faudrait en parler à Jobs et à Wozniak. Mais l'essentiel est dans la révolution électronique qui permet l'émergence de l'entrepreneur libertaire, celui qui, grâce à l'ordinateur, devient la synthèse vivante entre l'économiste, le mécanicien, l'inventeur et l'artiste ». Le PC invente la créativité individuelle à portée de main et réalise le vœu des anarcho-capitalistes : un individu autonome dans une société déterritorialisée qui vit dans une agora électronique globale. Le 5e arrondissement de la Californie est le premier Etat du cyberespace. Les géants économiques de chair et d'acier vont ainsi se plier aux lois de l'administration robotisée des êtres et des choses. Le monde est devenu une connexion virtuelle ininterrompue et sans frontière. Le corps et donc la mort résistent encore. Mais pour combien de temps ?[136]

Pour comprendre le projet anarcho-capitaliste et son prolongement transhumaniste, il faut présenter une brève réflexion sur la nature du savoir : d'où vient-il ? En quoi consiste-t-il ? Comment est-il représenté dans l'esprit ? Comment les représentations et les images s'articulent-elles entre elles ? Les anarcho-capitalistes et les transhumanistes ont fusionné des idées dans l'air du temps pour abolir la dernière des limites que l'homme reconnaît : la mort. Mais si les transhumanistes peuvent espérer dans le clonage humain, encore faut-il régler la question du transfert d'identité tant que la greffe de cerveau reste un horizon inaccessible même dans les œuvres de science-fiction.

L'œuvre la plus aboutie pour avoir tenté de dépasser cette aporie est celle de Ray Kurzweil. Fondateur de l'Université de la Singularité, il s'est associé à Google pour créer un homme et « une réalité augmentée » fondés sur la combinaison du clonage et de la transformation de l'identité en algorithme. Comment l'alliance entre Calico et Kurzweil a-t-elle rendu possible l'avènement de cette société anarcho-capitaliste ?

L'ouvrage de Kurzweil, *Humanité 2.0*, annonce paisiblement la « *fin de l'humanité biologique non améliorée* » sur le ton bon enfant de la prophétie autoréalisée « *d'un monde humain qui devrait transcender ses racines biologiques* ». L'auteur, spécialiste des nouvelles technologies, décrit ce qui est au fondement d'une conviction dont on doit reconnaître qu'il l'exprime clairement et la mène dans ses ultimes conséquences : la loi du retour accéléré. Cette extension indue du principe de Moore, selon lequel il y a doublement tous les dix-huit mois du nombre de transistors pouvant être installé sur un circuit intégré – et donc de sa mémoire – conduit à des analyses originales mais déroutantes. Ainsi l'auteur de *The age of machines* explique que, « *puisque nous doublons la vitesse du progrès chaque*

---

[136] Sur ces questions le travail d'Éric SADIN puissant et original est essentiel : *L'Humanité augmentée*, L'échappée, 2013, *La vie algorithmique*, 2015 ; *La silicolonisation du monde*, L'échappée, 2016.

décennie, nous verrons l'équivalent d'un siècle de progrès – au rythme actuel – dans seulement 25 ans ».

Pour Kurzweil, l'humanité doit s'attendre à faire face à la combinaison de trois révolutions technologiques : génie génétique, nanotechnologie et robotique, ce qu'il nomme « *la révolution GNR* ». L'objectif qui résume le mieux les thèses de l'auteur, c'est la tentative de reproduire les fonctionnalités du cerveau avant de les dépasser grâce aux nanotubes – des réseaux hexagonaux d'atomes de carbone : le cerveau artificiel pourra « *effectuer l'équivalent de toutes les pensées humaines au cours des dix mille dernières années (c'est-à-dire dix milliards de cerveaux humains fonctionnant pendant dix mille ans) en un dix millième de nanosecondes* » ! On pense à ces jeunes hommes aux facultés surprenantes, capables d'apprendre une vingtaine de langues sans avoir la possibilité d'exprimer une seule idée originale dans l'une d'elles. On l'a compris, l'objectif est celui d'une machine qui pense comme chez Turing et Von Neumann, qui a les capacités d'un être humain comme chez Moravec mais qui, en plus, dépasserait les capacités de l'intelligence collective en démultipliant le potentiel neuronal individuel. Il s'agit donc de réaliser le logiciel de l'intelligence humaine : « *Les capacités nécessaires pour imiter l'intelligence humaine seront disponibles dans moins de deux décennies* ». Il faudra donc convertir des modèles neurobiologiques et des données de connexions cérébrales en simulations cérébrales à partir de scanners cérébraux combinés à des tests psychophysiologiques. L'idée est simple : l'organisation du cerveau peut être imitée par des calculs conventionnels : « *un calcul analogique peut être effectué par quelques transistors ou par des processus chimiques spécifiques* ». Dans un premier temps, on couplera des neurones artificiels avec des neurones du cerveau avant de les remplacer totalement pour décupler leurs capacités. La frontière entre l'humain et le cyborg s'atténuera. Le modèle du cerveau est donc celui d'un ordinateur fait de petits systèmes arrangés par l'embryologie et contrôlés par des systèmes métasymboliques. Kurzweil insiste sur le problème principal : le couplage entre le digital et l'analogique, d'où la nécessité de développer des systèmes d'imitation analogique des régions cérébrales comme chez Mead. Le problème est simple : le cerveau fonctionne par analogie - c'est la fonction holographique : chaque neurone est un processeur central - et il faut en reproduire le mécanisme si l'on veut fabriquer ce nouveau

Golem. La tentative de construire un « système miroir » sur lequel ce cerveau artificiel fonctionnerait est rendue nécessaire par l'apprentissage d'un langage qui sans fonctionnement analogique ne produit pas l'information voulue. Dès lors, il sera possible de scanner les processus mentaux et la personnalité d'un individu avant de la transférer. La différence entre humain et cyborg ne se posera plus puisque les cyborgs auront une capacité de calcul – et donc une intelligence selon Kurzweil – plus puissante. C'est l'avènement de ce qu'il nomme la Singularité. Le lien entre calcul quantique et conscience est posé pour être aussitôt évacué : la question la plus importante sera de savoir si l'on reste soi-même après cet ajout de capacité cérébrale. Mieux, dans l'optique de Kurzweil, ce n'est pas le cerveau qui produit des pensées, ce sont nos pensées qui le produisent grâce à sa plasticité même et ce, à travers la croissance des nouveaux neurones, dendrites et synapses. Dès lors le programme de séparation du corps et de l'esprit peut être mis au service de l'immortalité comme programme biotechnologique et avènement de la post-humanité. Il reste donc à poser le problème du support sur lequel se fera ce transfert d'identité individuel : « *Ce qui nous ramène au clonage humain. Je suis sûr qu'une fois que la technologie sera perfectionnée, ni les oppositions éthiques actuelles ni les promesses folles des enthousiastes ne prédomineront. Le clonage ne sera qu'une technologie de reproduction comme une autre, brièvement controversée mais rapidement acceptée.* » Bref, à chaque fois que l'on découvre une loi, on prend conscience que cela n'a rien de magique ; il ne s'agit que du calcul, la dernière étape de la post-humanité étant la question de la croyance. Celle-ci est résolue par Kurzweil en faisant appel aux réseaux baysiens, ces fondements mathématiques fondés sur des règles de probabilités : la croyance réduite à une vision probabiliste. Devenus immortels « *nous n'aurons plus besoin de rationaliser la mort en tant que moyen de donner un sens à la vie.* » Dès lors l'humanité ne sera plus qu'une transcendance à atteindre par la science et la technologie : autant jouer à être Dieu. L'essentiel, dit Kurzweil, c'est qu'il n'y a pas de méthode analogique qui ne puisse être remplacée par un calcul numérique. Mais y a-t-il de l'analogique sans mimétisme, c'est-à-dire sans corps ? « *Et si ce que nous voyons et ressentons n'était qu'un rêve dans un rêve ?* » demande Poe. Et si c'était un rêve dans un cauchemar ? Il faut alors cheminer avec la critique que Gorz élabore la critique la position de Kurzweil. C'est aujourd'hui le développement des connaissances technoscientifiques qui doit faire l'objet d'une analyse rigoureuse, en montrant en particulier comment le divorce entre savoir et connaissance, par l'autonomisation du calcul rationnel par rapport à l'expérience du monde sensible, ouvre la voie à ce que les auteurs anglo-saxons nomment « la post-humanité ». Pour Gorz, le penser mathématique engendre le triomphe des machines sur l'esprit qui a choisi de fonctionner comme une machine. Mais dans les espaces labyrinthiques de la Rand Corporation et des experts du MIT, des thèses de Marvin Minsky à celle de Moravec redéfinissant celle de Turing et Von Neumann sur le mode « *les cerveaux sont des machines* », Gorz décrit le processus en marche : sauver l'esprit des limites imposées par le corps en affirmant la possibilité de transférer l'esprit humain sur un support inorganique de microcircuits, demain de nanotubes, ce qui reviendrait à numériser la mémoire sur un support informatique. C'est là que le programme échoue : d'une part les problèmes que se posent le sujet sont des questions qui renvoient à sa capacité à penser, calculer et agir en fonction de ce qu'il sent et éprouve, d'autre part c'est le couplage mimétisme-analogie qui rend possible cette hybridation humaine entre le concret et l'abstrait : l'intelligence humaine se produit avec des intentions propres. Ce qui explique l'échec de l'Intelligence Artificielle (IA) c'est la forme naïve d'une croyance selon laquelle le cerveau contient tout l'esprit. En effet la connaissance n'implique pas l'intelligence. Ce que souligne Gorz c'est que l'échec des pionniers de l'IA à réaliser leur programme ne les a pas conduits à se remettre en cause mais à dépasser la problématique en cherchant à abolir la séparation entre humain et cyborg. C'est notamment le projet de Kurzweil d'émancipation de la science du genre humain. Comme l'écrit Gorz : *« l'ingénierie génétique sera chargée de potentialiser les caractères héréditaires »*, le darwinisme social y trouvant un puissant levier. Ce rejet d'auto-engendrement d'un genre post-humain qui ignorerait tout ce qui n'est pas quantifiable et calculable est-il encore possible ? Si cette hypothétique « post-humanité » s'incarnait dans une conscience de silicium, elle ouvrirait alors la voie à une crise dont l'intensité ne serait pas si forte si elle ne s'accompagnait pas d'une tentation vers la dépersonnalisation et la destruction de l'identité individuelle. Alors peut-être viendra un moment où, dans la conscience de chacun, coulera une larme secrète, forme ultime d'un temps mélancolique lorsqu'il se retourne contre lui-même.

BIBLIOGRAPHIE

ALTHUSSER L. "La philosophie spontanée des savants", Paris, Maspero, 1967.
ANAXAGORE Fragment, Paris, Folio Essai Gallimard, 1992.
ARIES P. L'homme et la mort, Paris, Le Seuil 1977.
ARISTOTE La Métaphysique ; Paris, Belley – Lettres, 1957.
ARISTOTE La poétique, Le livre de poche, collection j'ai lu, 1989.
ARISTOTE. "Des parties des Animaux", Paris, Belles-lettres, 1956.
ARON R. Introduction à la philosophie de l'histoire Paris, Gallimard, 1976.
ARTAUD A Cahiers de Rodez, Œuvres complètes, Tome XV, Gallimard, 1976.
ARTAUD A Nouveaux écrits de Rodez, Œuvres complètes XXII, Gallimard, 1976.
ATLAN H. "A tort ou à raison", Paris Seuil 1986.
ATLAN H. "L'organisation biologique et la théorie de l'information", Paris, Hermann, 1972.
AUGE M. Non-lieu, Le Seuil, 1992.

BALANDIER G. "Anthropo-Logique", Paris, P.U.F, 1958.
BALTRUSAITIS J Aberrations, Champs-Flammarion, 1995.
BARTHELEMY - MADAULE LAMARCK ou le mythe du précurseur, Paris, Le Seuil 1979.
BEAUNE C. Naissance de la nation France, Paris, Gallimard, 1985.
BEAUNE J.C Le vagabond et la machine, Champs vallon, 1988.
BERNARD Introduction à la médecine expérimentale, Paris, Champ Flammarion, 1979.
BERNARD J De la biologie au droit, Paris, Buchet-Chastel, 1988.
BETTELHEIM B La forteresse vide, Gallimard, 1971.
BICHAT X Recherches physiologiques sur la vie et sur la mort, Gallimard, 1995.
BILLING G Les camps d'extermination dans l'économie nazi, Paris 1965.
BLANCHE R. L'axiomatique, Paris, P.U.F, 1950.
BLOCH M. Apologie pour l'histoire ou métier d'Historien, Armand Colin, 1950.
BLOCH E. Le principe Espérance, Gallimard 1976.
BOAS F. "The Central Eskimo Annual Report of the bureau of American Ethnology" n° 6, 1988.
BOORSTIN D. Les découvreurs, Paris, Ed. Seghers, 1986.
BORIE J. Mythologie de l'hérédité, Paris, éd. Galilée, 1981.
BOTERO J. Naissance de Dieu, La bible et l'Historien, Gallimard, "Bibliothèques des histoires" 1989.
BOUDE G. - MARTIN H. Les écoles historiques, Paris, Le Seuil, 1989.
BOUDON R. "L'art de se persuader", Paris, Fayard 1981.
BRUNCHVICG L. Héritage de mots, héritage d'idées, Paris, P.U.F, 1950.
BUFFON G.L. de. Histoire naturelle, Gallimard, coll. Folio, 1984.
BUFFON G.L. de. Les époques de la nature, Paris, Baudoin Frères éditions, 1779.
BUICAN D. Le comportement biologique, Paris, Kimé, 1993.

CAILLOIS R. Le mythe et l'homme, Paris, Gallimard 1938.
CANGUILHEM G Etudes d'histoire de la philosophie des sciences, Vrin, 1964.
CARNAP R. The methodological character of theorical concept, 1956.

CARTER A. The Antropic Princip, London 1950.
CAVAILLES J. Philosophie mathématique, Paris, P.U.F, 1962.
CHARCOT JM « Sur les états nerveux déterminé par l'hypnotisation chez les hystériques », Académie des sciences, 1882.
CHESNEAUX J. "Du passé faisons table rase", Paris, Maspero, 1976.
CHOMSKY N. De quelques constantes de la traduction linguistique, Paris, Gallimard, 1966.
COPPENS Y. Leçon inaugurale au Collège de France, Milano, Jaca Book, 1986.
CORBIN A Le miasme et la Jonquille, Champs Flammarion, 1982.
CUSES de N De la docte ignorance et autres essais, Cerf, 1989.
CUVIER G. Recherches sur les ossements fossiles. Paris, Flammarion, 1993.

DAGOGNET F La raison et les remèdes, P.U.F, 1976 .
DAGOGNET F. La découverte de la peau, Les empêcheurs de penser en rond, 1993.
DAGOGNET F. Le musée sans fin, Paris, Champs Vallon, 1989.
DALI S La paranoïa-critique, Quadrige, 1976.
DARMON P Médecin et assassins à la belle époque, Paris, Seuil, 1989.
DAWKINS J Le gène égoïste, Paris 1978.
DEBENATH A. "Le rôle des sociétés savantes" in A. DUVAL dir, La préhistoire en France, 1993.
DEBRAY R. Vie et mort de l'image. Une histoire du regard en Occident, Gallimard, 1993.
DEFOE D. Robinson Crusoë, le livre de poche 1970.
DELEUZE G Différence et répétition, P.U.F, 1968.
DELEUZE G Logique du sens, P.U.F, 1969.
DELEUZE G. L'image-mouvement, Paris, Minuit, 1983.
DELLA PORTA G.B. De Humana Physiognomia libri III, Naples,1586.
DELUMEAU J. La peur en Occident XIVe XVIIIe siècle, Paris, Fayard, 1978.
DEMOULE J.P. Les Indo-européens ont-ils existé ? L'histoire, numéro 28 novembre 1980.
DERRIDA J. "La dissémination" Paris Le Seuil 1972.
DERRIDA J. Glas, Paris, Denoël - Gonthier, 1981.
DESCARTES R Traité des passions, Denoël, 1970.
DESCARTES R. Le Discours de la méthode Paris, Garnier - Flammarion, 1966.
DESCARTES R. Les méditations métaphysiques Paris, Garnier - Flammarion, 1966.
DESCARTES R. Règles pour la direction de l'esprit, Paris, Gallimard, 1953.
DESTIENNES M. L'invention de la mythologie, Paris, Gallimard, 1981.
DIEGUEZ M. de. Le mythe rationnel de l'occident, Paris, Seuil, 1980.
DUMEZIL G. "Mythe et épopée" Tome 1, Paris, Gallimard, 1968.
DUPUY J. Ordre et Désordre, Paris, Le Seuil, 1980.
DURAND G Les structures anthropologiques de l'imaginaire, Vrin 1989.
DURKHEIM E. "La division du travail", Paris, P.U.F, 1930.

ECO U. La strutura assenta, Milano, Bompiani, 1968.
EINSTEIN A. Comment je vois le monde, Paris, Flammarion, 1934.
ELIADE M. FORGERON et ALCHIMISTES, Paris, Flammarion, 1977.
ELLENBERGER E.J Histoire de la découverte de l'inconscient, Fayard, 1993.
EMPEDOCLE in « les présocratiques » La pléiade, 1976.

ENGELHARDT T.F. Fondation of bioethic, New-York university Press, 1993.
ENGELS F. "La dialectique de la nature, édition sociale 1975.
ESQUIROL J Des maladies mentales considérées sous les rapports médical, hygiéniste et médico-légale, Paris, 1838.
EVIN J. "Temps carbone 14 et temps réel par la correction dendrochronologie des dates carbone 14", 1989.

FERRO M. Comment on raconte l'histoire aux enfants, Paris, éd. Complexe, 1980.
FERRUS G Des prisonniers, de l'emprisonnement et des prisons, Paris, 1850.
FEUERBACH L. L'essence du christianisme, Paris, Maspero, 1974.
FEYERBAND P. Explication, reduction and empirism, Minesota Studies, 1962.
FICHTRE W. Discours à la nation allemande, Paris, Aubier, 1981.
FOCILLON H. "La vie des formes" Paris P.U.F, 1964.
FONTENELLE Entretien sur la pluralité des mondes, Paris, édition de l'Aube, 1990.
FOUCAULT M. Cours au collège de France, Archives I.N.A..
FOUCAULT M. Histoire de la folie, Collection Idées Gallimard, 1989.
FOUCAULT M. Les mots et les choses, Paris, Gallimard 1996.
FOUCAULT M. Naissance de la clinique, P.U.F,1963.
FREUD S.Gesamenlt Weike Chronologist geordmunt, Londres, 1948.

GALILEE G. Siderius Nurtus, Milano, Feltrinelli, 1994.
GALL F.G Anatomie et physiologie du système nerveux et n du cerveau en particulier, avec des observations sur la possibilité de reconnaître plusieurs dispositions intellectuelles et morales de l'homme et des animaux par la configuration de leur tête, Paris, 1810-1819, 2vol.
GALLIEN Œuvres, Tel, 1993.
GANGUILHEM G. "Etude d'histoire des sciences", Paris, Vrin , 1966.
GAUCHET M. "Lettres sur l'histoire de France d'Auguste Thierry" in P. NORA "Les lieux de mémoire", La Nation, 1986.
GILSON E. L'esprit de la philosophie médiéval Paris, Vrin 1944.
GIRARD R. La violence et le sacré, Paris, Grasset, 1972.
GODEL K. Le théorème Paris, Le Seuil, 1989
GOHAU G. Une histoire de la géologie, Parie, Le Seuil, 1990.
GRAYSON D.K. The establishment of human antiquity New-York - London - Paris, Académic Press, 1983.
GROS F Les secrets des gènes, Seuil Odile Jacob, 1989.
GUATTARI F. Chaosmose, Galilée 1992.
GUSDORF G. Traité de métaphysique, Armand Colin, 1956.

HALDANE H.S La génétique humaine et l'idéal humain, Paris, Alcan 1938.
HEIDEGGER M. Être et temps, Paris, Gallimard, 1976.
HEMPEL K. "Eléments d'épistémologie, Paris, Grasset 1972.
HESIODE La Théogonie - les travaux et les jours, Paris, Belles Lettres, 1954.
HILBERG R. La destruction des juifs d'Europe, Folio essai, 1994.
HIPPOCRATE Œuvres, Collection Folio, 1989.

JACOB F. La logique du vivant, collection Idées Gallimard, 1970.
JACOBSON "Essai de linguistique générale", Paris Minuit 1973.
JANKELEVITCH V La mort, Champs Flammarion, 1986.
JUCQUOIS J. Le comparatisme linguistique, Paris, P.U.F, 1986.

KUHN T. La révolution copernicienne, Paris, Fayard, 1973.
KOESTLER A Les Somnambules, Calmann-Lévy, 1960.
KOFMANN S Les enfants de Nietzsche, Explosion II, édition Galilée, 1994.
KOYRE A Du monde clos à l'univers infini, Collection Idées Gallimard, 1973.
KRIEGEL B. Le droit naturel et les droits de l'Homme, P.U.F, 1986.
KUHN T. La structure des révolutions scientifiques, Flammarion, 1989.

LA METTRIE "L'homme-machine", Paris, Gauthier, 1981.
LACAN J. Ecrits Paris, Le Seuil 1971.
LACASSAGNE A « Compte rendu du Ier Congrès d'Anthropologie de Rome », Archives d'anthropologie criminelle, 1886.
LACASSAGNE A. « Etat actuel de nos connaissances pour servir de préambule à l'étude analytique des travaux nouveaux sur l'anatomie, la physiologie et la sociologie des criminels », Archives d'Anthropologie criminelle, 1906.
LAMARCK J.B. de. Système analytique des connaissances positives de l'homme" J.B. Baillière, 1830.
LAVATER J.G. Essais de Physiognomonie, La Haye, 1781.
LE BRETON D. "Dualisme et Renaissance", Diogène n° 142, 1988.
LE BRUN C. Croquis physionomiques, Paris, Le Louvre, 1671.
LE GOFF J. "Les intellectuels, au Moyen Age", Paris, Seuil, 1965.
LE GUYADER H. Théorie et Histoire en biologie, Paris, Vrin, 1988.
LEAKEY L.S.B. "Les origines de l'homme", Paris, Flammarion 1977.
LECOURT D. La Bible et Darwin, Paris, 1991.
LEPENIES W. Les trois cultures, Paris, Maison des sciences de l'homme, 1990.
LEVI-STRAUSS C. "Anthropologie structurale", Paris, Plon, 1973.
LOCK « L'Homme-microcosme et l'Homme-machine », Revue des Annales, Mars 1988.
LORENZ K. "L'agression une histoire naturelle du mal", Paris, Flammarion 1969.
LOVELOCK J Gaia, Champs Gallimard, 1989.
LUCRECE De natura rerum, Paris, Garnier - Flammarion, 1964
LYELL C. "De la présence d'objets fabriqués par l'homme dans des dépôts post-phocène" 1859.
LYELL C. L'ancienneté de l'homme prouvée par la géologie, Paris, J.B. Baillère et Fils, 1870.

MARIENTAS E. Les mythes fondateurs de la nation Américaine, éd. Complexe, 1992.
MARITAIN J. Court traité de l'Existence, Paris, Hartman, 1947.
MARROU H.I. De la connaissance historique, Paris, Le Seuil, 1954.
MARTIN H. Histoire de France, Paris, 1874.
MARX K. "Œuvres philosophiques" Pléiade, 1980.
MATTEI F « La technique » in Dictionnaire philosophique, P.U.F 1989.
MAYR E Histoire de la biologie, Folio, 1994.

MERLEAU-PONTY M. Le visible et l'invisible, collection Idéé Gallimard, 1964.
MEYERSON E. La déduction relativiste, Paris, P.U.F, 1950.
MONTUSHI E. "La métaforé scientifiche", Milano, 1993.
MOREL B Traité des dégénérescences physiques, intellectuelles et morales de l'espèce humaine et de causes qui produisent ces variétés maladives, Paris, 1857.
MORELLY Code de la nature, Paris, G. Chinard, 1950.
MORGAN J. de. Les premières civilisations, Paris, Leroux, 1931.
MORIN E Le paradigme perdu, Le Seuil, 1973.
MORIN E. Penser l'Europe. Paris, Gallimard 1987.
MOSCOVICI P Essai sur la nature humaine, Champs Flammarion, 1975.
MOUNIER E. "Traité du caractère", Esprit 1947.
MOUNIER E. Œuvres complètes, Le Seuil, 1961.
MUCCHIELLI L. Le mythe de la cité idéale, Paris, Ed. Gérard Mortifort, 1982.
MUNFORD L. Technique et Civilisation, Paris, Seuil, 1950.

NADEAU M. Histoire du surréalisme, Seuil, 1988.
NEUMANN Von "Theory of self reproducing automate Ed. A. Burks, University of Illinois, 1966.
NIETSZCHE F. Par-delà le bien et le mal, Paris, Union Générale d'Edition, 1979.
NYSSE Grégoire de. "La création de l'homme". Cerf 1944.

ORY P. Histoire des idées politiques, coll. Pluriel, Paris, Fayard 1989.
OVIDE Les métamorphoses, Paris, Garnier - Flammarion, 1966.

PARETO W. Tratato di sociologia, Milano, Ed. di Comunita, 1981.
PATOCKA J. Le temps, Agora, 1987.
PELLETIER A. L'archéologie et ses méthodes, Edition Horvath 1980.
PIAGET J « Biologie de la connaissance » in Logique et connaissance scientifique, La Pléiade, 1964.
PICHOT A. La Naissance de la Science, Paris, Gallimard, Coll. Folio essai, 1991.
PIE XII Humani generis encyclique 1950.
PLATON La république, Paris, Garnier - Flammarion 1966.
PLATON PROTAGORAS Paris, Flammarion 1956.
PLISSON H. - VAN GIJN A. "Tracécologie : mode d'emploi" in l'Anthropologie, XXXXIII, 1989
POLIAKOV L. Histoire de l'Antisémitisme, Paris, Calmman -Levy, 1965.
POLIAKOV L. Le mythe Aryen, Paris, éd. Complexe, 1977.
POPPER K La quête inachevé, Agora, 1990.
POPPER K. "La leçon de ce siècle", Anatolia, 1990.
POPPER K. "La logique de la connaissance scientifique" Paris, Payot 1973.
POPPER K. "La société ouverte et ses ennemis", Paris, Le Seuil, 1979.
POPPER K. LORENZ K. "L'Avenir est ouvert" Flammarion 1990.

QUINCEY de T Confession d'un opioïnoman anglais, Gallimard, 1962.

RENAN E. Histoire du peuple d'Israël, Paris, Calmann-Lévy, 1887.
RICHARD A. VERMET S Les cobayes humains, La découverte, 1988.
RICHARD N Anthologie de la préhistoire, Agora, 1989.

RICOEUR P. Temps et récit. Tome 1, Paris, Le Seuil, 1983.
RIOUX J.P. "Les métamorphoses d'E. Lavisse" politique aujourd'hui, 1975.
RIVIERRE E. Paléontologie de l'antiquité de l'homme dans les Alpes-Maritimes, Paris, 1887.
ROSSET C. Le principe de cruauté, Paris, Minuit, 1988.
RUYTINX J. "Le problème de la relation entre science et métaphysique", Paris, Belles Lettres 1962.

SAINT AUGUSTIN Le culte de Dieu, Paris, Le Seuil 1994.
SAINT-THOMAS. "De Aristotelis Librum Anima commertorium" ed Lathola, Turin, 1926.
SALHINS M. "Critique de la sociobiologie", Paris, Gallimard 1988.
SALHINS M. Age de pierre Age d'abondance, Paris, Gallimard, 1976.
SARTRE J.P « entretien » , La gazette littéraire, 1966.
SASSON P. Les biotechnologies, UNESCO, 1993.
SCHRODINGER E. "Qu'est-ce que la vie ?" C. Bourgeois éditeur 1986.
SCIPION La physique, corpus des œuvres philosophique, Paris, Fayard, 1990.
SEMIONOV S. A. Technologie préhistorique Grenoble, Jérôme MILLON, 1994
SERRES M. "La communication", Paris, Minuit, 1969.
SERRES M. La distribution, Paris, Minuit 1977.
SERRES M. La naissance de la physique dans le texte de Lucrèce, Paris, Minuit, 1977.
SERRES M. Le passage du Nord-Ouest, Paris, Minuit 1980.
SHANNON C.E. "Prédiction ans Entropy of printed english, 1951.
SIMMEL G. "La philosophie de l'argent" Paris, P.U.F, 1987.
SIMONDON G Du mode d'existence des objets technique, Paris, 1978.
SLANGER J. L'enjeu et le débat, Denoël-Gonthier, Paris, 1981.
SPALLANZANI Opere, Edition du Musée d'Histoire des sciences de Florence, 1993.
STIRNER M. L'unique et sa propriété, Paris, collection l'Age de l'homme 1970.

TAGUIEFF P.A « Sur l'eugénisme du fantasme au débat » in Pouvoir n°56 J.1991.
TAGUIEFF P.A. Sur la nouvelle droite, Paris, Descartes et Cie, 1994.
TESTARD A. Le communisme primitif, Paris, Maison des Sciences de l'Homme, 1985.
THIERRY A. Récit des temps Mérovingiens, Paris, Critérion, 1990.
TIBON-CORNILLON Les corps transfigurés, Le Seuil, 1993.
TINLAND F L'homme sauvage, Paris, Payot, 1968.
TODOROV T. Nous et les autres, Paris, Le Seuil, 1987.
TOLSTOI L. Résurrection, Le livre de poche, 1976.

VERNANT J.P. "La réflexion sur le mythe" in Le Temps de la réflexion 1980.
VERNE.J Les cent millions de la Bégum, Paris, 1975.
VERRON H. Introduction biologique aux sciences de l'homme, Paris, 1989.
VEYNE P. Comment on écrit l'histoire, Paris, Seuil, 1971.
VEYNE P. Les Grecs ont-ils cru à leurs mythes ? Paris, Le Seuil, 1983.
VILLEY M. Philosophie du droit, Dalloz, 1990.
VILLEY R Droit médical, Dalloz, 1981.

WACHTEL N. La vision des vaincus, Paris, Gallimard 1971.
WATSON J La double hélice, Pluriel 1988.
WATTEZ J. "Contribution à la connaissance des foyers préhistoriques par l'étude des cendres", 1988.
WERNER K.F. Les origines, Paris, Fayard 1984.
WIRCHOW R. Cellular pathology, New York, 1860.

REMERCIEMENTS

J'adresse mes remerciements les plus vifs à :

- Jean et Marie-Angèle, en souvenir de la rue des fleurs où le manuscrit a été achevé ;

- Fabienne CARRERE sans qui ce livre n'aurait pas abouti ;

- Frédéric et Muriel pour leur soutien ;

- Anissa pour ses conseils techniques ;

- Bruno PEQUIGNOT, directeur éditorial des Editions L'Harmattan ;

- Laurence PERRATZI qui a accepté que la reproduction photographique de sa sculpture « Heads in the Clouds » figure en couverture de l'ouvrage.

TABLE DES MATIÈRES

INTRODUCTION   11

PREMIÈRE PARTIE
LES ORIGINES SYSTÉMIQUES DE LA CRISE DES SUBPRIMES

CHAPITRE I – La crise systémique et l'imaginaire révolutionnaire français   21
CHAPITRE II – La sacralisation du marché : un dieu fétiche   41
CHAPITRE III – La sarabande des illusions   63
CHAPITRE IV – La monnaie vivante : chrématistique et cryptomonnaie   73
CHAPITRE V – Mathesis universalis   83
CHAPITRE VI – Métamorphose de la rationalité pendant la Guerre froide ?   91

DEUXIÈME PARTIE
LES SOURCES DE LA MODERNITÉ OCCIDENTALE :
CRITIQUE DE LA RAISON ANALOGIQUE

CHAPITRE VII – Le sacre de la sécularisation   103
CHAPITRE VIII – Généalogie de la modernité   117
CHAPITRE IX – La religion du Progrès est-elle un quatrième monothéisme ?   129
CHAPITRE X – Les origines herméneutiques de la science moderne   137
CHAPITRE XI – L'origine de la géométrie   147
CHAPITRE XII – Retour au problème de Molyneux   153
CHAPITRE XIII – Le premier moteur   167
CHAPITRE XIV – La nature de la réalité   171
CHAPITRE XV – Critique de la raison analogique   179
CHAPITRE XVI – La « joyeuse apocalypse »   189

CONCLUSION   201

BIBLIOGRAPHIE   209
REMERCIEMENTS   217
TABLE DES MATIERES   219

Structures éditoriales du groupe L'Harmattan

L'Harmattan Italie
Via degli Artisti, 15
10124 Torino
harmattan.italia@gmail.com

L'Harmattan Hongrie
Kossuth l. u. 14-16.
1053 Budapest
harmattan@harmattan.hu

L'Harmattan Sénégal
10 VDN en face Mermoz
BP 45034 Dakar-Fann
senharmattan@gmail.com

L'Harmattan Congo
67, boulevard Denis-Sassou-N'Guesso
BP 2874 Brazzaville
harmattan.congo@yahoo.fr

L'Harmattan Cameroun
TSINGA/FECAFOOT
BP 11486 Yaoundé
inkoukam@gmail.com

L'Harmattan Mali
ACI 2000 - Immeuble Mgr Jean Marie Cisse
Bureau 10
BP 145 Bamako-Mali
mali@harmattan.fr

L'Harmattan Burkina Faso
Achille Somé – tengnule@hotmail.fr

L'Harmattan Togo
Djidjole – Lomé
Maison Amela
face EPP BATOME
ddamela@aol.com

L'Harmattan Guinée
Almamya, rue KA 028 OKB Agency
BP 3470 Conakry
harmattanguinee@yahoo.fr

L'Harmattan RDC
185, avenue Nyangwe
Commune de Lingwala – Kinshasa
matangilamusadila@yahoo.fr

L'Harmattan Côte d'Ivoire
Résidence Karl – Cité des Arts
Abidjan-Cocody
03 BP 1588 Abidjan
espace_harmattan.ci@hotmail.fr

Nos librairies en France

Librairie internationale
16, rue des Écoles
75005 Paris
librairie.internationale@harmattan.fr
01 40 46 79 11
www.librairieharmattan.com

Librairie des savoirs
21, rue des Écoles
75005 Paris
librairie.sh@harmattan.fr
01 46 34 13 71
www.librairieharmattansh.com

Librairie Le Lucernaire
53, rue Notre-Dame-des-Champs
75006 Paris
librairie@lucernaire.fr
01 42 22 67 13